U0801385

视
Horizon
界

涉外法治文库　主编　黄进

国家出版基金项目
NATIONAL PUBLICATION FOUNDATION

对外关系法释用

何其生　范子豪　著

Interpretation and Application of Law on Foreign Relations

法律出版社 LAW PRESS·CHINA
北京

图书在版编目（CIP）数据

对外关系法释用 / 何其生，范子豪著. -- 北京 ：法律出版社，2025. -- （涉外法治文库 / 黄进主编）.
ISBN 978 - 7 - 5244 - 0381 - 4

Ⅰ. D922. 135

中国国家版本馆 CIP 数据核字第 20255HW214 号

对外关系法释用
DUIWAIGUANXIFA SHIYONG

何其生　范子豪　著

策划编辑　沈小英
责任编辑　沈小英　王惠诗涵
装帧设计　李　瞻

出版发行 法律出版社
编辑统筹 法治与经济出版分社
责任校对 王语童
责任印制 吕亚莉
经　　销 新华书店

开本 A5
印张 12. 625　　**字数** 347 千
版本 2025 年 7 月第 1 版
印次 2025 年 7 月第 1 次印刷
印刷 北京中科印刷有限公司

地址：北京市丰台区莲花池西里 7 号（100073）
网址：www. lawpress. com. cn
投稿邮箱：info@ lawpress. com. cn
举报盗版邮箱：jbwq@ lawpress. com. cn

销售电话：010 - 83938349
客服电话：010 - 83938350
咨询电话：010 - 63939796

版权所有 · 侵权必究

书号：ISBN 978 - 7 - 5244 - 0381 - 4　　**定价**：93. 00 元

凡购买本社图书，如有印装错误，我社负责退换。电话：010 - 83938349

作者简介

何其生

北京大学法学院博雅特聘教授、博士生导师，法学博士。现任北京大学国际经济法研究所所长、北京大学涉外法治研究基地执行主任。兼任中国国际私法学会副会长、多个部委法律顾问和国际法咨询委员会委员。

发表中文论文百余篇、英文论文30余篇，出版著作10余部。参与多边双边条约谈判和国际法律文书审议29次，是中国加入《取消外国公文书认证要求的公约》的推动者之一。先后参与了《中华人民共和国民事诉讼法》涉外民事诉讼程序的特别规定编、《中华人民共和国对外关系法》等立法工作。

第八届“全国十大杰出青年法学家”（2017年），入选教育部“新世纪优秀人才支持计划”（2006年），《电子商务的国际私法问题》获全国百篇优秀博士学位论文（2004年）。

范子豪

北京大学博雅博士后。北京大学法学博士，武汉大学法学学士、法学硕士。曾在爱丁堡大学法学院访问学习。曾在最高人民法院、海牙国际私法会议（政府间国际组织）实习。在《山东社会科学》《中国国际私法与比较法年刊》《武大国际法评论》等期刊发表论文多篇；参与国家社科基金重大项目等多项课题研究。随何其生教授深度参与了《中华人民共和国对外关系法》的起草论证等工作。

总　序

中国的涉外法治建设与中国的改革开放相伴而生、相随而行、相得益彰。事实上，党的十一届三中全会决定改革开放，中国涉外法治建设的帷幕就开启了。1979 年制定的《中华人民共和国中外合资经营企业法》就是明证，它是中国实行改革开放后制定的第一部涉外法律。改革开放 40 多年来，中国涉外法治建设不断深化、不断发展、不断前行，取得了长足的进步，极大地促进了中国的改革开放和现代化强国建设。党的十八大以来，以习近平同志为核心的党中央对全面依法治国作出一系列重大决策，提出一系列全面依法治国新理念新思想新战略，尤其高度重视加强涉外法治建设。2014 年，《中共中央关于全面推进依法治国若干重大问题的决定》明确提出要“加强涉外法律工作”；2019 年，习近平总书记主持召开中央全面依法治国委员会第二次会议特别强调，“加快涉外法治工作战略布局”“加强涉外法治建设”；2020 年，习近平总书记在中央全面依法治国工作会议上的讲话中提出了习近平法治思想核心要义的“十一个坚持”，其中首次提出“坚持统筹推进国内法治和涉外法治”；党的二十大报告再次强调，“加强重点领域、新兴领域、涉外领域立法，统筹推进国内法治和涉外法治”；2023 年，习近平总书记在中共中央政治局第十次集体学习时强调，“加快推进我国涉外法治体系和能力建设”，并对加强涉外法治建设作了系统、深入、全面的阐述。改革开放以来，特别是党的十八大以来，中国涉外法治建设无疑是一场波澜壮阔、气势磅礴的伟大实践，也是一幅生动活泼、气象万千的时代画卷。

“涉外法治”(rule of law in foreign matters)这个概念是从中国自身的角度而言的，是站在中国自己的立场来讲的。它指的是中国立法、执法、司法机关和法律服务机构，相关自然人、法人和非法人组织，依我国法律法规，特别是涉外法律法规，以及我国缔结或者参加的国际条约，处理自身涉外事务的法治活动。严格讲，“涉外法治”对应的概念是“纯国内法治”，即中国立法、执法、司法机关和法律服务机构，相关自然人、法人和非法人组织，依我国法律法规，处理纯国内事务的法治活动。而“国内法治”(rule of law in domestic matters)是一个大概念，指的是一个国家基于主权依法治国，处理自己对内、对外事务的立法、执法、司法、守法和法律服务等法治活动，它包含纯国内法治和涉外法治两个方面；涉外法治是我国国内法治的一部分，是全面依法治国的一个重要方面的工作。所以，可以肯定地说，涉外法律法规是中国特色社会主义法律体系的重要组成部分，是涉外法治的基础；而涉外法治是中国特色社会主义法治体系的重要组成部分。

“国际法治”(international rule of law)是与“国内法治”相对应的一个概念，并与“国内法治”和“涉外法治”这两个概念密切相关。“国际法治”指的是国际社会基于国际法原则、规则、制度处理国际事务而开展的法治活动。显然，它不是一国的涉外法治，不同于“国内法治”和“涉外法治”这两个概念。全球治理所依赖的法治既包括世界各国开展国内治理所依托的国内法治，也包括国际社会治理跨国事务或者应对全球性问题的国际法治。“国内法治”“涉外法治”“国际法治”三者之间的辩证关系可以这样来分析，打个比方说，国内法治是个圆，国际法治是另一个圆，这两个圆有一小部分重叠在一起，这个重叠部分、交叉部分、结合部分、融通部分就是涉外法治。对中国而言，涉外法治是国内法治的对外延伸，是沟通国内法治和国际法治的桥梁，是联系国内法治和国际法治的纽带,是国内法治的一部分;对国际社会而言,跳出中国从第三者的视角来看,也可以把两个圆重叠、交叉、结合、融通的部分,即涉外法治部分,视为国际法治的特别部分。在某种意义上可以这样说,仅就一国而言的涉外法治,因其是国内法治和国际法治的重叠、交叉、结合、融通部分,兼具国内法治和国际法治性质。当然,国际法治涉及面更广大得多。要特别强调的是,尽管一国涉外法治与国际法治有密切的联系,但涉外法治毕竟是一国国内法治的对外延伸,不能等同于国际法治;我们既不能用一国涉外法律法规代替国际法,也不能以一国的涉外法治代替国际法治。

新时代提出坚持统筹推进国内法治和涉外法治、加快推进涉外法治体系和能力建设,有两大时代背景:一是中国特色社会主义进入了新时代。当下中国正在以中国式现代化全面建成社会主义现代化强国和全面推进中华民族伟大复兴。这就决定了践行法治既是全面推进强国建设、民族复兴伟业的手段、路径和方法,也是需要实现的重要目标;中国式现代化是在法治轨道上推进的现代化,法治现代化是中国式现代化的应有之义。而国内法治和涉外法治建设,正是全面依法治国、法治中国建设的两个方面、两个面向、两个维度。统筹推进国内法治和涉外法治,加强涉外法治体系和能力建设是以中国式现代化全面推进强国建设、民族复兴伟业的长远所需。二是世界正经历百年未有之大变局。这是一个世界经济、政治、社会、文化、生态格局深刻调整,国际形势错综复杂,经济全球化遭遇逆流,单边主义、保护主义重新抬头,世界经济复苏乏力,国际投资贸易萎缩,新冠疫情影响深远,中美两国战略博弈,局部武装冲突改变世界地缘政治格局,新一轮科技革命和产业变革深入发展,全球治理体系亟待改革和完善的历史变革期。这一时代背景决定了当下中国必须统筹国内国际两个大局,也就是统筹中华民族伟大复兴战略全局和世界百年未有之大变局,办好发展、安全两件大事。我们全面推进依法治国、建设法治中国不可能关起门来施行，也不可能只推进国内法治而不去推进涉外法治，必须不断强化涉外法治体系和能力建设，统筹推进国内法治和涉外法治，以坚定维护国家主权、安全和发展权益，维护人民利益，有效防范各种风险和应对严峻挑战，推进国际关系法治化，促进国际法治进步，推动构建人类命运共同体。统筹推进国内法治和涉外法治，加强涉外法治体系和能力建设是推进高水平对外开放、应对外部风险挑战的当务之急。

涉外法治体系和能力建设是一项涉及面广、联动性强的系统工程，必须统筹国内和国际，统筹发展和安全，深刻认识做好涉外法治工作的重要性和紧迫性，统筹推进国内法治和涉外法治，建设同高质量发展、高水平开放要求相适应的涉外法治体系和能力，为中国式现代化行稳致远营造有利法治条件和外部环境。

第一，要加快涉外法治工作战略布局。面对推进高水平对外开放，涉外法治工作必须加强战略布局，占领制高点，掌握主动权。坚持前瞻性思考、全局性谋划、战略性布局、整体性推进，加强顶层设计，一体推进涉外立法、执法、司法、守法和法律服务，形成涉外法治工作大协同格局。

第二，在涉外立法方面，要加快形成系统完备的涉外法律法规体系。坚持立法先行、科学立法，统筹立改废释纂，保持时、度、效相统一，增强立法系统性、整体性、协同性、时效性，发挥立法的引领和推动作用，抓住提高立法质量这个关键。进一步建立健全反制裁、反干涉、反制“长臂管辖”的法律法规，充实应对挑战、防范风险的法律“工具箱”。加快推进我国法域外适用的法律体系建设，为我国涉外执法、司法活动提供法律依据。

第三，在涉外执法方面，要加快建立健全涉外执法体系。构建协同高效的涉外法治实施体系，提升涉外执法水平和效能。尤其要不断加强对外经济贸易领域的执法能力，依法维护国家主权、安全和发展利益，依法保障中国公民、法人和非法人组织在海外的合法权益,依法保护外商来华投资贸易权益,反制非法单边制裁,营造市场化、法治化、国际化、便利化一流营商环境,推进高水平对外开放。

第四,在涉外司法方面,要加快提高涉外司法公信力。把涉外公正司法放到重中之重的位置,积极推进涉外司法审判体制机制进行符合审判规律的改革和创新,不断提高涉外司法审判能力和水平,强化涉外司法效能,努力让当事人在每一个涉外司法案件中感受到公平正义。

第五,在涉外守法方面,要加快提升涉外活动主体的法治素养。在涉外工作中强化法治意识和合规意识,加强企业合规管理,引导企业、公民在“走出去”过程中更加自觉地遵守当地法律法规和风俗习惯,运用法治和规则维护自身合法权益。

第六,在涉外法律服务方面,要加快强化涉外法律服务体系和能力。通过优质的法律服务切实维护中国公民、法人在海外及外国公民、法人在中国的正当合法权益,依法维护海外侨胞权益。要注重培育一批国际一流的仲裁机构、调解机构、律师事务所及其他法律服务机构,把涉外法治保障和服务工作做得更有成效。

第七,在国际交流合作方面,要加快深化法治领域国际合作。基于国际条约和平等互惠,深化执法司法国际合作。加强反腐败国际合作,积极参与执法安全国际合作。深化司法领域国际合作,完善我国司法协助体制,扩大国际司法协助覆盖面,积极开展域外送达、取证,域外法律查明,仲裁裁决和法院判决的相互承认与执行等司法协助。深化律师、仲裁、调解、公证、法律援助、司法救助等领域的法律服务协作。加强领事保护与协助,建强保护我国海外利益的法治安全链。加强中国法治的国际传播,讲好中国法治故事。

第八,在队伍建设方面,要加快高素质涉外法治人才培养。高素质涉外法治人才是具有坚定理想信念、强烈家国情怀、深邃世界眼光、宽广全球胸怀、扎实法学根底，熟悉中国国情，通晓国际规则，善于处理涉外法律事务的法治人才。鉴于涉外法治人才必须通晓国际法律规则、善于处理涉外法律事务，其核心专业知识、专业能力和专业素养是国际法专业，因此可以这样说，涉外法治人才就是国际法治人才。加强高素质涉外法治人才的培养，要从法学院校专业培养和在职继续教育培训两方面入手。在法学院校专业人才培养方面，要坚持立德树人、德法兼修，在夯实法学根底的基础上，依靠国际法专业师资队伍，基于国际法学科专业平台，完善以实践为导向的培养机制，着力培养出一批政治立场坚定、专业素质过硬、通晓国际规则、精通涉外法律实务的涉外法治人才。在继续教育培训方面，要面向涉外实务工作者开展涉外法治方面的继续教育培训，加强涉外干部队伍法治能力建设，打造高素质专业化涉外法治工作队伍。同时，各级领导干部要带头尊法、学法、守法、用法，切实提升涉外法治思维和依法办事能力。健全人才引进、选拔、使用、管理机制，做好高端涉外法治人才培养储备。

坚持统筹推进国内法治和涉外法治，加快推进涉外法治体系和能力建设，事关中国全面推进依法治国，事关中国推进高水平对外开放，事关中国外交工作大局，事关中国稳妥有效应对复杂多变的国际局势，事关中国参与全球治理体系改革和建设，事关推进国际关系法治化，促进国际法治进步，推动构建人类命运共同体。因此，习近平总书记在 2023 年中共中央政治局第十次集体学习时特别强调，加强涉外法治建设既是以中国式现代化全面推进强国建设、民族复兴伟业的长远所需，也是推进高水平对外开放、应对外部风险挑战的当务之急。要从更好统筹国内国际两个大局、更好统筹发展和安全的高度，深刻认识做好涉外法治工作的重要性和紧迫性，建设同高质量发展、高水平开放要求相适应的涉外法治体系和能力，为中国式现代化行稳致远营造有利法治条件和外部环境。

2023年是中国涉外法治建设和发展进程中非常重要的一年。这一年,《中华人民共和国对外关系法》和《中华人民共和国外国国家豁免法》相继制定出台,《中华人民共和国民事诉讼法》第四编“涉外民事诉讼程序的特别规定”进行了大幅度的修改,最高人民法院先后发布了《最高人民法院关于适用〈中华人民共和国涉外民事关系法律适用法〉若干问题的解释(二)》、《最高人民法院关于审理涉外民商事案件适用国际条约和国际惯例若干问题的解释》、《最高人民法院关于设立国际商事法庭若干问题的规定》(2023年修正)。与此同时,涉外执法、司法、守法和法律服务受到前所未有的重视,各项涉外法治工作蓬勃发展。正是在这样的时代背景下,我们,一群志同道合的国际法专业同仁希望在涉外法治研究方面有所开拓、有所创新、有所作为。2023年7月,法律出版社社务委员、法治与经济分社社长沈小英建议,出版一套“涉外法治文库”。现摆在读者面前的就是我们共同商定、合力编写出版的这套“涉外法治文库”。该文库将立足中国涉外立法、执法、司法、守法和法律服务实践,以全国人大及其常委会制定的专门的涉外法律为主线,兼顾国务院出台的重要涉外行政法规,诠释、解读、剖析中国涉外立法及相关涉外法治实践,并同外国和国际实践进行比较分析,探讨中国涉外法律法规的准确适用,探索中国涉外法治建设的规律和优化发展之路。为了编写出版好这套文库,我们制订了策划方案,组建了一个学缘结构多元、老中青国际法专家学者结合的编辑委员会,聚合了一个颇具规模的以中青年国际法专家学者为主体的编写团队,法律出版社法治与经济分社则选定了经验丰富的编辑负责项目推进及编辑工作。现在出版“涉外法治文库”可谓恰逢其时,万事俱备。

庄子云:“吾生也有涯,而知也无涯。”仰观宇宙之大,俯察知识之盛,人生真有“少年易老学难成,一寸光阴不可轻”之感慨。我们面对的涉外法治建设,是全面推进依法治国和法治中国建设的必修课,是涉及面广、联动性强的系统工程,是永远在路上并循序渐进的长征,也是求真向善至美的文化苦旅。我辈国际法同仁适逢这个时代,唯有尽力而为,砥砺前行,奋发图强,久久为功。能为中国涉外法治建设添砖加瓦,贡献一份力量,实为不可多得的快事。

甚幸甚幸,快哉快哉!是为序。

[*]

2024 年 3 月 19 日于京华

---

* 黄进,中国政法大学教授,中国法学会副会长,中国国际法学会会长,中国国际私法研究会会长。

编写说明

《对外关系法》是我国对外工作大政方针、原则立场和制度体系的系统集成，也是我国发展对外关系、促进交流合作的根本遵循。深入理解和准确把握《对外关系法》具有重要的意义和价值。本书将逐条评述与分析《对外关系法》。每条原则上分为四部分（根据具体情况有所区别）。

一是条文内容。具体罗列条文的具体规定。

二是条文释义。这一部分将主要介绍《对外关系法》各条的主旨、条文各款之间的逻辑关系、核心表述的具体意义和历史沿革等内容。该部分有助于读者理解《对外关系法》各条的立法目的、规范内容与深远影响，加深《对外关系法》是我国涉外法治领域提纲挈领的基础性、综合性法律的认识，为对其正确理解和适用提供参考。

三是关联立法。这一部分将主要列举我国法律法规，以及我国批准或加入的条约与协定中与《对外关系法》各条内容对应或关联的内容。通过对法律制度的援引，该部分能帮助读者一览《对外关系法》相关重要条文的规范渊源与体系脉络，也能为其贯彻实施提供具体的制度指引。

四是经典导读。这一部分主要介绍与《对外关系法》各条相关的对外工作大政方针和理论观点等。通过对《习近平外交思想学习纲要》《习近平法治思想学习纲要》等理论和领导人重要讲话精神的援引，帮助读者更准确地把握《对外关系法》关于中国特色社会主义理论体系、中国特色大国外交与全面依法治国的时代之义。

此外，为了拓展评述的视野，本书也穿插推荐阅读材料。这些材料大多来源于权威的报刊评论等，可以帮助读者直观感受我国发展对外关系所面临的形势、所取得的成就，理解《对外关系法》蕴含的"以法治思维、法治方式不断推进新时代中国特色大国外交，服务以中国式现代化全面推进中华民族伟大复兴"①的深刻内涵。

① 王毅：《贯彻对外关系法，为新时代中国特色大国外交提供坚强法治保障》，载《人民日报》2023年6月29日，第6版。

法律文件名称缩略表

全称	简称
2023 年《中华人民共和国对外关系法》	《对外关系法》
2023 年《中华人民共和国外国国家豁免法》	《外国国家豁免法》
2021 年《中华人民共和国反外国制裁法》	《反外国制裁法》
2021 年《中华人民共和国反有组织犯罪法》	《反有组织犯罪法》
2021 年《中华人民共和国海南自由贸易港法》	《海南自由贸易港法》
2021 年《中华人民共和国陆地国界法》	《陆地国界法》
2021 年《中华人民共和国数据安全法》	《数据安全法》
2020 年《中华人民共和国出口管制法》	《出口管制法》
2020 年《中华人民共和国公职人员政务处分法》	《公职人员政务处分法》
2020 年《中华人民共和国外商投资法》	《外商投资法》
2020 年《中华人民共和国香港特别行政区维护国家安全法》	《香港特别行政区维护国家安全法》
2019 年《中华人民共和国基本医疗卫生与健康促进法》	《基本医疗卫生与健康促进法》
2018 年《中华人民共和国国际刑事司法协助法》	《国际刑事司法协助法》
2018 年《中华人民共和国监察法》	《监察法》
2017 年《中华人民共和国核安全法》	《核安全法》
2016 年《中华人民共和国公共文化服务保障法》	《公共文化服务保障法》

续表

全称	简称
2016 年《中华人民共和国境外非政府组织境内活动管理法》	《境外非政府组织境内活动管理法》
2016 年《中华人民共和国网络安全法》	《网络安全法》
2015 年《中华人民共和国反恐怖主义法》(2018 年修正)	《反恐怖主义法》
2015 年《中华人民共和国国家安全法》	《国家安全法》
2015 年《中华人民共和国国家勋章和国家荣誉称号法》	《国家勋章和国家荣誉称号法》
2014 年《中华人民共和国反间谍法》(2023 年修订)	《反间谍法》
2010 年《中华人民共和国国防动员法》	《国防动员法》
2010 年《中华人民共和国涉外民事关系法律适用法》	《涉外民事关系法律适用法》
2007 年《中华人民共和国反垄断法》(2022 年修正)	《反垄断法》
2006 年《中华人民共和国反洗钱法》(2024 年修订)	《反洗钱法》
2005 年《反分裂国家法》	《反分裂国家法》
2005 年《中华人民共和国公务员法》(2018 年修订)	《公务员法》
2000 年《中华人民共和国立法法》(2023 年修正)	《立法法》
1998 年《中华人民共和国证券法》(2019 年第二次修订)	《证券法》
1997 年《中华人民共和国国防法》(2020 年修订)	《国防法》

续表

全称	简称
1995 年《中华人民共和国教育法》(2021 年修正)	《教育法》
1995 年《中华人民共和国民用航空法》(2021 年修正)	《民用航空法》
1995 年《中华人民共和国票据法》(2004 年修正)	《票据法》
1995 年《中华人民共和国体育法》(2022 年修订)	《体育法》
1994 年《中华人民共和国对外贸易法》(2022 年修正)	《对外贸易法》
1993 年《中华人民共和国科学技术进步法》(2021 年修正)	《科学技术进步法》
1991 年《中华人民共和国民事诉讼法》(2023 年修正)	《民事诉讼法》
1992 年《中华人民共和国海商法》	《海商法》
1990 年《中华人民共和国缔结条约程序法》	《缔结条约程序法》
1990 年《中华人民共和国领事特权与豁免条例》	《领事特权与豁免条例》
1989 年《中华人民共和国环境保护法》(2014 年修订)	《环境保护法》
1986 年《中华人民共和国民法通则》(2009 年修正,已失效)	《民法通则》
1986 年《中华人民共和国外交特权与豁免条例》	《外交特权与豁免条例》
1985 年《中华人民共和国涉外经济合同法》(已失效)	《涉外经济合同法》
1982 年《中华人民共和国国务院组织法》(2024 年修订)	《国务院组织法》

续表

全称	简称
1982 年《中华人民共和国全国人民代表大会组织法》(2021 年修正)	《全国人民代表大会组织法》
1982 年《中华人民共和国宪法》(2018 年修正)	《宪法》
1979 年《中华人民共和国地方各级人民代表大会和地方各级人民政府组织法》(2022 年修正)	《地方各级人民代表大会和地方各级人民政府组织法》
1979 年《中华人民共和国人民法院组织法》(2018 年修订)	《人民法院组织法》
1979 年《中华人民共和国人民检察院组织法》(2018 年修订)	《人民检察院组织法》
1979 年《中华人民共和国中外合资经营企业法》(2016 年修正,已失效)	《中外合资经营企业法》

目录 CONTENTS

第一章

《对外关系法》的立法过程及结构安排

《对外关系法》作为我国涉外领域的基础性、综合性法律，经历了前期论证、文本起草、初审和纳入立法工作计划、公开征求意见、审议与通过等立法程序。就内容而言，共6章45条，具备促进友好交往和扩大对外开放等鲜明特点。①

一、立法过程

(一)起草背景

改革开放以后，基于经济发展的需要，中国注重民商事和经贸领域的法治化，在这些领域制定了大量的法律。而今，中国逐渐走近世界舞台中央，恰逢世界正经历“百年未有之大变局”，国际社会经济发展和地缘政治安全发生深刻变革。中国要在危机中育先机、于变局中开新局，就需要系统推动涉外法治建设，提高对外关系的法治化水平。

《对外关系法》制定的背景是，中国的涉外立法取得了重要的成就，同时也存在短板。

一方面，在《对外关系法》制定前，中国的涉外立法取得了重要成就。改革开放以来，我国在推动对外开放的同时，也相继制定出台了一批涉外领域法律法规，如1979年《中外合资经营企业法》就是改革开放

① 参见武增：《关于〈中华人民共和国对外关系法(草案)〉的说明——2022年10月27日在第十三届全国人民代表大会常务委员会第三十七次会议上》，载中国人大网，http://www.npc.gov.cn/npc/c2/c30834/202306/t20230628_430334.html。

后最早制定的涉外法律之一。党的十八大以来，涉外领域立法的广度和深度大幅拓展，一批重要涉外法律法规得以制定和修改，为扩大对外开放，增进国际交往，维护国家主权、安全、发展利益，发挥了重要作用。截至2023年6月底《对外关系法》出台前，当时297部有效法律中，专门涉外法律52部，含涉外条款的法律150余部。[①]

另一方面，相对而言，涉外法治是我国法治建设的短板：一是相较于国内法治，涉外法治未得到充分重视；二是相对中国经济发展的速度，涉外法治发展稍显滞后。《对外关系法》出台前，我国本着“急用先行”的原则，在较短时间内出台或修订了不少涉外领域法律，例如，《外商投资法》(2019年)、《证券法》(2019年修订)、《出口管制法》(2020年)、《反外国制裁法》(2021年)、《海南自由贸易港法》(2021年)、《陆地国界法》(2021年)及《反垄断法》(2022年修正)。另外，还有一些涉外领域行政法规和部门规章，诸如2020年《不可靠实体清单规定》、2021年《阻断外国法律与措施不当域外适用办法》。但整体而言，我国涉外法治体系建设还存在一些短板，尤其是在维护国家主权、安全、发展利益方面，还有不少法律存在空白和处于碎片化、零散性状态；法律的实施效能也有待提升。因此，“统筹推进国内法治和涉外法治”成为时代之需，而《对外关系法》正是对外关系法治化过程中最基础性的法律。

(二)前期论证

2021年3月，十三届全国人大四次会议的《全国人民代表大会常务委员会工作报告》提出：“加快推进涉外领域立法，围绕反制裁、反干涉、反制长臂管辖等，充实应对挑战、防范风险的法律‘工具箱’，推动形成

---

① 参见《全国人大常委会法工委负责人就对外关系法答记者问》，载中国人大网，http://www.npc.gov.cn/c2/c30834/202306/t20230630_430377.html。

系统完备的涉外法律法规体系。”

2021年3月13日,在中央依法治国办秘书局召开的有关专题会议上,针对中国涉外领域法律法规碎片化的现象,尤其是缺乏一部基础性、综合性、统领性的法律,来统筹协调推进涉外法治建设,笔者建议考虑研究制定中国的《对外关系法》。①

(三)文本起草

根据党中央决策部署,2021年10月,中央外事工作委员会办公室(以下简称中央外办)牵头会同外交部、全国人大常委会法工委、中央依法治国办、最高人民法院、公安部、国家安全部、司法部、商务部等单位成立立法工作领导小组和工作专班(以下简称起草专班),开展研究起草工作。起草专班集中了中央外办和外交部等的一些精英,并开展了如下的工作:

一是深入学习领会习近平新时代中国特色社会主义思想特别是习近平外交思想、习近平法治思想,深入学习领会习近平总书记关于加强涉外领域立法的重要论述。二是深入调查研究。梳理党章和党中央有关文件、文献中关于对外工作的重要论述和要求,梳理宪法和我国专门涉外法律、有关法律中的涉外规定,进行深入研究。请有关学术机构和高等院校等梳理国外立法的情况。三是坚持民主立法。邀请有关专家学者参与起草工作,听取意见建议。②

① 在提出建议之前,当时中国国际法学术界曾出现对于对外关系法的研究热潮,如刘仁山教授的《论作为“依法治国”之“法”的中国对外关系法》(《法商研究》2016年第3期)、《中国对外关系法是中国法律体系的重要组成部分》(《法制与社会发展》2009年第6期),以及杜涛教授所承担的对外关系法方面的重大课题。当时,笔者也感觉有必要制定这样一部法律。至于名称,可以是“对外关系法”或者“对外合作法”(主要是考虑到对外关系法会涉及国际机关之间的分工与合作)。

② 参见《全国人大常委会法工委负责人就对外关系法答记者问》,载中国人大网,http://www.npc.gov.cn/c2/c30834/202306/t20230630_430377.html。

2021 年 12 月初，起草专班分别听取了学术界专家的意见，诸如框架设计、核心内容等，并在之后又请一些专家提供了建议稿件，诸如国内法与国际法的关系、中国法的域外适用等。①

2022 年 4 月，起草专班在完成稿件的起草后，又召开了多次会议，邀请政府部门和专家学者对稿件进行论证。在此过程中，一些重点问题被进一步讨论。例如，关于条约地位和适用的规定曾有六种方案，分为如下四类：一是一般性规定，即条约与中国法律有不同规定的，适用条约的规定，但中国声明保留的条款除外。二是根据条约的性质适用：对于民商事领域的条约，借鉴 1986 年《民法通则》第 142 条规定的条约优先适用模式；对于其他领域的条约暂不规定。三是根据批准条约机构的性质，全国人大批准的条约等同于我国的法律，国务院核准的条约相当于行政法规。② 四是根据缔约的名义分类规定，以国家名义缔结的条约相当于全国人民代表大会及其常委会制定的法律，以政府名义缔结的条约相当于国务院制定的行政法规，以政府部门名义缔结的条约相当于部门规章。③ 经多次讨论，形成了《对外关系法》第 31 条的规定。

2022 年 9 月 9 日，中央外办致函全国人大常委会办公厅，并提交了立法草案及相关文件，建议由委员长会议提请全国人大常委会审议。④

（四）初审和纳入立法工作计划

2022 年 10 月，十三届全国人大常委会第三十七次会议对《对外关

① 笔者参加的第一次专家会议在 2021 年 12 月 10 日，为准备此次会议，范子豪等还提交了专门的研究报告。

② 学术讨论，参见吴慧：《国际条约在我国国内法上的地位及与国内法冲突的预防和解决》，载《国际关系学报》2000 年第 2 期。

③ 学术讨论，参见车丕照：《论条约在我国的适用》，载《法学杂志》2005 年第 3 期。

④ 参见武增：《关于〈中华人民共和国对外关系法（草案）〉的说明——2022 年 10 月 27 日在第十三届全国人民代表大会常务委员会第三十七次会议上》，载中国人大网，http://www.npc.gov.cn/npc/c2/c30834/202306/t20230628_430334.html。

系法(草案)》进行了初次审议。初审后,按照立法程序,全国人大常委会法制工作委员会将草案印发各省(区、市)、中央有关部门、基层立法联系点和部分高等院校、法学研究机构等征求意见。

2022年12月9日,《全国人大常委会2023年度立法工作计划》①将《对外关系法》纳入继续审议的法律案,并预计2023年6月通过。

(五)公开征求意见

2022年12月30日,全国人大发布了《对外关系法(草案)》的征求意见稿。在2022年12月30日至2023年1月28日公开征求意见期间,《对外关系法(草案)》共收到93人提出的172条意见,另收到群众来信3封。社会公众主要对完善发展对外关系目标任务的相关表述、健全对外关系制度等提出了意见建议。②

……各方面意见普遍赞成制定对外关系法,认为草案贯彻落实习近平外交思想、习近平法治思想,体现党对对外工作集中统一领导,有利于维护国家主权、安全、发展利益,有利于加强对外交往、推进高水平对外开放,有利于加强宪法实施、提高涉外工作法治化水平。草案较好地总结和反映新中国对外工作的成功经验和实践做法,全面贯彻党的二十大精神,总体上是成熟可行的,建议作进一步修改完善后及早出台。③

---

① 全国人大常委会2023年年度立法工作计划,2022年12月9日第十三届全国人民代表大会常务委员会第130次委员长会议原则通过,2023年4月14日第十四届全国人民代表大会常务委员会第2次委员长会议修改,载中国人大网,http://www.npc.gov.cn/npc/c2/c30834/202305/t20230529_429763.html。

② 参见朱宁宁:《全国人大常委会法工委发言人介绍本月常委会会议拟审议法律草案情况:爱国主义教育法草案等将首次亮相》,载中国人大网,http://www.npc.gov.cn/c2/c30834/202306/t20230626_430213.html。

③ 参见丁子哲、徐航:《对外关系法草案拟二审 推进高水平对外开放》,载中国人大网,http://www.npc.gov.cn/npc/c2/kgfb/202306/t20230626_430209.html。

(六)审议与通过

2023年5月26日,全国人大宪法和法律委员会召开会议,根据常委会组成人员的审议意见和有关方面的意见,对《对外关系法(草案)》进行了逐条审议,并作了修改完善。

2023年6月12日,全国人大常委会法制工作委员会召开专题会议,对《对外关系法(草案)》中主要制度规范的可行性、法律出台时机、法律实施的社会效果和可能出现的问题进行评估。①

2023年6月16日,十四届全国人大常委会第五次委员长会议建议将《对外关系法(草案)》提请十四届全国人大常委会第三次会议审议。

2023年6月26日,《对外关系法(草案)》提请十四届全国人大常委会第三次会议审议,下文是审议后的修改意见报告:

全国人民代表大会宪法和法律委员会关于《中华人民共和国对外关系法(草案二次审议稿)》修改意见的报告

全国人民代表大会常务委员会:

本次常委会会议于6月26日下午对对外关系法草案二次审议稿进行了分组审议。普遍认为,草案已经比较成熟,建议进一步修改后,提请本次常委会会议表决通过。同时,有些常委会组成人员和列席人员还提出了一些修改意见和建议。宪法和法律委员会于6月26日晚召开会议,逐条研究了常委会组成人员和列席人员的审议意见,对草案进行了审议。中央外事工作委员会办公室、外交部、全国人大外事委员会有关负责同志列席了

① 中国国际法学界不少教授出席了该次会议,包括黄进、黄惠康、肖永平、王瀚、蔡从燕、何其生等。

会议。宪法和法律委员会认为，草案是可行的，同时，提出以下修改意见：

一、有的常委委员提出，草案第三十三条规定的反制和限制措施是国家行为，建议明确依据本条规定作出的相关决定为最终决定。反外国制裁法也有这样的规定。宪法和法律委员会经研究，建议增加一款规定："依据本条第一款、第二款作出的决定为最终决定"。

二、有的常委委员建议，在草案第三十七条第二款中增加加强海外利益保护能力建设的内容。宪法和法律委员会经研究，建议将这一款修改为"国家加强海外利益保护体系、工作机制和能力建设"。

三、有的专委会委员建议，在草案第四十二条中增加加强对外工作人才队伍建设的内容。宪法和法律委员会经研究，建议将这一条修改为"国家加强对外工作人才队伍建设，采取措施推动做好人才培养、使用、管理、服务、保障等工作"。

经与有关方面研究，建议将本法的施行时间确定为2023年7月1日。

此外，根据常委会组成人员的审议意见，还对草案二次审议稿作了一些文字修改。

草案修改稿已按上述意见作了修改，宪法和法律委员会建议本次常委会会议审议通过。

草案修改稿和以上报告是否妥当，请审议。①

全国人民代表大会宪法和法律委员会

2023年6月28日

2023年6月28日，《对外关系法》由十四届全国人大常委会第三次会议通过，自2023年7月1日起施行。

---

① 《全国人民代表大会宪法和法律委员会关于〈中华人民共和国对外关系法（草案三次审议稿）〉修改意见的报告》，载中国人大网，http://www.npc.gov.cn/npc/c2/c30834/202306/t20230628_430338.html。

二、结构安排

对外关系法共6章45条，第一章“总则”（第1～8条）、第二章“对外关系的职权”（第9～16条）、第三章“发展对外关系的目标任务”（第17～28条）、第四章“对外关系的制度”（第29～39条）、第五章“发展对外关系的保障”（第40～44条）、第六章“附则”（第45条）。作为我国涉外领域的基础性、综合性法律，对外关系法的内容涵盖了我国对外关系、对外工作的各个方面，涉及政治、经济、文化等各个领域，在涉外立法领域发挥统摄、总括作用。

在对外关系法的结构安排和内容上，学者有不同的总结。黄惠康教授认为该法具备“一体两翼”的基本格局，以及“四梁八柱”的具体制度。具体而言，“一体两翼”是指以中国特色社会主义对外关系法律体系为“一体”，以对外关系基本准则和对外关系职权配置为“两翼”。《对外关系法》第三章关于“发展对外关系的目标任务”的规定，构成支撑对外关系法律体系的“四梁”，具体包括发展对外关系的总目标、对外工作的总体布局、中国的全球治理观（包括全球秩序观、全球安全观、全球发展观，人权价值观和文明观）、领域合作的基本原则。“八柱”是指《对外关系法》第四章（对外关系的制度）和第五章（发展对外关系的保障）构筑起支撑对外关系法律体系的八大“制度性支柱”，具体包括条约的缔结与适用制度、中国法域外适用制度、反制和限制措施制度、联合国安理会制裁决议的执行制度、国家豁免制度、国家海外利益保护制度、对外法治交流合作制度、发展对外关系的保障制度。①

在《对外关系法》制定过程中，笔者曾从问题意识的角度，认为其主要解决了三个方面的问题，构成“一体两翼”的结构：一是中国法的外向化问题，即推动形成系统完备的涉外法律法规体系，加强我国法域外适用的体系建设，提升执法和司法的效能。二是国际法的内向化问题，即国际法的国内适用。三是国家机关处理对外关系的权力分配问题。此三个问题各自相对独立，但又高度统一。首先，三者在逻辑上呈现出“一体两翼”的结构，共同驱动对外关系发展。其中，一国的内部权力分配为主体，两翼则分别为内国法的外向化和国际法的内向化功能。其次，三个问题具有一定程度上的“宪法性”或“基础性”特征。内国法的外向化问题，如我国法的域外适用，其核心是立法管辖权问题，关涉我国立法机关的权力范围。国际法的内向化问题需要确定国际法在国内法律体系中的地位，其通常规定在各国宪法中。而对于内部权力分配问题，涉及国家机关权能和职责的分配。上述问题也意味着对外关系的法治化需要由宪法性质的法律来统领。最后，上述三个问题贯穿国内法治、涉外法治与国际法治。对外关系中内部权力分配问题是一国的国内法治问题，但也赋予国家机关涉外权能与职责；内国法的外向化功能是一国涉外法治的重要内容，无论是立法、执法还是司法层面，法治化、透明化是基本要求；而国际法是全球治理的权威方式，国际法的内向化问题本身就是国际法治的重要内容。因此，对外关系的法治化是贯通国内法治与国际法治、统筹国内法治与涉外法治的重要枢纽。“一体两翼”的结构阐释了系统推进对外关系法治建设的核心内容。②

---

① 参见黄惠康：《中国对外关系立法的里程碑——论中国首部〈对外关系法〉应运而生的时代背景、重大意义、系统集成和守正创新》，载《武大国际法评论》2023 年第 4 期。

② 参见何其生：《大国博弈与对外关系的法治化》，载《中国社会科学报》2023 年 1 月 13 日，第 A04 版。

三、突出特点

综观《对外关系法》,其具有如下突出特点:

第一,在形式上,《对外关系法》是一部单行法律。尽管以不同形式对对外关系立法是国际通行做法,但大都分散在各个不同的法律中。美国虽然有《对外关系法重述》,但其属于示范法的性质。就欧盟而言,1993 年《马斯特里赫特条约》签署之后欧盟正式成立,该条约首次要求欧盟建立"共同的外交和安全政策",从而使其获得了正式的对外关系权力。1997 年的《阿姆斯特丹条约》和 2001 年的《尼斯条约》进一步完善了欧盟的相关权限范围。① 2008 年的 Kadi v. Council and Commission 案(以下简称 Kadi 案)判决②和 2009 年《里斯本条约》的生效,标志着欧盟对外关系法进入新阶段。在 Kadi 案中,欧洲法院裁定,欧盟条约具有优先于《联合国宪章》的效力。该案与美国的 Medellin 案③具有异曲同工之处,即宣告了对外关系法要受到宪法的限制。《里斯本条约》进一步强化了欧盟在对外关系上的单一法律主体资格,设立了欧盟外交代表职位。其尽管未能完成制定一部欧盟宪法的任务,但已经为欧盟对外关

① See Piet Eeckhout, *EU External Relations Law* (2*nd edn*), Oxford University Press, 2011, pp. 1 – 624.

② See Yassin Abdullah Kadi and Al Barakaat International Foundation v. Council of the European Union and Commission of the European Communities, Joined Cases C – 402/05 P and C – 415/05 P, European Court Reports 2008 I – 06351.

③ Medellin v. Texas, United States Supreme Court, 552 U. S 491 (2008).

系法的宪法化奠定了基础。尽管如此,欧盟并未颁布单行的对外关系法。相比而言,对对外关系进行统一、独立立法是中国《对外关系法》的鲜明特色。

第二,在指导思想上,《对外关系法》是一部促进友好交往的法律。促进友好交往、加强交流合作是这部法律的主线。《对外关系法》中出现"交流与合作""交流合作""友好交往""国际合作"的表述达 20 处。例如,在第 3 条发展对外关系的指导思想中就明确"发展对外关系,促进友好交往"。①

第三,在基本原则上,《对外关系法》是一部扩大对外开放的法律,其将坚持对外开放作为一项基本原则。"开放"一词在《对外关系法》中出现 6 次,分布在第 4 条、第 19 条、第 21 条、第 26 条。例如,在总则第 4 条第 2 款中规定:"中华人民共和国坚持和平发展道路,坚持对外开放基本国策,奉行互利共赢开放战略";第 26 条在发展对外关系的目标任务中明确"坚持推进高水平对外开放,发展对外贸易,积极促进和依法保护外商投资,鼓励开展对外投资等对外经济合作,推动共建'一带一路'高质量发展,维护多边贸易体制,反对单边主义和保护主义,推动建设开放型世界经济"。

第四,在立法目的上,《对外关系法》是一部维护国家主权、安全、发展利益的法律。《对外关系法》在立法目的中开宗明义规定,"为了发展

① 在发展对外关系的目标任务中明确"推动践行全球发展倡议、全球安全倡议、全球文明倡议","促进大国协调和良性互动,按照亲诚惠容理念和与邻为善、以邻为伴方针发展同周边国家关系,秉持真实亲诚理念和正确义利观同发展中国家团结合作","在平等和相互尊重的基础上开展人权领域国际交流与合作,推动国际人权事业健康发展",明确积极参与全球环境气候治理,开展对外援助,开展国际人道主义合作和援助;明确国家鼓励开展民间对外友好交流合作;明确开展教育、科学、文化、卫生、体育、社会、生态、军事、安全、法治等领域交流与合作。参见《全国人大常委会法工委负责人就对外关系法答记者问》,载中国人大网,http:npc. gov. cn/c2/c30834/202306/t20230630_430377. html。

对外关系,维护国家主权、安全、发展利益”。在《对外关系法》中,“主权”一词出现 9 次;“安全”出现 20 次;“维护国家主权、安全、发展利益”出现 2 次;“社会公共利益”出现 2 次。例如,相关的表述出现在第 1 条:“维护国家主权、安全、发展利益,维护和发展人民利益”;第 6 条:“在对外交流合作中有维护国家主权、安全、尊严、荣誉、利益的责任和义务”;第 8 条:“在对外交往中从事损害国家利益活动的,依法追究法律责任”;第 17 条:“维护国家主权、统一和领土完整,服务国家经济社会发展”;第 31 条:“条约和协定的实施和适用不得损害国家主权、安全和社会公共利益”;第 32 条:“维护国家主权、安全、发展利益,保护中国公民、组织合法权益”;第 33 条:“对于违反国际法和国际关系基本准则,危害中华人民共和国主权、安全、发展利益的行为,中华人民共和国有权采取相应反制和限制措施”;第 38 条:“在中国境内的外国人和外国组织应当遵守中国法律,不得危害中国国家安全、损害社会公共利益、破坏社会公共秩序。”

第五,在与宪法的关系上,《对外关系法》落实了宪法规定,体现了宪法的原则和精神。《对外关系法》第 1 条明确规定“根据宪法,制定本法”。我国宪法在序言、总纲、公民的基本权利和义务以及国家机构中对我国对外关系的基本原则、国家机构对外关系职权、中国公民基本权利和义务、外国人在华权益等作了规定。《对外关系法》贯彻落实了宪法规定、原则和精神,对我国发展对外关系的指导思想、基本原则、领导体制、职权、目标任务、制度和保障等作出规定。就具体条文来看,《对外关系法》45 个条文中有 12 条是直接根据宪法作出的规定。具体来说,体现在如下方面:①

① 参见《全国人大常委会法工委负责人就对外关系法答记者问》,载中国人大网,http://www.npc.gov.cn/c2/c30834/202306/t20230630_430377.html。

（1）独立自主的和平外交政策与和平共处五项基本原则。首先，根据宪法序言第7自然段、第12自然段，[①]《对外关系法》第1条将“建设社会主义现代化强国，实现中华民族伟大复兴，促进世界和平与发展，推动构建人类命运共同体”规定为立法目的的重要内容；第3条在发展对外关系的指导思想中重申了国家的指导思想。[②] 其次，在宪法第12自然段关于对外政策规定的基础上，《对外关系法》第4条第1款重申独立自主的和平外交政策与和平共处五项基本原则，即“中华人民共和国坚持独立自主的和平外交政策，坚持互相尊重主权和领土完整、互不侵犯、互不干涉内政、平等互利、和平共处的五项原则。”最后，在2018年《宪法修正案》增加的“坚持和平发展道路，坚持互利共赢开放战略”基础上，《对外关系法》第4条进一步明确“坚持对外开放基本国策”（第2款）和“构

① 《宪法》第7自然段规定，中国新民主主义革命的胜利和社会主义事业的成就，是中国共产党领导中国各族人民，在马克思列宁主义、毛泽东思想的指引下，坚持真理，修正错误，战胜许多艰难险阻而取得的。我国将长期处于社会主义初级阶段。国家的根本任务是，沿着中国特色社会主义道路，集中力量进行社会主义现代化建设。中国各族人民将继续在中国共产党领导下，在马克思列宁主义、毛泽东思想、邓小平理论、“三个代表”重要思想、科学发展观、习近平新时代中国特色社会主义思想指引下，坚持人民民主专政，坚持社会主义道路，坚持改革开放，不断完善社会主义的各项制度，发展社会主义市场经济，发展社会主义民主，健全社会主义法治，贯彻新发展理念，自力更生，艰苦奋斗，逐步实现工业、农业、国防和科学技术的现代化，推动物质文明、政治文明、精神文明、社会文明、生态文明协调发展，把我国建设成为富强民主文明和谐美丽的社会主义现代化强国，实现中华民族伟大复兴。

第12自然段规定，中国革命、建设、改革的成就是同世界人民的支持分不开的。中国的前途是同世界的前途紧密地联系在一起的。中国坚持独立自主的对外政策，坚持互相尊重主权和领土完整、互不侵犯、互不干涉内政、平等互利、和平共处的五项原则，坚持和平发展道路，坚持互利共赢开放战略，发展同各国的外交关系和经济、文化交流，推动构建人类命运共同体；坚持反对帝国主义、霸权主义、殖民主义，加强同世界各国人民的团结，支持被压迫民族和发展中国家争取和维护民族独立、发展民族经济的正义斗争，为维护世界和平和促进人类进步事业而努力。

② 《对外关系法》第3条规定：“中华人民共和国坚持以马克思列宁主义、毛泽东思想、邓小平理论、‘三个代表’重要思想、科学发展观、习近平新时代中国特色社会主义思想为指导，发展对外关系，促进友好交往。”

建新型国际关系”(第3款)。[1]

(2)国家机构对外关系的职权。在对外关系的职权中,根据宪法、有关法律规定和实践情况,对中央外事工作领导机构、全国人大及其常委会、国家主席、国务院、中央军事委员会、中央和国家机关等行使对外关系职权作出规定。例如,根据《宪法》第62条[2]、第67条[3]和批准条约的实践,《对外关系法》第10条规定:“全国人民代表大会及其常务委员会批准和废除同外国缔结的条约和重要协定,行使宪法和法律规定的对外关系职权。全国人民代表大会及其常务委员会积极开展对外交往,加强同各国议会、国际和地区议会组织的交流与合作。”

(3)尊重和保障人权。《对外关系法》明确宪法中“国家尊重和保障人权”的同时,强调“坚持人权的普遍性原则同本国实际相结合,促进人权全面协调发展”。《宪法》第33条第3款规定:“国家尊重和保障人权。发展对外关系既涉及对我国人权发展道路和人权事业进步的推广与宣介,也涉及推动国际人权事业发展。”在发展对外关系的目标任务上,《对外关系法》第22条规定:“中华人民共和国尊重和保障人权,坚持人权的普遍性原则同本国实际相结合,促进人权全面协调发展,在平等和相互尊重的基础上开展人权领域国际交流与合作,推动国际人权事

---

① 参见《全国人大常委会法工委负责人就对外关系法答记者问》,载中国人大网,http://www.npc.gov.cn/c2/c30834/202306/t20230630_430377.html。

② 《宪法》第62条规定:“全国人民代表大会行使下列职权……(十五)决定战争和和平的问题;(十六)应当由最高国家权力机关行使的其他职权。”

③ 《宪法》第67条规定:“全国人民代表大会常务委员会行使下列职权……(十四)决定驻外全权代表的任免;(十五)决定同外国缔结的条约和重要协定的批准和废除;(十六)规定军人和外交人员的衔级制度和其他专门衔级制度;(十七)规定和决定授予国家的勋章和荣誉称号;(十八)决定特赦;(十九)在全国人民代表大会闭会期间,如果遇到国家遭受武装侵犯或者必须履行国际间共同防止侵略的条约的情况,决定战争状态的宣布;(二十)决定全国总动员或者局部动员;(二十一)决定全国或者个别省、自治区、直辖市进入紧急状态;(二十二)全国人民代表大会授予的其他职权。”

业健康发展。”①《对外关系法》关于中国开展对外援助,国家依法采取措施保护中国公民、组织合法权益,以及国家保护海外利益的规定,也可以看作对宪法尊重和保障人权原则的具体落实。

(4)条约和协定与宪法的关系。《宪法》第5条第3款规定,一切法律、行政法规和地方性法规都不得同宪法相抵触。在我国条约缔结实践中,条约的合宪性审查是缔结条约程序过程中的重要环节,并已形成对条约内容合宪性进行审视和检查的工作机制。在总结实践经验基础上,从缔结条约的角度,《对外关系法》第30条规定,“国家缔结或者参加的条约和协定不得同宪法相抵触”,为进一步完善条约的合宪性审查工作体制机制提供了法律依据。但《对外关系法》关于条约的规定并不限于此。“条约”一词在《对外关系法》中出现11次,分布在第10条、第12条、第30条、第31条、第34条、第36条、第39条;“协定”一词同样出现11次,和“条约”并列分布在上述7条之中。就其内容而言,主要涉及:一是依法缔约原则,即第10条、第12条、第30条;二是善意履约原则,即第30条,另外,还包括依约采取变更或者终止外交、领事关系等必要外交行动(第34条)、依约处理外国国家及国际组织的特权与豁免(第36条)、依约开展执法和司法合作(第39条);三是条约地位中的宪法至上原则,即第30条;四是条约的实施和适用,即第31条,该条既有国家采取适当措施实施和适用条约和协定的一般性规则,也包含了保护国家利益和社会公共利益原则。这些原则与规则有些是对已有规定的重述,有些则是创新的规定。

总体而言,《对外关系法》落实了宪法规定,体现了宪法的原则和精神。同时,根据实践发展需要和相关法律规定,《对外关系法》在对外关

① 参见《全国人大常委会法工委负责人就对外关系法答记者问》,载中国人大网,http://www.npc.gov.cn/c2/c30834/202306/t20230630_430377.html。

系基本原则、机构职权、国家尊重和保障人权等方面进一步丰富和发展了我国宪法关于对外关系规定的制度内涵,并首次以法律形式明确了条约同我国宪法的关系,对于维护宪法权威、推进宪法实施、加强宪法监督具有重要意义。①

第六,《对外关系法》要求加强中国涉外法律法规的实施和适用,是采取相应反制和限制措施的重要法律基础。多年来,个别国家为谋求国际霸权,动辄以国内法为依据制裁他国的实体或者个人,这种霸凌行径受到各国的广泛批评,被称为"长臂管辖"。2018 年 9 月 24 日,国务院新闻办公室发表《关于中美经贸摩擦的事实与中方立场》白皮书,指出:

"长臂管辖"是指依托国内法规的触角延伸到境外,管辖境外实体的做法。近年来,美国不断扩充"长臂管辖"的范围,涵盖了民事侵权、金融投资、反垄断、出口管制、网络安全等众多领域,并在国际事务中动辄要求其他国家的实体或个人必须服从美国国内法,否则随时可能遭到美国的民事、刑事、贸易等制裁。

中国是这种国际霸权的受害国之一,坚决反对这种做法。但为维护国家利益,保护公民权利,一国法律有条件、有限度地域外适用,是国际通行的做法。为此,"要加快推进我国法域外适用的法律体系建设,加强涉外法治专业人才培养,积极发展涉外法律服务,强化企业合规意识,保障和服务高水平对外开放"。②"完善以宪法为核心的中国特色社会主义法律体系,加强重要领域立法,加快我国法域外适用的法律体系建设,

① 参见《全国人大常委会法工委负责人就对外关系法答记者问》,载中国人大网,http://www.npc.gov.cn/c2/c30834/202306/t20230630_430377.html。

② 参见新华社:《习近平主持召开中央全面依法治国委员会第二次会议》,载中国政府网,https://www.gov.cn/xinwen/2019-02/25/content 5368422.htm。

以良法保障善治。”①在此背景下，《对外关系法》第32条规定，“国家在遵守国际法基本原则和国际关系基本准则的基础上，加强涉外领域法律法规的实施和适用”。这是首次以法律条文的形式规定我国法的域外适用问题。

实践中，《对外关系法》已经成为制定行政法规和司法解释的重要法律基础。《最高人民法院关于审理涉外民商事案件适用国际条约和国际惯例若干问题的解释》②的序言指出：“为正确审理涉外民商事案件，根据《中华人民共和国对外关系法》、《中华人民共和国涉外民事关系法律适用法》等法律，结合审判实践，制定本解释。”《实施〈中华人民共和国反外国制裁法〉的规定》③第1条规定：“根据《中华人民共和国对外关系法》、《中华人民共和国反外国制裁法》（以下简称反外国制裁法）等法律，制定本规定。”

《对外关系法》除了作为制定新的法律法规的基础外，也是许多法律法规采取反制手段的重要法律依据。例如，《国务院关于涉外知识产权纠纷处理的规定》④第15条规定：“外国国家违反国际法和国际关系基本准则，以知识产权纠纷为借口对我国进行遏制、打压，对我国公民、组织采取歧视性限制措施，干涉我国内政的，国务院有关部门可以依照《中华人民共和国对外关系法》、《中华人民共和国反外国制裁法》等法律将直接或者间接参与制定、决定、实施歧视性限制措施的组织、个人列

① 参见《中共中央关于坚持和完善中国特色社会主义制度 推进国家治理体系和治理能力现代化若干重大问题的决定》，2019年10月31日中国共产党第十九届中央委员会第四次全体会议通过。

② 法释〔2023〕15号，2023年12月5日由最高人民法院审判委员会第1908次会议通过，自2024年1月1日起施行。

③ 中华人民共和国国务院令（第803号），2025年3月21日国务院第55次常务会议通过，自公布之日起施行。

④ 中华人民共和国国务院令（第801号），2025年2月21日国务院第53次常务会议通过，自2025年5月1日起施行。

入反制清单,采取相应反制和限制措施。”第 17 条还规定:“国务院有关部门加强协调配合,对利用知识产权纠纷危害我国主权、安全、发展利益的,依照《中华人民共和国国家安全法》、《中华人民共和国对外关系法》、《中华人民共和国反外国制裁法》等法律采取相应措施;对滥用知识产权排除、限制竞争或者实施不正当竞争等行为的,依照《中华人民共和国反垄断法》、《中华人民共和国反不正当竞争法》等法律予以处理。”

四、未来发展

在起草过程中,《对外关系法》凸显其长期性、稳定性、基础性的特征,因此只是作了原则性的规定。结合《对外关系法》的规定,可以从如下方面进一步完善我国涉外法律体系:

一是明确国际条约在国内的适用。以民商事领域为例,《民法典》生效后,《民法通则》第 142 条关于国际条约和国际惯例的适用被废除,且《民法典》并无相关条款,导致整个涉外民商事领域缺乏国际条约和国际惯例在国内法院适用的基本规范。在我国,以国家、政府和政府部门名义签署的双边条约及类似文件有 6700 多项,多边条约有 500 多项。这些条约如何适用,需要立法上的规范,例如,可以单独制定“国际条约适用法”,也可以通过修订《涉外民事关系法律适用法》或制定新的“国际私法典”来规范民商事条约的适用。

二是建立健全中国法域外适用执法情况的监督和报告制度。近年来,我国立法建立了不少机制,然而多是有机制、无责任主体。

2019 年《外商投资法》建立了外商投资安全审查制度；2020 年《不可靠实体清单规定》明确，国家建立中央国家机关有关部门参加的工作机制；2020 年《出口管制法》规定，国家建立出口管制工作协调机制；2021 年《阻断外国法律与措施不当域外适用办法》规定，国家建立由中央国家机关有关部门参加的工作机制；2021 年《数据安全法》要求国家建立集中统一、高效权威的数据安全风险评估、报告、信息共享、监测预警机制，数据安全应急处置机制，数据安全审查制度；2021 年《反外国制裁法》规定，国家设立反外国制裁工作协调机制。

由于关于众多的、跨部门的协调机制对谁负责，谁来牵头，如何监督，何时发布报告等规定目前尚不明确，因此，对于涉外执法机关协调机制的建立健全，全国人大常委会可以建立涉外执法情况的监督和报告制度，促进和监督执法机关审慎采取措施，提高执法效率。

三是研究解决《对外关系法》通过后的实施问题。《对外关系法》是一部基础性法律，大都是原则性规定，没有具体的实施机制；如何使这部法律与其他涉外法律相衔接，如何使其在对外关系中得到真正的适用，并在涉外法治的发展中发挥实际功效，是需要解决的问题。

四是推进对外关系法学的建设。随着中国日益走近世界舞台的中央，国家对高素质涉外法治人才的需求愈加迫切；《对外关系法》作为基础性法律，无疑是涉外法律工作者了解的重点。目前，美国和欧盟均有对外关系法的经典著作问世，例如布拉德利、迪克斯和戈德史密斯主编的《对外关系法：案例与材料》（第 7 版）①，埃克霍特主编的《欧盟对外关系法》②，等等。包括哈佛大学法学院、芝加哥大学法学院、乔治华盛顿

① See Curtis A. Bradley, Ashley S. Deeks & Jack L. Goldsmith, *Foreign Relations Law: Cases and Materials*, 7th ed, Wolters Kluwer, 2020, pp. 1 – 912.

② Piet Eeckhout, *EU External Relations Law* (*2nd edn*), Oxford University Press, 2011, pp. 1 – 624.

大学法学院、杜克大学法学院等世界顶级法学院也都开设了对外关系法课程。未来,我国与世界各国的交往互动也会在对外关系法的层面上展开。对于对外关系法的理解和运用水平,将成为我国涉外法治人才培养的重要衡量尺度。《对外关系法》第 42 条规定:“国家加强对外工作人才队伍建设,采取措施推动做好人才培养、使用、管理、服务、保障等工作。”因此,对外关系法学对于我国高校培养高水平涉外法治人才是不可或缺的。我国应重视对外关系法学的建设,重视国际法人才的培养,为中华民族的伟大复兴储备“具有国际视野、通晓国际规则、能够参与国际事务和国际竞争”的国际法人才。

第二章

总　　则

第一条

条文内容

为了发展对外关系,维护国家主权、安全、发展利益,维护和发展人民利益,建设社会主义现代化强国,实现中华民族伟大复兴,促进世界和平与发展,推动构建人类命运共同体,根据宪法,制定本法。

条文释义

本条规定了《对外关系法》的立法宗旨与立法依据。

就立法宗旨而言,《对外关系法》旨在发展我国对外关系。在法治轨道上发展对外关系,统筹国内国际两个大局,深化对外开放,扩大国际交往,增进互利合作,是中国式现代化事业的重要组成部分,是推进国家治理体系和治理能力现代化的重要支点,事关我国的生存与发展。[①] 本条将《对外关系法》的立法宗旨分为以下四个层次:第一,维护国家主权、安全、发展利益;第二,维护和发展人民利益;第三,建设社会主义现

① 参见黄惠康:《中国对外关系立法的里程碑——论中国首部〈对外关系法〉应运而生的时代背景、重大意义、系统集成和守正创新》,载《武大国际法评论》2023 年第 4 期。

代化强国，实现中华民族伟大复兴；第四，促进世界和平与发展，推动构建人类命运共同体。

就立法依据来看，《对外关系法》的制定以我国《宪法》为依据，《对外关系法》的内容必须符合《宪法》的规定。

（一）《对外关系法》的立法宗旨

发展对外关系是《对外关系法》的主线脉络和总体要求。《对外关系法》丰富和发展了我国《宪法》关于独立自主的和平外交政策与和平共处五项原则的制度内涵，确立了我国发展对外关系的总体要求，是我国外交政策与智慧的法治化阐述。

1. 维护国家主权、安全、发展利益

主权是一个国家独立自主地处理对内、对外事务的最高权力，是国家的固有属性。[①] 理论上，一国的主权通常具有两层内涵：首先是“独立”，即主权国家不受外国的支配；其次是“最高”，既然主权国家对于他国完全独立，那么必然对其国内人民是至尊、至高的。一国主权通常在“对内”与“对外”两个层次中得以体现。对内而言，主权意味着一国内政的处理不受外界的支配；对外而言，主权意味着一国处理对外关系不受外界的支配或干涉。[②]

国家安全是指一个国家处于没有危险的客观状态，也就是既没有外部威胁和侵害，也没有内部混乱和隐患的状态。国家在其形成阶段就已经存在的国家安全包括国民安全、经济安全、领土安全、主权安全、政治安全、军事安全等“源生内容”；后来在社会历史发展的过程中，又陆续出现了文化安全、科技安全、生态安全、信息安全以及包括在政治安全中

---

① 参见梁西原著主编、王献枢副主编、曾令良修订主编：《国际法》（第3版），武汉大学出版社2011年版，第79页。

② 参见周鲠生：《国际法大纲》，商务印书馆2013年版，第28～29页。

的意识形态安全等“派生内容”。国家安全是国家的基本利益,是安邦定国的重要基石。没有国家安全,就不可能有国家的生存与发展。①

国家发展利益是关系国家发展壮大的利益。② 对任何国家而言,安全与发展均为核心利益。安全是发展的保障,发展则是为了更好地维护安全,其理想目标是实现最大限度的发展,同时要有充分的安全保障。③具体而言,国家的发展利益包括经济的增长、财富的积累、人民权利的保障、国民生活水平的提高、社会公平和正义的进步等。

“国家主权、安全、发展利益”表述的形成发展历经三个阶段。维护我国的“独立”和“主权”首先被强调;④后来“安全”与“主权”并列;⑤进入21世纪,“主权、安全、发展利益”的表述得以形成,⑥并沿用至今。⑦

维护国家主权、安全、发展利益是我国对外工作的出发点和落脚点。主权、安全、发展利益是我国的核心利益。坚决维护国家的核心利益是

---

① 参见刘跃进主编:《国家安全学》,中国政法大学出版社2004年版,第51~53页。

② 参见刘跃进主编:《国家安全学》,中国政法大学出版社2004年版,第41页。

③ 参见门洪华:《中国国家利益的维护和拓展》,载门洪华、周天勇、蔡晨宇主编:《中国战略报告》(第四辑),格致出版社、上海人民出版社2017年版。

④ 表述为“维护我国的独立和主权,促进世界的和平与发展,是中国外交政策的基本目标”。参见《江泽民文选》(第1卷),人民出版社2006年版,第242页。

⑤ 表述为“坚持独立自主的和平外交政策,维护世界和平与促进共同发展。始终把国家的主权和安全放在第一位”。参见《江泽民文选》(第3卷),人民出版社2006年版,第535页。

⑥ 表述为“不管国际风云如何变幻,中国政府和人民都将高举和平、发展、合作旗帜,奉行独立自主的和平外交政策,维护国家主权、安全、发展利益,恪守维护世界和平、促进共同发展的外交政策宗旨”。参见《胡锦涛文选》(第2卷),人民出版社2016年版,第650页。

⑦ 表述为“必须坚持国家利益至上,以人民安全为宗旨,以政治安全为根本,统筹外部安全和内部安全、国土安全和国民安全、传统安全和非传统安全、自身安全和共同安全,完善国家安全制度体系,加强国家安全能力建设,坚决维护国家主权、安全、发展利益”。参见习近平:《决胜全面建成小康社会 夺取新时代中国特色社会主义伟大胜利——在中国共产党第十九次全国代表大会上的报告》,2017年10月18日。

中国外交的神圣使命。[①] 在"百年未有之大变局"背景下,维护国家主权、安全、发展利益更是我国发展对外关系的应有之义。当前,我国改革发展稳定任务艰巨繁重,对外开放深入推进,必须更好发挥法治固根本、稳预期、利长远的保障作用,加快涉外法治体系建设,提高涉外工作法治化水平,有效应对风险挑战,以法律手段更好地维护我国主权、安全、发展利益。但是,我国涉外法治体系建设还存在一些短板弱项。因此,制定《对外关系法》,使其在维护国家主权、安全、发展利益的领域发挥统摄、总括作用,成为时代的应有之义。[②]

2. 维护和发展人民利益

人民利益指的是社会对人民群众的尊重和满足及满足的程度。[③]《宪法》第 2 条第 1 款载明,"**中华人民共和国的一切权力属于人民**"。这是我国国家制度的核心和基本原则之一。人民当家作主更是社会主义民主政治的本质特征。人民立场也是中国共产党的根本政治立场。中国共产党人的初心和使命,就是为中国人民谋幸福,为中华民族谋复兴。[④]

"维护和发展人民利益"阐明了《对外关系法》所坚持的人民立场。这一方面体现在以法治方式向世界展示我国高举和平、发展、合作、共赢旗帜的负责任大国形象,让世界更好地了解中国、认识中国、理解中国、信任中国,为我国发展对外关系、促进国际合作提供更完善的法律遵循,

① 参见中共中央宣传部、中华人民共和国外交部编:《习近平外交思想学习纲要》,人民出版社、学习出版社 2021 年版,第 116 页。

② 参见《全国人大常委会法工委负责人就对外关系法答记者问》,载中国人大网 2023 年 6 月 30 日,http://www.npc.gov.cn/c2/c30834/202306/t20230630 430377.html。

③ 参见杜向民、刘滨:《人民史观论》,西北大学出版社 2005 年版,第 183 页。

④ 参见习近平:《决胜全面建成小康社会　夺取新时代中国特色社会主义伟大胜利——在中国共产党第十九次全国代表大会上的报告》,2017 年 10 月 18 日。

营造良好外部环境;①另一方面体现在把保护中国公民、组织的合法权益作为重要的任务,明确“**国家依法采取必要措施,保护中国公民和组织在海外的安全和正当权益,保护国家的海外利益不受威胁和侵害**”(《对外关系法》第37条第1款)。

3. 建设社会主义现代化强国,实现中华民族伟大复兴

坚持和发展中国特色社会主义,总任务是实现社会主义现代化和中华民族伟大复兴,在全面建成小康社会的基础上,分两步走在本世纪中叶建成富强民主文明和谐美丽的社会主义现代化强国,以中国式现代化推进中华民族伟大复兴。② 党的二十大报告中明确:全面建成社会主义现代化强国,总的战略安排是分两步走:从2020年到2035年基本实现社会主义现代化;从2035年到本世纪中叶把我国建成富强民主文明和谐美丽的社会主义现代化强国。③

实现中华民族伟大复兴是近代以来中华民族最伟大的梦想。④ 建设社会主义现代化强国、实现中华民族伟大复兴被写入我国《宪法》,成为我国发展的根本遵循,也成为《对外关系法》的重要宗旨之一。《对外关系法》紧紧围绕这一任务,在全面依法治国的总体要求下,运用法治思维和法治方式,稳妥应对外部风险挑战,为社会主义现代化建设争取国际和平环境。

---

① 参见《全国人大常委会法工委负责人就对外关系法答记者问》,载中国人大网,http://www.npc.gov.cn/npc//c2/c30834/202306/t20230630_430377.html。

② 参见《中共中央关于党的百年奋斗重大成就和历史经验的决议》,载《人民日报》2021年11月17日,第1版。

③ 参见习近平:《高举中国特色社会主义伟大旗帜 为全面建设社会主义现代化国家而团结奋斗——在中国共产党第二十次全国代表大会上的报告》,2022年10月16日。

④ 参见习近平:《决胜全面建成小康社会 夺取新时代中国特色社会主义伟大胜利——在中国共产党第十九次全国代表大会上的报告》,2017年10月18日。

4. 促进世界和平与发展，推动构建人类命运共同体

尽管世界正处于大发展大变革大调整时期，但和平与发展仍是时代主题。随着世界多极化、经济全球化深入发展和文化多样化、社会信息化持续推进，今天的人类比以往任何时候都更有条件朝和平与发展的目标迈进。① 具体而言，和平为发展创造了必要的环境，而发展则是和平的基础；只有在和平的环境中才能够实现可持续的发展。只有维护全球的和平与稳定，才能为各国创造共同繁荣的机遇。

现行国际秩序面临多重挑战，“建设一个什么样的世界、如何建设这个世界”成为关乎人类前途命运的重大课题。面对时代之问，中国的回答是构建人类命运共同体。人类命运共同体，就是每个民族、每个国家的前途命运都紧紧联系在一起，应该风雨同舟、荣辱与共、和谐共生、合作共赢。② 坚持推动构建人类命运共同体被列为新时代坚持和发展中国特色社会主义的基本方略，并写入党章和宪法，体现了中国共产党和全体中国人民的意志。坚持以维护世界和平、促进共同发展为宗旨推动构建人类命运共同体，是新时代对外工作的总目标。③

“促进世界和平与发展，推动构建人类命运共同体”着眼于时代主题，关注中国人民和世界人民的共同利益。中国始终是维护世界和平、促进共同发展的重要力量。新中国成立以来特别是改革开放以来，和平发展道路的形成经过了艰辛探索和不断实践。2023 年的中央外事工作会议明确了将构建人类命运共同体作为一个科学体系的“四梁八柱”，即

---

① 参见习近平：《顺应时代前进潮流　促进世界和平发展——在莫斯科国际关系学院的演讲》，载《人民日报》2013 年 3 月 24 日，第 2 版。

② 参见国务院新闻办公室：《携手构建人类命运共同体：中国的倡议与行动》，载中国政府网 2023 年 9 月 26 日，https://www.gov.cn/zhengce/202309/content_6906335.htm。

③ 参见中共中央宣传部、中华人民共和国外交部编：《习近平外交思想学习纲要》，人民出版社、学习出版社 2021 年版，第 48 页。

以建设持久和平、普遍安全、共同繁荣、开放包容、清洁美丽的世界为努力目标，以推动共商共建共享的全球治理为实现路径，以践行全人类共同价值为普遍遵循，以推动构建新型国际关系为基本支撑，以落实全球发展倡议、全球安全倡议、全球文明倡议为战略引领，以高质量共建'一带一路'为实践平台，推动各国携手应对挑战、实现共同繁荣，形成了新征程上中国外交战略的顶层设计。①

迄今，构建人类命运共同体这一重要理念已被列为新时代坚持和发展中国特色社会主义的基本方略写入宪法和党章，并已被多次写入联合国文件，正在从理念转化为行动，产生日益广泛而深远的国际影响，成为中国引领时代潮流和人类文明进步方向的鲜明旗帜。②《对外关系法》牢牢把握推动构建人类命运共同体这条主线，彰示我国坚定不移地走和平发展道路，广泛凝聚共识，积极推动合作，以建设性态度积极参与国际规则制定，并不断丰富和完善新时代中国国际法理论体系，推动国际法治朝着更加公正合理的方向发展。

(二)《对外关系法》的立法依据

《对外关系法》的制定以我国《宪法》为依据；《宪法》是中华人民共和国的根本法，具有最高法律效力。我国现行《宪法》于1982年12月4日第五届全国人民代表大会第五次会议通过，1982年12月4日全国人民代表大会公布施行。经过全国人民代表大会会议于1988年4月12日、1993年3月29日、1999年3月15日、2004年3月14日和2018年3月11日5次修正。

① 王毅：《深入贯彻中央外事工作会议精神 不断开创中国特色大国外交新局面》，载《求是》2024年第2期。

② 参见中共中央宣传部、中央全面依法治国委员会办公室编：《习近平法治思想学习纲要》，人民出版社、学习出版社2021年版，第124页。

宪法具有最高法律效力。我国《宪法》在序言中明确规定："本宪法以法律的形式确认了中国各族人民奋斗的成果，规定了国家的根本制度和根本任务，是国家的根本法，具有最高的法律效力。"第5条第3款还规定："一切法律、行政法规和地方性法规都不得同宪法相抵触。"我国《宪法》在内容上所具有的国家根本法这一特点，决定了它的法律地位高于普通法律，具有最高法律地位和最高法律效力。这就意味着《宪法》是制定普通法律的依据，普通法律的内容都必须符合《宪法》的规定，与《宪法》内容相抵触的法律无效。《对外关系法》第1条明确规定"根据宪法，制定本法"，尊崇《宪法》的最高法律地位和最高法律效力。《宪法》主要规范国家公权力机关的结构、职责、运行机制，以及公民的基本权利和义务，为所有普通法律提供制定依据、原则；《对外关系法》作为我国涉外领域的基础性、综合性法律，遵循《宪法》的规定，规范我国发展同各国的外交关系和在经济、文化等各领域的交流与合作，发展同联合国等国际组织的关系等，在涉外法治领域发挥统摄、总括作用。

关联立法

《宪法》

序言（节选）

……我国将长期处于社会主义初级阶段。国家的根本任务是，沿着中国特色社会主义道路，集中力量进行社会主义现代化建设。中国各族人民将继续在中国共产党领导下，在马克思列宁主义、毛泽东思想、邓小平理论、"三个代表"重要思想、科学发展观、习近平新时代中国特色社会主义思想指引下，坚持人民民主专政，坚持社会主义道路，坚持改革开放,不断完善社会主义的各项制度,发展社会主义市场经济,发展社会主义民主,健全社会主义法治,贯彻新发展理念,自力更生,艰苦奋斗,逐步实现工业、农业、国防和科学技术的现代化,推动物质文明、政治文明、精神文明、社会文明、生态文明协调发展,把我国建设成为富强民主文明和谐美丽的社会主义现代化强国,实现中华民族伟大复兴。

……中国坚持独立自主的对外政策,坚持互相尊重主权和领土完整、互不侵犯、互不干涉内政、平等互利、和平共处的五项原则,坚持和平发展道路,坚持互利共赢开放战略,发展同各国的外交关系和经济、文化交流,推动构建人类命运共同体;坚持反对帝国主义、霸权主义、殖民主义,加强同世界各国人民的团结,支持被压迫民族和发展中国家争取和维护民族独立、发展民族经济的正义斗争,为维护世界和平和促进人类进步事业而努力。

《国家安全法》

第18条　国家加强武装力量革命化、现代化、正规化建设,建设与保卫国家安全和发展利益需要相适应的武装力量;实施积极防御军事战略方针,防备和抵御侵略,制止武装颠覆和分裂;开展国际军事安全合作,实施联合国维和、国际救援、海上护航和维护国家海外利益的军事行动,维护国家主权、安全、领土完整、发展利益和世界和平。

《反外国制裁法》

第1条　为了维护国家主权、安全、发展利益,保护我国公民、组织的合法权益,根据宪法,制定本法。

经典导读

就“维护国家主权、安全、发展利益”而言，《习近平外交思想学习纲要》指出：“维护国家主权、安全、发展利益是我国对外工作的出发点和落脚点，是中国外交的神圣使命。新中国成立以来，在中国共产党坚强领导下，中国外交敢于斗争，善于斗争，坚决有效维护国家主权、安全、发展利益，为国家建设、改革发展和民族复兴保驾护航。党的十八大以来，以习近平同志为核心的党中央坚定不移把维护国家主权、安全、发展利益放在对外工作的首要位置，作出一系列重要指示和重大决策部署，采取一系列开创性重大举措，有力维护和塑造了有利于国家发展和民族复兴的良好外部环境。”①

就“维护和发展人民利益”而言，《习近平外交思想学习纲要》指出：“中国共产党从人民中走来、依靠人民发展壮大，历来有着深厚的人民情怀，不仅对中国人民有着深厚情怀，而且对世界各国人民有着深厚情怀，不仅愿意为中国人民造福，也愿意为世界各国人民造福。在中国共产党领导下，中国外交始终坚定维护人民利益，汲取人民智慧，增进人民友谊，促进各国人民相互了解、相互支持、相互帮助，共同推动世界和平与发展的崇高事业。”②《习近平法治思想学习纲要》指出：“习近平总书记指出：‘我国社会主义制度保证了人民当家作主的主体地位，也保证了人民在全面推进依法治国中的主体地位。这是我们的制度优势，也是中国

① 中共中央宣传部、中华人民共和国外交部编：《习近平外交思想学习纲要》，人民出版社、学习出版社2021年版，第61页。

② 中共中央宣传部、中华人民共和国外交部编：《习近平外交思想学习纲要》，人民出版社、学习出版社2021年版，第38页。

特色社会主义法治区别于资本主义法治的根本所在。'要坚持人民主体地位,把体现人民利益、反映人民愿望、维护人民权益、增进人民福祉落实到依法治国全过程,使法律及其实施充分体现人民意志。"①

就"建设社会主义现代化强国,实现中华民族伟大复兴"而言,《习近平外交思想学习纲要》指出:"习近平总书记在二〇一四年十一月中央外事工作会议上明确指出,中国必须有自己特色的大国外交。在二〇一八年六月中央外事工作会议上,习近平总书记进一步强调,坚持以实现中华民族伟大复兴为使命推进中国特色大国外交。这是以习近平同志为核心的党中央,在继承发扬新中国外交核心原则和优良传统基础上,准确把握我国所处历史方位和国际大势,着眼实现'两个一百年'奋斗目标和中华民族伟大复兴中国梦作出的重要决策和战略部署,这是新时代赋予对外工作的历史使命。"②

就"促进世界和平与发展,推动构建人类命运共同体"而言,《习近平外交思想学习纲要》指出:"习近平总书记着眼中国人民和世界人民的共同利益,深入思考'建设一个什么样的世界、如何建设这个世界'等关乎人类前途命运的重大课题,高瞻远瞩地提出构建人类命运共同体重要理念。这是回答和解决当今世界面临的时代之问的中国方案,也是给世界人民带来福祉的人间正道。坚持推动构建人类命运共同体被列为新时代坚持和发展中国特色社会主义的基本方略,并写入党章和宪法,体现了中国共产党和全体中国人民的意志。坚持以维护世界和平、促进共同发展为宗旨推动构建人类命运共同体,是新时代对外工作

① 中共中央宣传部、中央全面依法治国委员会办公室编:《习近平法治思想学习纲要》,人民出版社、学习出版社2021年版,第27页。

② 中共中央宣传部、中华人民共和国外交部编:《习近平外交思想学习纲要》,人民出版社、学习出版社2021年版,第31页。

的总目标。”①“中国共产党既为中国人民谋幸福，也把为全人类作贡献作为重要使命。要统筹国内国际两个大局，树立更宽广的世界眼光、更宏大的战略抱负，胸怀祖国，兼济天下，推动构建新型国际关系，推动构建人类命运共同体。要深化全方位外交布局，拓展全球伙伴关系网，不断扩大我国的‘朋友圈’。要推动共建‘一带一路’，深化同各国的广泛合作，促进共同发展。要积极参与全球治理和多边事务，维护中国人民利益和全人类共同利益。要讲好中国共产党的故事，讲好中国的故事，讲好中国人民的故事，促进中外理解和友谊。”②

第二条

条文内容

中华人民共和国发展同各国的外交关系和经济、文化等各领域的交流与合作，发展同联合国等国际组织的关系，适用本法。

---

① 中共中央宣传部、中华人民共和国外交部编：《习近平外交思想学习纲要》，人民出版社、学习出版社 2021 年版，第 48 页。

② 中共中央宣传部、中华人民共和国外交部编：《习近平外交思想学习纲要》，人民出版社、学习出版社 2021 年版，第 29 页。

条文释义

本条规定了《对外关系法》的适用范围。

发展对外关系是国家的重要职能。作为我国涉外领域的基础性、综合性法律,《对外关系法》从国家之间、国家与国际组织之间两个层次作出规定,以规范我国发展同各国的外交关系和经济、文化等各领域的交流与合作,以及发展同联合国等国际组织的关系。

(一)发展同各国的外交关系和经济、文化等各领域的交流与合作

本条内容的第一个层次体现在两个方面:一是发展我国同各国的外交关系;二是促进我国同各国在经济、文化等各领域的交流与合作。

1. 发展同各国的外交关系

国际法上的外交关系,指的是国与国之间进行国际交往,运用谈判、会议和订约的方法,以及互设常驻代表机构形成的关系。① 一国发展对外关系的主要对象是其他国家,因为国家是构成现代国际关系的基本要素,在现代国际法律关系中仍然处于最主要的地位和起着最重要的作用,也是国际法的基本主体。② 因此,同世界各国发展外交关系是我国对外工作的应有之义。

发展同各国的外交关系有助于构建国际社会的和平与稳定。通过外交途径解决争端、促进合作,各国之间的良好关系得以维系,从而减少

---

① 参见周鲠生:《国际法》(下册),商务印书馆 1981 年版,第 506 页。

② 参见梁西原著主编、王献枢副主编、曾令良修订主编:《国际法》(第 3 版),武汉大学出版社 2011 年版,第 67 ~ 68 页。

冲突的可能性，有助于维护地区和全球的和平与稳定。发展外交关系也有助于加强国际合作，使各国共同应对全球性挑战。面对贫困、疾病、气候变化等全球性问题，各国可以通过发展外交关系协同合作。此外，发展外交关系也有助于增进国际社会的相互理解与文化交流。通过外交活动，各国能够更深入地了解彼此的文化、历史和价值观，从而促进文明之间的交流互鉴，减少误解和偏见。因此，发展外交关系是促进国际合作与实现共同发展的桥梁，也是维护和平与稳定的关键所在。

2. 发展同各国的经济、文化等各领域的交流与合作

除外交关系外，国家间还可能在经济、文化等领域开展多种形式的交流合作，尤其是不同国家的个人或民间团体进行友好访问的接触。①

国家间经济、文化等领域的交流与合作是国际社会重要的联系纽带，促进了全球的和平、稳定与繁荣。通过国际贸易、投资和技术合作，各国能够共享资源，促进产业升级，提高生产效率，有助于促进各国的经济增长，也能够推动全球经济的可持续发展。文化交流与合作则可以促使人们更好地理解和尊重彼此的文化差异，从而加强文化多样性，构建一个更加包容、和谐的国际社会。

积极参与对外交流与合作有助于提升我国的国际声誉和软实力，展示我国负责任的大国形象。自 1982 年起，我国《宪法》序言部分均载有发展同各国的外交关系和经济、文化交流的相关表述。②《对外关系法》承继了上述规定，彰显了我国积极开展对外交往合作的态度。

① 参见梁西原著主编、王献枢副主编、曾令良修订主编：《国际法》(第 3 版)，武汉大学出版社 2011 年版，第 317 页。

② 1982 年至 2004 年的各版本《宪法》序言部分相关表述为："发展同各国的外交关系和经济、文化的交流……"2018 年《宪法》序言部分相关表述修改为："发展同各国的外交关系和经济、文化交流……"

(二)发展同联合国等国际组织的关系

国际组织,特别是某些负有重大国际责任的国际组织(比如联合国),因其在全球的迅速发展,以及某些组织在一定范围内参与国际法律关系,成为参与国际关系的重要主体,其国际法主体资格也逐渐得到广泛认可。20 世纪以前,政府间国际组织为数甚少。直至 19 世纪中后期,才先后成立了国际电信联盟和万国邮政联盟这种专门性的国际行政组织。第一次世界大战之后成立了世界上第一个一般政治性国际组织——国际联盟。第二次世界大战结束时成立了联合国,随后其他的政府间国际组织迅速增加。它们与其他国际法主体交往,建立正式关系,缔结条约,解决国际争端,在国际事务中起着重要作用。①

联合国是第二次世界大战后建立起来的最具普遍性、代表性和权威性的政府间国际组织。其自成立以来,在维护世界和平、促进共同发展、推动国际合作方面发挥了不可替代的重要作用,做出了有目共睹的重大贡献。如今,联合国宪章宗旨和原则是处理国际关系的根本遵循,也是国际秩序稳定的重要基石。

《对外关系法》进一步深化宪法的内涵,将“发展同联合国等国际组织的关系”纳入其适用范围,表明我国坚定维护以联合国为核心的国际体系,坚定维护联合国权威和地位,坚定维护联合国在国际事务中的核心作用,坚定维护以国际法为基础的国际秩序,为运用法治思维和法治方式推动构建人类命运共同体贡献中国智慧和中国方案。

---

① 参见梁西原著主编、王献枢副主编、曾令良修订主编:《国际法》(第 3 版),武汉大学出版社 2011 年版,第 69 ~ 70 页。

关联立法

《宪法》

序言(节选)

……中国坚持独立自主的对外政策,坚持互相尊重主权和领土完整、互不侵犯、互不干涉内政、平等互利、和平共处的五项原则,坚持和平发展道路,坚持互利共赢开放战略,发展同各国的外交关系和经济、文化交流,推动构建人类命运共同体;坚持反对帝国主义、霸权主义、殖民主义,加强同世界各国人民的团结,支持被压迫民族和发展中国家争取和维护民族独立、发展民族经济的正义斗争,为维护世界和平和促进人类进步事业而努力。

经典导读

就中国与联合国的关系而言,《习近平外交思想学习纲要》指出:“中国是联合国第二大维和摊款国和联合国安理会常任理事国中派遣维和人员最多的国家,中国军舰在亚丁湾、索马里海域实施常态化护航行动……要坚持以国际法为基础、以公平正义为要旨、以有效行动为导向,维护以联合国为核心的国际体系,遵循《联合国气候变化框架公约》及其《巴黎协定》的目标和原则。……作为最大的发展中国家和联合国安理会常任理事国,中国一贯高度重视并积极参与、支持联合国工作。……习近平总书记站在世界和谐、人类进步的高度,在联合国教科文组织、联合国大会、亚洲文明对话大会等一系列国际场合提出文明交流互鉴重要主张，倡导不同国家、不同民族、不同文明互学互鉴、共同进步，展现出独具魅力的东方智慧和虚怀若谷的大国气度。”①

第三条

条文内容

中华人民共和国坚持以马克思列宁主义、毛泽东思想、邓小平理论、“三个代表”重要思想、科学发展观、习近平新时代中国特色社会主义思想为指导，发展对外关系，促进友好交往。

条文释义

本条规定了我国发展对外关系的指导思想，包括马克思列宁主义、毛泽东思想、邓小平理论、“三个代表”重要思想、科学发展观、习近平新时代中国特色社会主义思想。上述理论成果作为《宪法》规定的思想指引，为我国发展对外关系、开展对外交流与合作提供了理论和思想支撑。《对外关系法》作为我国涉外领域的基础性、综合性法律，进一步明确了

① 中共中央宣传部、中华人民共和国外交部编：《习近平外交思想学习纲要》，人民出版社、学习出版社2021年版，第163、113、158、188页。

上述指导思想在发展对外关系、开展对外交流与合作方面的深刻内涵和深远意义。

（一）马克思列宁主义与发展对外关系

马克思列宁主义揭示了人类社会历史发展的规律；它的基本原理是正确的，具有强大的生命力。马克思主义外交理论是指导我国发展对外关系的重要依据。我国开展对外工作所取得的各项重大理论和实践成果，都是马克思主义基本原理同中国特色大国外交实践相结合的产物。辩证唯物主义和历史唯物主义是马克思主义最根本的世界观和方法论，是认识世界和改造世界的强大思想武器。中国与世界的关系是我国外交学研究的核心问题；只有坚持以马克思主义为指导，不断开辟马克思主义中国化时代化新境界，才能解决我国外交实践中的新问题。①

（二）毛泽东思想与发展对外关系

《中国共产党章程》指出："以毛泽东同志为主要代表的中国共产党人，把马克思列宁主义的基本原理同中国革命的具体实践结合起来，创立了毛泽东思想。毛泽东思想是马克思列宁主义在中国的运用和发展，是被实践证明了的关于中国革命和建设的正确的理论原则和经验总结，是中国共产党集体智慧的结晶。"

《习近平外交思想学习纲要》指出："以毛泽东同志为主要代表的中国共产党人，在建立新中国和推进社会主义革命和建设的伟大进程中，在维护国家独立与主权的伟大斗争中，把中国共产党人在长期革命斗争中形成的独立自主等重要思想和原则，创造性运用到对外工作理论和实

---

① 参见赵可金：《在大变局中推进外交理论创新》，载《中国社会科学报》2023 年 1 月 31 日，第 A01 版。

践创新中，创建了新中国的新型外交，提出了‘另起炉灶’、‘打扫干净屋子再请客’和‘一边倒’等重大方针，首倡和平共处五项原则，提出‘两个中间地带’理论，形成‘三个世界’划分的战略思想，创立了毛泽东外交思想，为新中国外交在国际风云激荡中成长奋进提供了政治指针。”①

（三）邓小平理论与发展对外关系

《中国共产党章程》指出："十一届三中全会以来，以邓小平同志为主要代表的中国共产党人，总结新中国成立以来正反两方面的经验，解放思想，实事求是，实现全党工作中心向经济建设的转移，实行改革开放，开辟了社会主义事业发展的新时期，逐步形成了建设中国特色社会主义的路线、方针、政策，阐明了在中国建设社会主义、巩固和发展社会主义的基本问题，创立了邓小平理论。邓小平理论是马克思列宁主义的基本原理同当代中国实践和时代特征相结合的产物，是毛泽东思想在新的历史条件下的继承和发展，是马克思主义在中国发展的新阶段，是当代中国的马克思主义，是中国共产党集体智慧的结晶，引导着我国社会主义现代化事业不断前进。"

《习近平外交思想学习纲要》指出："以邓小平同志为主要代表的中国共产党人，在改革开放和社会主义现代化建设新的历史时期，坚持解放思想、实事求是的思想路线，坚持以马克思主义的宽广视野观察国际形势，准确把握时代脉搏，科学认识我国面临的机遇与挑战，作出‘和平和发展是当代世界的两大问题’的论断，丰富完善独立自主的和平外交政策，作出对外开放的战略抉择，倡导建立国际政治经济新秩序，明确了对外工作的战略方针，创立了邓小平外交思想。邓小平外交思想是新的

① 中共中央宣传部、中华人民共和国外交部编：《习近平外交思想学习纲要》，人民出版社、学习出版社2021年版，第5页。

历史条件下对毛泽东外交思想的继承和发展,也是新时期我国制定外交政策和指导外交实践的指南。”①

(四)“三个代表”重要思想与发展对外关系

《中国共产党章程》指出:“十三届四中全会以来,以江泽民同志为主要代表的中国共产党人,在建设中国特色社会主义的实践中,加深了对什么是社会主义、怎样建设社会主义和建设什么样的党、怎样建设党的认识,积累了治党治国新的宝贵经验,形成了‘三个代表’重要思想。‘三个代表’重要思想是对马克思列宁主义、毛泽东思想、邓小平理论的继承和发展,反映了当代世界和中国的发展变化对党和国家工作的新要求,是加强和改进党的建设、推进我国社会主义自我完善和发展的强大理论武器,是中国共产党集体智慧的结晶,是党必须长期坚持的指导思想。始终做到‘三个代表’,是我们党的立党之本、执政之基、力量之源。”

《习近平外交思想学习纲要》指出:“以江泽民同志为主要代表的中国共产党人,面对风云变幻的国际形势,开拓创新,与时俱进,深刻论述世界多极化和经济全球化历史趋势,作出我国发展处于重要战略机遇期的科学判断,倡导积极参与国际交流与合作,发展了推动建立公正合理的国际政治经济新秩序等主张。这些外交战略策略思想顺应了形势和实践的发展变化,丰富和发展了中国特色社会主义外交理论体系。”②

---

① 中共中央宣传部、中华人民共和国外交部编:《习近平外交思想学习纲要》,人民出版社、学习出版社2021年版,第5~6页。

② 中共中央宣传部、中华人民共和国外交部编:《习近平外交思想学习纲要》,人民出版社、学习出版社2021年版,第6页。

(五)科学发展观与发展对外关系

《中国共产党章程》指出:“十六大以来,以胡锦涛同志为主要代表的中国共产党人,坚持以邓小平理论和‘三个代表’重要思想为指导,根据新的发展要求,深刻认识和回答了新形势下实现什么样的发展、怎样发展等重大问题,形成了以人为本、全面协调可持续发展的科学发展观。科学发展观是同马克思列宁主义、毛泽东思想、邓小平理论、‘三个代表’重要思想既一脉相承又与时俱进的科学理论,是马克思主义关于发展的世界观和方法论的集中体现,是马克思主义中国化重大成果,是中国共产党集体智慧的结晶,是发展中国特色社会主义必须长期坚持的指导思想。”

《习近平外交思想学习纲要》指出:“以胡锦涛同志为主要代表的中国共产党人,准确把握中国与世界联系日益紧密的发展趋势,顺应世界求和平、谋发展、促合作的时代潮流,统筹国内国际两个大局,坚持走和平发展道路,提出互利共赢的开放战略,倡导建设持久和平、共同繁荣的和谐世界,回应了新世纪新阶段国际社会对中国与世界关系走向的普遍关切,为指导新世纪初期的外交工作提供了重要思想武器。”①

(六)习近平新时代中国特色社会主义思想与发展对外关系

《中国共产党章程》指出:“十八大以来,以习近平同志为主要代表的中国共产党人,坚持把马克思主义基本原理同中国具体实际相结合、同中华优秀传统文化相结合,科学回答了新时代坚持和发展什么样的中国特色社会主义、怎样坚持和发展中国特色社会主义等重大时代课题,创立了习近平新时代中国特色社会主义思想。习近平新时代中国特色

---

① 中共中央宣传部、中华人民共和国外交部编:《习近平外交思想学习纲要》,人民出版社、学习出版社 2021 年版,第 6 ~ 7 页。

社会主义思想是对马克思列宁主义、毛泽东思想、邓小平理论、'三个代表'重要思想、科学发展观的继承和发展,是当代中国马克思主义、二十一世纪马克思主义,是中华文化和中国精神的时代精华,是党和人民实践经验和集体智慧的结晶,是中国特色社会主义理论体系的重要组成部分,是全党全国人民为实现中华民族伟大复兴而奋斗的行动指南,必须长期坚持并不断发展。"

《习近平外交思想学习纲要》指出:"党的十八大以来,以习近平同志为主要代表的中国共产党人,统筹中华民族伟大复兴战略全局和世界百年未有之大变局,统筹发展和安全,统揽伟大斗争、伟大工程、伟大事业、伟大梦想,提出中国特色大国外交,创立了习近平外交思想。习近平外交思想把继承与发展辩证统一起来,既继承前人又勇于创新,鲜明提出推动建设新型国际关系、构建人类命运共同体、共建'一带一路'、弘扬全人类共同价值等重要思想和重大倡议,强调敢于斗争、善于斗争,赋予独立自主的和平外交方针、和平共处五项原则、推动建立国际政治经济新秩序、推动建设和谐世界等对外方针政策新的时代内涵,使新中国外交优良传统焕发出新的光彩,实现了中国外交理论的重大飞跃。"①

关联立法

《宪法》

序言(节选)

……中国各族人民将继续在中国共产党领导下,在马克思列宁主

① 中共中央宣传部、中华人民共和国外交部编:《习近平外交思想学习纲要》,人民出版社、学习出版社 2021 年版,第 7 页。

义、毛泽东思想、邓小平理论、“三个代表”重要思想、科学发展观、习近平新时代中国特色社会主义思想指引下，坚持人民民主专政，坚持社会主义道路，坚持改革开放，不断完善社会主义的各项制度，发展社会主义市场经济，发展社会主义民主，健全社会主义法治，贯彻新发展理念，自力更生，艰苦奋斗，逐步实现工业、农业、国防和科学技术的现代化，推动物质文明、政治文明、精神文明、社会文明、生态文明协调发展，把我国建设成为富强民主文明和谐美丽的社会主义现代化强国，实现中华民族伟大复兴。

《立法法》

第3条　立法应当坚持中国共产党的领导，坚持以马克思列宁主义、毛泽东思想、邓小平理论、“三个代表”重要思想、科学发展观、习近平新时代中国特色社会主义思想为指导，推进中国特色社会主义法治体系建设，保障在法治轨道上全面建设社会主义现代化国家。

《全国人民代表大会组织法》

第3条　全国人民代表大会及其常务委员会坚持中国共产党的领导，坚持以马克思列宁主义、毛泽东思想、邓小平理论、“三个代表”重要思想、科学发展观、习近平新时代中国特色社会主义思想为指导，依照宪法和法律规定行使职权。

第四条

条文内容

中华人民共和国坚持独立自主的和平外交政策，坚持互相尊重主权和领土完整、互不侵犯、互不干涉内政、平等互利、和平共处的五项原则。

中华人民共和国坚持和平发展道路，坚持对外开放基本国策，奉行互利共赢开放战略。

中华人民共和国遵守联合国宪章宗旨和原则，维护世界和平与安全，促进全球共同发展，推动构建新型国际关系；主张以和平方式解决国际争端，反对在国际关系中使用武力或者以武力相威胁，反对霸权主义和强权政治；坚持国家不分大小、强弱、贫富一律平等，尊重各国人民自主选择的发展道路和社会制度。

条文释义

本条规定了我国发展对外关系时坚持的核心原则、立场与主张。第一，坚持独立自主的和平外交政策与和平共处五项原则。第二，坚持和平发展道路，坚持对外开放基本国策，奉行互利共赢开放战略。第三，遵守联合国宪章宗旨和原则，维护世界和平与安全，促进全球共同发展，推动构建新型国际关系；主张以和平方式解决国际争端，反对在国际关系中使用武力或者以武力相威胁，反对霸权主义和强权政治；坚持国家不分大小、强弱、贫富一律平等，尊重各国人民自主选择的发展道路和社会制度。

（一）独立自主的和平外交政策与和平共处五项原则

本条第1款规定了我国发展对外关系坚持独立自主的和平外交政策与和平共处五项原则。

1. 独立自主的和平外交政策

所谓“独立自主”，就是坚定不移维护国家主权、安全、发展利益，牢牢把握坚持和平发展、促进民族复兴这条主线，为和平发展营造更加有利的国际环境。在国际法中，独立权是国家的基本权利，指国家按照自己的意志处理本国对内、对外事务而不受他国控制和干涉的权利。① 所谓“和平外交”，就是坚定不移走和平发展道路，不走“国强必霸”的老路，不入“修昔底德陷阱”的圈套，坚持国家不分大小、强弱、贫富一律平等，坚持在和平共处五项原则基础上同各国友好合作。②

2. 和平共处五项原则

“和平共处五项原则”指：第一，互相尊重主权和领土完整；第二，互不侵犯；第三，互不干涉内政；第四，平等互利；第五，和平共处。具体而言，互相尊重主权和领土完整包括不尽相同但又密切不可分的内容，即互相尊重主权和互相尊重领土完整。互不侵犯原则是从互相尊重主权

---

① 参见梁西原著主编、王献枢副主编、曾令良修订主编：《国际法》（第3版），武汉大学出版社2011年版，第85页。

② 参见王国平：《坚定奉行独立自主的和平外交政策》，载《南亚东南亚研究》2022年第6期。

和领土完整原则引申出来的，其内容包括各国有义务不首先使用武力、用和平方法解决争端等。互不干涉内政意味着，在现代国际关系中，国家不分大小、强弱，均不应进行非法的武装干涉、经济干涉、外交干涉和其他方式干涉。平等互利更强调国家间的真正平等。换言之，真正的平等应该是与互利相联系的，形式上的平等不一定是互利的，而只有互利的平等才是真正的平等。和平共处是指各国不应因社会制度、意识形态和价值观念的不同而在国际法律地位上有所差别，应在同一个地球上和平并存、友好往来、善意合作，并利用和平方法解决彼此间的争端。①

和平共处五项原则与《联合国宪章》的宗旨和原则相一致，科学反映了现代国际法基本原则的体系，准确体现了国际关系的基本特征，标志着中国外交政策的成熟。② 1953 年年底，周恩来总理在会见印度政府代表团时，第一次提出了互相尊重主权和领土完整、互不侵犯、互不干涉内政、平等互利、和平共处的五项原则。翌年，周恩来总理应邀访问了印度和缅甸，中印、中缅双方总理在联合声明中正式倡议将和平共处五项原则作为国际关系的准则。③ 改革开放以来，我国创造性地发展充实了“和平共处五项原则”的内涵，确定“真正的不结盟”政策，积极开展全方位外交，推动建立国际政治经济新秩序，开创了同各国友好合作的新局面。如今，和平共处五项原则被赋予了新的时代内涵，即“同各国发展友好合作，推动构建新型国际关系，深化拓展平等、开放、合作的全球伙伴

---

① 参见梁西原著主编、王献枢副主编、曾令良修订主编：《国际法》（第 3 版），武汉大学出版社 2011 年版，第 55 页。

② 参见梁西原著主编、王献枢副主编、曾令良修订主编：《国际法》（第 3 版），武汉大学出版社 2011 年版，第 55 ~ 56 页。

③ 参见《在和平共处五项原则的基础上建立国际新秩序》，载外交部官网，https://www.mfa.gov.cn/web/ziliao_674904/wjs_674919/2159_674923/200011/t20001107_10251031.shtml。

关系，致力于扩大同各国利益的汇合点”。①

(二)坚持和平发展道路，坚持对外开放基本国策，奉行互利共赢开放战略

本条第2款规定了我国发展对外关系坚持和平发展道路，坚持对外开放基本国策，奉行互利共赢开放战略，阐明了坚持和平发展与对外开放的基本态度。

1. 和平发展道路

当今世界，和平与发展仍是时代主题。在这一背景下，坚持走和平发展道路是我国外交的基本原则。“和平发展”强调我国发展的和平性。具体而言，我国将摒弃以侵略、剥削、压迫为特征的西方现代化，而将维护世界和平作为发展的重要任务，无论发展到什么程度，都永远不称霸，永远不搞扩张，将发展与和平有机统一起来，成为维护世界和平、促进共同发展的重要力量。②

2. 对外开放基本国策

对外开放是和平发展的重要组成部分。开放带来进步，封闭必然落后。改革开放以来，我国始终坚持对外开放的基本国策，坚持独立自主参与经济全球化，开展贸易，鼓励投资，打开国门搞建设，从“引进来”到“走出去”，推动国内高质量发展、助力全面深化改革，提高劳动生产率、增强国际竞争力，发挥国内消费潜力、增强消费者福利。对外开放不仅让中国成为贸易大国、投资大国，更让中国在对外开放中展现大国担当，对世界做出重大贡献，包括加入世界贸易组织、共建“一带一路”、为应

---

① 参见习近平：《高举中国特色社会主义伟大旗帜　为全面建设社会主义现代化国家而团结奋斗——在中国共产党第二十次全国代表大会上的报告》，2022年10月16日。

② 参见姜卫平：《如何理解“走和平发展道路的现代化”》，载《光明日报》2022年5月27日，第11版。

对亚洲金融危机和国际金融危机做出重大贡献，连续多年对世界经济增长贡献率超过30%，成为世界经济增长的主要稳定器和动力源。① 未来，我国经济的高质量发展也必须在更加开放的条件下进行；我国开放的大门不会关闭，只会越开越大。②

3. 互利共赢开放战略

和平发展道路要在我国与世界各国良性互动、互利共赢中开拓前进。“互利”即互相有利，“共赢”即共同得益。这是新时代和平发展道路的战略内涵。③

互利共赢开放战略的关键在于国家之间交往的互利性，目的是实现双方共赢；其对象既包括双边关系中的国家，也涵盖全球经济的繁荣发展与政治格局的和平稳定。④ 坚持互利共赢的开放战略，把合作共赢理念体现到政治、经济、安全、文化等对外合作的方方面面，⑤是中国特色大国外交的重要方面。由于共同利益是国际交往与对话的前提，国际合作本身也建立在对共同利益追求的基础上，因而在互利共赢开放战略下，国家更加重视本国的长远利益和国际共同利益，也更加强调国内市场与国际市场共同发展、本国利益与伙伴国利益共同实现，要求在开放合作中同各国分享发展机会和利益，在谋求本国发展中促进各国共同繁

---

① 参见胡鞍钢：《对外开放是中国基本国策（望海楼）》，载《人民日报·海外版》2018年5月15日，第1版。

② 参见中共中央宣传部、中华人民共和国外交部编：《习近平外交思想学习纲要》，人民出版社、学习出版社2021年版，第100页。

③ 参见中共中央宣传部、中华人民共和国外交部编：《习近平外交思想学习纲要》，人民出版社、学习出版社2021年版，第112～113页。

④ 参见吴志成：《实施互利共赢开放战略　共同缔造人类美好未来》，载《光明日报》2021年2月3日，第16版。

⑤ 参见中共中央宣传部、中华人民共和国外交部编：《习近平外交思想学习纲要》，人民出版社、学习出版社2021年版，第35页。

荣和发展,不断扩大各方利益汇合点。①

(三)遵守联合国宪章宗旨和原则,维护世界和平与安全,促进全球共同发展,推动构建新型国际关系;主张以和平方式解决国际争端,反对在国际关系中使用武力或者以武力相威胁,反对霸权主义和强权政治;坚持国家不分大小、强弱、贫富一律平等,尊重各国人民自主选择的发展道路和社会制度

本条第3款的规定彰显出我国是多边主义的坚定维护者、支持者和践行者。具体而言,我国坚定维护联合国权威和地位,推动世界和平与共同发展,推动构建新型国际关系;主张以和平方式解决国际争端,反对霸权主义和强权政治;坚持国家不分大小、强弱、贫富一律平等,尊重各国人民自主选择的发展道路和社会制度。

1. 联合国宪章宗旨和原则

《联合国宪章》是联合国的创始文件。其于1945年6月26日旧金山联合国国际组织会议闭幕之际签署,并于同年10月24日生效。《联合国宪章》是国际条约,赋予联合国各项权力,并约束联合国会员国。自1945年成立以来,联合国始终遵循创始文件《联合国宪章》所载的宗旨和原则,履行使命,开展工作。②

《联合国宪章》的宗旨涵盖如下四个方面:第一,维持国际和平与安全;第二,发展各国间的友好关系;第三,促进国际合作;第四,协调各国行动。在现代国际法基本原则的体系中,《联合国宪章》所确立的会员国主权平等、善意履行宪章义务、和平解决国际争端、禁止武力相威胁或

① 参见吴志成:《实施互利共赢开放战略　共同缔造人类美好未来》,载《光明日报》2021年2月3日,第16版。

② 参见《联合国宪章》,载联合国官网,https://www.un.org/zh/about-us/un-charter,最后访问时间:2024年5月13日。

使用武力、集体协助、确保非会员国遵守宪章原则、不干涉内政七项原则处于核心地位。[①] 联合国宪章宗旨和原则是处理国际关系的根本遵循，也是国际秩序稳定的重要基石，必须毫不动摇加以维护。[②]

2. 新型国际关系

新型国际关系是指相互尊重、公平正义、合作共赢的国际关系。建设新型国际关系实质上是要走出一条国与国交往的新路，并为构建人类命运共同体开辟道路、创造条件。[③]

构建新型国际关系的理念体现了对传统国际关系中强权政治和零和博弈的反思，提出了构建更加公正、平等和合作的全球秩序的愿景。“相互尊重”强调各国尊重彼此的主权和发展道路选择，平等相待。国家无论大小、强弱，都应该在国际事务中享有平等的话语权和权利。“公平正义”强调国际关系应该以公平和正义为基础，各国在处理国际事务时应遵循以联合国宪章为基础的国际关系基本准则，秉持公平正义，不应该以霸权主义凌驾于国际法和国际关系基本准则之上。“合作共赢”则强调各国基于多边主义携手合作，实现互利共赢。通过促进多边主义、加强经济文化社会交流，各国能够共同应对全球性挑战，推动全球发展繁荣。合作共赢有助于建立互利互惠的国际关系，让各国都能从合作中获益，形成共同发展的良性循环。

3. 和平解决国际争端

和平解决国际争端是第二次世界大战后正式确立的一项国际法基本原则。《联合国宪章》第 2 条第 3 项中规定，“**各会员国应以和平方法**

---

① 参见梁西原著主编、王献枢副主编、曾令良修订主编：《国际法》(第 3 版)，武汉大学出版社 2011 年版，第 53 页。

② 参见中共中央宣传部、中华人民共和国外交部编：《习近平外交思想学习纲要》，人民出版社、学习出版社 2021 年版，第 164 页。

③ 参见中共中央宣传部、中华人民共和国外交部编：《习近平外交思想学习纲要》，人民出版社、学习出版社 2021 年版，第 58 页。

解决其国际争端”。这一原则构成《联合国宪章》解决国际争端各条款的基础,并成为国际法上集体安全制度的重要原则之一。

国际实践反复证明:国际争端,不论是政治的或经济的,还是法律上的或事实上的,如果长期得不到解决,均有可能发展成为武装冲突,甚至国际战争。历史同样表明:国际争端只有通过和平解决,才能真正促进国际和平与安全;以战争、武力或武力相威胁等强制方法,不仅无法从根本上解决争端,反而会激化国家间的敌对情绪,而且有可能使争端扩大和升级,成为冲突和战争的祸根。①

4. 反对霸权主义和强权政治

霸权主义是指大国、强国、富国欺侮、压迫、支配、干涉和颠覆小国、弱国、穷国,不尊重他国的独立和主权,进行强行的控制和统治。强权政治是指一种以强权关系维持国际秩序的资产阶级国际政治,其秩序基础是在特定时间内存在的强权关系。

霸权主义和强权政治导致国际秩序不公,引发冲突与战争,破坏国际合作与发展,加剧全球不稳定,损害各国平等权益,严重威胁世界和平与可持续发展。我国一贯反对霸权主义和强权政治,反对冷战思维,反对干涉别国内政,反对搞双重标准,并致力于推动世界多极化和国际关系民主化,成为维护世界和平的中流砥柱。②

5. 坚持国家一律平等,尊重各国人民自主选择

“坚持国家不分大小、强弱、贫富一律平等,尊重各国人民自主选择的发展道路和社会制度”强调平等、尊重和多样性,有助于构建公正、平等的国际关系。主权平等原则是数百年来国与国规范彼此关系最重要

---

① 参见梁西原著主编、王献枢副主编、曾令良修订主编:《国际法》(第3版),武汉大学出版社2011年版,第58页。

② 参见中共中央宣传部、中华人民共和国外交部编:《习近平外交思想学习纲要》,人民出版社、学习出版社2021年版,第42页。

的准则,其真谛在于国家不分大小、强弱、贫富,主权和尊严必须得到尊重,内政不容干涉,都有权自主选择社会制度和发展道路。① 珍视自己的发展道路,尊重各国自主选择的发展道路,这是国际关系基本准则和时代潮流的必然要求。主权原则不仅体现在各国主权和领土完整不容侵犯、内政不容干涉,还体现在各国自主选择社会制度和发展道路的权利应当得到维护,各国推动经济社会发展、改善人民生活的实践应当受到尊重。②

关联立法

《宪法》

序言(节选)

……中国坚持独立自主的对外政策,坚持互相尊重主权和领土完整、互不侵犯、互不干涉内政、平等互利、和平共处的五项原则,坚持和平发展道路,坚持互利共赢开放战略,发展同各国的外交关系和经济、文化交流,推动构建人类命运共同体;坚持反对帝国主义、霸权主义、殖民主义,加强同世界各国人民的团结,支持被压迫民族和发展中国家争取和维护民族独立、发展民族经济的正义斗争,为维护世界和平和促进人类进步事业而努力。

---

① 参见中共中央宣传部、中华人民共和国外交部编:《习近平外交思想学习纲要》,人民出版社、学习出版社 2021 年版,第 53 页。

② 参见钟声:《相互尊重各自选择的发展道路(钟声 · 习近平主席英国之行系列评论①)》,载《人民日报》2015 年 10 月 27 日,第 3 版。

《反外国制裁法》

第 2 条　中华人民共和国坚持独立自主的和平外交政策，坚持互相尊重主权和领土完整、互不侵犯、互不干涉内政、平等互利、和平共处的五项原则，维护以联合国为核心的国际体系和以国际法为基础的国际秩序，发展同世界各国的友好合作，推动构建人类命运共同体。

第 3 条　中华人民共和国反对霸权主义和强权政治，反对任何国家以任何借口、任何方式干涉中国内政。

外国国家违反国际法和国际关系基本准则，以各种借口或者依据其本国法律对我国进行遏制、打压，对我国公民、组织采取歧视性限制措施，干涉我国内政的，我国有权采取相应反制措施。

经典导读

关于独立自主的和平外交政策与和平共处五项原则，《习近平外交思想学习纲要》指出：“中国坚定奉行独立自主的和平外交政策，坚定不移在和平共处五项原则基础上发展同各国的友好合作。中国积极发展全球伙伴关系，扩大同各国的利益交汇点，推进大国协调和合作，构建总体稳定、均衡发展的大国关系框架，按照亲诚惠容理念和与邻为善、以邻为伴周边外交方针深化同周边国家关系，秉持正确义利观和真实亲诚理念加强同发展中国家团结合作。在这一重要思想指引下，我国对外关系不断拓展深化，全方位、多层次、立体化的对外工作布局日益发展完善。”①

关于坚持走和平发展道路,《习近平外交思想学习纲要》指出:“中国始终是维护世界和平、促进共同发展的重要力量。新中国成立以来特别是改革开放以来,我们党经过艰辛探索和不断实践,逐步形成了走和平发展道路的战略思想。党的十八大以来,以习近平同志为核心的党中央对和平发展道路理念展开新探索、新思考,赋予这一理念新的时代意义和思想内涵。习近平总书记强调,坚持以相互尊重、合作共赢为基础走和平发展道路。这一重要论述明确了新时代中国外交的基本原则,深化了我们党对于走和平发展道路的规律性认识,指引我们把和平发展道路走通、走顺、走好。”②

关于对外开放,《习近平外交思想学习纲要》指出:“对外开放是我国的基本国策。开放带来进步,封闭必然落后。中国开放的大门不会关闭,只会越开越大。近年来,习近平总书记在博鳌亚洲论坛年会、中国国际进口博览会以及二十国集团领导人峰会等国内外一系列重要场合发表演讲,全面阐释中国对外开放政策,强调我们将坚持以开放促改革、促发展、促创新,持续推进更高水平的对外开放。‘十四五’规划和二〇三五年远景目标纲要指出,坚持实施更大范围、更宽领域、更深层次对外开放,依托我国超大规模市场优势,促进国际合作,实现互利共赢,推动共建‘一带一路’行稳致远。”③

关于互利共赢开放战略,《习近平外交思想学习纲要》指出:“中国坚持走和平发展道路,既让中国更好利用世界的机遇,又让世界更好分

① 中共中央宣传部、中华人民共和国外交部编:《习近平外交思想学习纲要》,人民出版社、学习出版社 2021 年版,第 119 页。

② 中共中央宣传部、中华人民共和国外交部编:《习近平外交思想学习纲要》,人民出版社、学习出版社 2021 年版,第 108 页。

③ 中共中央宣传部、中华人民共和国外交部编:《习近平外交思想学习纲要》,人民出版社、学习出版社 2021 年版,第 100 ~ 101 页。

享中国的机遇。中国奉行互利共赢的开放战略，坚定不移走和平发展、开放发展、合作发展、共同发展道路，推动高质量共建‘一带一路’，将自身发展机遇同世界各国分享，不断为促进世界和平与发展事业作出新的贡献。”①

关于联合国宪章宗旨和原则，《习近平外交思想学习纲要》指出：“世界上只有一个体系，就是以联合国为核心的国际体系；只有一套规则，就是以联合国宪章为基础的国际关系基本准则。联合国是多边主义的旗帜，应坚定不移地维护联合国宪章宗旨和原则，积极有为地维护国际和平和安全，持之以恒地推进共同发展。”②《习近平法治思想学习纲要》指出：“联合国宪章宗旨和原则是处理国际关系的根本遵循，也是国际秩序稳定的重要基石，必须毫不动摇加以维护。没有这些国际社会共同制定、普遍公认的国际法则，世界最终将滑向弱肉强食的丛林法则，给人类带来灾难性后果。各国关系和利益只能以制度和规则加以协调，不能谁的拳头大就听谁的。我们要坚定维护联合国权威和地位，坚定维护联合国在国际事务中的核心作用。要继续做国际和平事业的捍卫者，坚持按照联合国宪章宗旨、原则和国际关系准则，按照事情本身的是非曲直处理问题，释放正能量，推动建设相互尊重、公平正义、合作共赢的新型国际关系。”③

关于新型国际关系，《习近平外交思想学习纲要》指出：“新中国成立以来始终坚持独立自主的和平外交政策，积极负责任地参与处理国际事务，在和平共处五项原则基础上同各国发展友好合作关系，在丰富的

---

① 中共中央宣传部、中华人民共和国外交部编：《习近平外交思想学习纲要》，人民出版社、学习出版社 2021 年版，第 115 页。

② 中共中央宣传部、中华人民共和国外交部编：《习近平外交思想学习纲要》，人民出版社、学习出版社 2021 年版，第 163 页。

③ 中共中央宣传部、中央全面依法治国委员会办公室编：《习近平法治思想学习纲要》，人民出版社、学习出版社 2021 年版，第 125 页。

实践中不断探索上述命题的解决方案。习近平总书记在倡导推动构建人类命运共同体重要理念的同时，开创性地提出推动构建相互尊重、公平正义、合作共赢的新型国际关系。构建人类命运共同体是目标和方向，建设新型国际关系是前提和路径，实质是要走出一条国与国交往的新路，并为构建人类命运共同体开辟道路、创造条件。"①

关于反对霸权主义和强权政治，《习近平外交思想学习纲要》指出："多边主义是维护和平、促进发展的有效路径。世界要公道，不要霸道。世界前途命运应该由各国共同掌握，不能把一个或几个国家制定的规则强加于人，也不能由个别国家的单边主义给整个世界'带节奏'。中国始终坚定奉行多边主义，敦促各国切实遵守共同制定的国际规则，坚持大小国家一律平等，大家的事大家商量着办，反对霸权主义和强权政治。随着中国持续发展，中国支持多边主义的力度也将越来越大。"②

关于尊重各国人民的自主选择，《习近平外交思想学习纲要》指出："中国倡导的伙伴关系以各国平等为原则，尊重各国主权、独立和领土完整，尊重彼此的核心利益和重大关切，尊重各国人民自主选择社会制度和发展道路。伙伴之间没有主从之分，没有阵营之别，没有门户之见。"③

---

① 中共中央宣传部、中华人民共和国外交部编：《习近平外交思想学习纲要》，人民出版社、学习出版社 2021 年版，第 58 页。

② 中共中央宣传部、中华人民共和国外交部编：《习近平外交思想学习纲要》，人民出版社、学习出版社 2021 年版，第 46 页。

③ 中共中央宣传部、中华人民共和国外交部编：《习近平外交思想学习纲要》，人民出版社、学习出版社 2021 年版，第 121 页。

第五条

条文内容

中华人民共和国对外工作坚持中国共产党的集中统一领导。

条文释义

本条规定了党对发展对外关系、开展对外工作的集中统一领导，明确了党在发展对外关系、开展对外工作中的领导核心地位。

我国《宪法》第1条规定，“**中国共产党领导是中国特色社会主义最本质的特征**”。党政军学民，东西南北中，党是领导一切的，是最高的政治领导力量。中国共产党是中国特色社会主义事业的领导核心，各个领域、各个方面都必须自觉坚持党的领导。坚持党的领导被载入我国《立法法》《全国人民代表大会组织法》《地方各级人民代表大会和地方各级人民政府组织法》《工会法》等重要法律中。

党的集中统一领导是中国外交最鲜明的特征。所谓“集中”，即坚持“外交大权在党中央”，坚决维护党中央权威；所谓“统一”，即自觉在思想上政治上行动上同党中央保持高度一致，确保令行禁止、步调统一,要坚定不移贯彻党中央关于对外工作的路线方针政策和决策部署。

外交是典型的"中央事权",具有很强的政治性。1991 年中共中央办公厅、国务院办公厅《关于地方对外交往的若干规定》明确:"在对外交往中,必须严格遵守党中央、国务院及其主管部门的有关规定,不得越权或先办后报。"2001 年中共浙江省委、浙江省人民政府《关于印发〈关于全省外事管理工作的若干规定〉的通知》中指出:"外交大权在中央,重大外事事项由省委、省政府报党中央和国务院审批。"①由此可知,对外工作是一个系统工程,各部门各地方要强化统筹协调,各有侧重,相互配合,形成党总揽全局、协调各方的对外工作大协同局面,确保党中央对外方针政策和战略部署落到实处。② 2023 年召开的中央外事工作会议指出:"党的领导是我们最大政治优势和中国特色社会主义本质特征,是中国外交最根本原则和最大底气。党的十八大以来,召开了三次中央外事工作会议和一次周边外交座谈会,健全了党中央统领的外事工作领导体制机制,制定出台了对外关系法、党领导外事工作条例,党中央总揽全局、协调各方的大协同格局巩固完善,为新时代中国外交提供了有力政治和组织保障。"③

---

① 中共浙江省委、浙江省人民政府《关于印发〈关于全省外事管理工作的若干规定〉的通知》(浙委〔2001〕24 号)。

② 参见王毅:《贯彻对外关系法,为新时代中国特色大国外交提供坚强法治保障》,载《人民日报》2023 年 6 月 29 日,第 6 版。

③ 王毅:《深入贯彻中央外事工作会议精神　不断开创中国特色大国外交新局面》,载《求是》2024 年第 2 期。

关联立法

《立法法》

第3条　立法应当坚持中国共产党的领导，坚持以马克思列宁主义、毛泽东思想、邓小平理论、“三个代表”重要思想、科学发展观、习近平新时代中国特色社会主义思想为指导，推进中国特色社会主义法治体系建设，保障在法治轨道上全面建设社会主义现代化国家。

《全国人民代表大会组织法》

第3条　全国人民代表大会及其常务委员会坚持中国共产党的领导，坚持以马克思列宁主义、毛泽东思想、邓小平理论、“三个代表”重要思想、科学发展观、习近平新时代中国特色社会主义思想为指导，依照宪法和法律规定行使职权。

《地方各级人民代表大会和地方各级人民政府组织法》

第3条　地方各级人民代表大会、县级以上的地方各级人民代表大会常务委员会和地方各级人民政府坚持中国共产党的领导，坚持以马克思列宁主义、毛泽东思想、邓小平理论、“三个代表”重要思想、科学发展观、习近平新时代中国特色社会主义思想为指导，依照宪法和法律规定行使职权。

《工会法》

第4条第1款　工会必须遵守和维护宪法，以宪法为根本的活动准则，以经济建设为中心，坚持社会主义道路，坚持人民民主专政，坚持中国共产党的领导，坚持马克思列宁主义、毛泽东思想、邓小平理论、“三个代表”重要思想、科学发展观、习近平新时代中国特色社会主义思想，坚持改革开放，保持和增强政治性、先进性、群众性，依照工会章程独立自主地开展工作。

经典导读

全面推进新形势下的对外工作，必须加强党的集中统一领导。《习近平外交思想学习纲要》指出：“党的集中统一领导是中国外交根本政治属性的体现。外交是内政的延伸，是国家意志的集中体现，具有很强的政治性。新中国外交始终肩负着捍卫国家利益、拓展对外友好合作关系、增进中外人民友谊、为世界和平与发展作出贡献的光荣使命。外交工作始终是党和国家工作的重要组成部分，始终是在党的坚强领导下进行的。

“中国特色社会主义进入新时代，中国特色大国外交昂扬奋进，恰逢其时。中国特色大国外交是在中国共产党领导下、社会主义发展中大国的外交，既要为实现‘两个一百年’奋斗目标服务，也要为坚持党的领导、巩固党的执政地位服务。在新的历史条件下，只有切实加强党的集中统一领导，才能始终保持中国外交的政治本色，才能始终使中国外交聚焦党和国家中心工作，全面服务国家发展大局，才能始终在错综复杂的国际形势变化中增强定力、把握主动，才能始终有效维护国家主权、安全、发展利益，不断开创新时代对外工作新局面。

“党的集中统一领导是中国外交最鲜明的特征。党对对外工作的集中统一领导是在中国革命、建设、改革的伟大实践中逐步形成和确立的。

特别是新中国成立以来，党中央始终引领制定中国外交重大决策，统筹推进各方面对外工作，使中国外交始终保持正确政治方向。党的领导是中国外交的灵魂，是新时代中国特色大国外交开拓前行的根本政治保障。

“党的集中统一领导是中国外交的最大政治优势。党的领导始终是中国外交的底气所在。加强党对对外工作的集中统一领导，就能充分发挥中国特色社会主义制度和国家治理体系的显著优势，建立健全中国特色大国外交体制机制，统筹调动全党全国各方面力量与资源，更好形成对外工作一盘棋局面。

“党的集中统一领导是中国外交取得历史性成就的根本所在。在党的坚强领导下，中国外交在七十多年风云变幻中不断攻坚克难、砥砺奋进、坚定前行。党的十八大以来，以习近平同志为核心的党中央总揽对外工作全局，召开首次周边外交工作座谈会和两次中央外事工作会议，进一步加强党对对外工作的战略谋划、统筹协调、整体推进、督促落实，实现了对外工作的历史性突破，为我国发展营造了有利国际环境，为人类进步事业作出新的贡献。中国理念、中国方案得到国际社会更多认同，中国国际地位得到历史性提升。”①

① 中共中央宣传部、中华人民共和国外交部编：《习近平外交思想学习纲要》，人民出版社、学习出版社2021年版，第21～23页。

第六条

条文内容

国家机关和武装力量、各政党和各人民团体、企业事业组织和其他社会组织以及公民，在对外交流合作中有维护国家主权、安全、尊严、荣誉、利益的责任和义务。

条文释义

本条规定了国家机关和武装力量、各政党和各人民团体、企业事业组织和其他社会组织以及公民在对外交流合作中的基本责任和义务，即维护国家主权、安全、尊严、荣誉、利益。这是宪法实施在对外交流合作中的具体表现。

我国《宪法》序言规定：“全国各族人民、一切国家机关和武装力量、各政党和各社会团体、各企业事业组织，都必须以宪法为根本的活动准则，并且负有维护宪法尊严、保证宪法实施的职责。”维护国家主权、安全、尊严、荣誉、利益是维护宪法尊严、保证宪法实施在发展对外关系领域的具体表现。一方面，宪法实施主体的普遍性使一切国家机关和武装力量、各政党和各人民团体、企业事业组织和其他社会组织以及公民都有在对外交流合作中维护宪法尊严、保证宪法实施的职责；另一方面，宪法实施内容的广泛性意味着各实施主体需要从对外交流合作的各个方面，即政治、经济、文化、社会等方面维护宪法尊严，保证宪法实施，具体到发展对外关系领域，即维护国家主权、安全、尊严、荣誉、利益。

（一）对外交流合作中宪法实施的主体

我国宪法的实施主体范围广泛。一切国家机关、政党、社会组织和公民都是宪法实施的主体，都必须以宪法为根本的活动准则。宪法实施的主体主要有国家权力机关、行政机关、监察机关、司法机关、政党和其他社会主体包括全体公民。在我国，国家权力机关依据宪法制定法律及其他规范性法律文件，行政机关依据宪法行使行政权，监察机关依据宪法行使监察权，司法机关依据宪法行使审判权和检察权，其他社会主体依据宪法行使权利和履行义务。①

在发展对外关系、开展对外交流合作的过程中，上述主体依旧承担着维护宪法尊严、保证宪法实施的责任与义务。举例而言，国家权力机关在批准和废除同外国缔结的条约和重要协定、加强同各国对外交往的过程中维护宪法尊严、保证宪法实施；行政机关在管理对外事务、同外国缔结条约与协定的过程中维护宪法尊严、保证宪法实施；监察机关在办理职务违法和职务犯罪案件、开展反腐败国际合作的过程中维护宪法尊严、保证宪法实施；司法机关在审判涉外案件、开展国际司法协助的过程中维护宪法尊严、保证宪法实施；各政党在开展政党间对外交流合作的过程中维护宪法尊严、保证宪法实施；其他社会主体和全体公民在

① 参见《宪法学》编写组编：《宪法学》（第2版），高等教育出版社、人民出版社2020年版，第319页。

对外交流协商、开展贸易和友好往来的过程中同样负有维护宪法尊严、保证宪法实施的责任与义务。可以说,因为发展对外关系本身受到宪法的约束,所以宪法实施主体的普遍性同样体现在对外交流合作的过程中。

(二)对外交流合作中宪法实施的基本内容

在发展对外关系时,宪法实施的基本内容即维护国家主权、安全、尊严、荣誉、利益,这是我国国家机关和武装力量、各政党和各人民团体、企业事业组织和其他社会组织以及公民在对外交流合作中必须承担的责任和履行的义务。在发展对外关系时,宪法的尊严和实施则体现在《对外关系法》这一对外交往领域基础性、综合性的法律中。各国家机关和武装力量、各政党和各人民团体、企业事业组织和其他社会组织以及公民,应当在对外交流合作中维护国家主权、安全、尊严、荣誉、利益。

国家主权是一个国家独立自主地处理对内、对外事务的最高权力,是国家的固有属性。国家安全是指国家的领土完整和主权不受侵犯,国家政权不受威胁。国家的安全是国家政权稳定和公民依法行使权利与自由的根本保障。只有在国家安全得到保障的前提下,公民才有可能实现权利与自由,国家的稳定与尊严才能得到维护。[①]《国家安全法》第13条第2款规定:“任何个人和组织违反本法和有关法律,不履行维护国家安全义务或者从事危害国家安全活动的,依法追究法律责任。”同时,《国家安全法》第六章用7条条文规定了我国公民、组织维护国家安全的

---

① 参见《宪法学》编写组编:《宪法学》(第2版),高等教育出版社、人民出版社2020年版,第223页。

义务和权利。[①]《反间谍法》第33条第1款还规定："对出境后可能对国家安全造成危害，或者对国家利益造成重大损失的中国公民，国务院国家安全主管部门可以决定其在一定期限内不准出境，并通知移民管理机构。"国家尊严是指一个国家作为独立主权的实体，享有自主决策权、自由发展权和平等地位的基本特征和确证，其既关乎国家的形象和声誉，又与人民的自尊心、自豪感紧密相连。国家荣誉即国家的声誉。国家利益是相对于集体利益和个人利益而言的，通常分为对内和对外两个方面。对外主要是民族的政治、经济、文化等方面的权利和利益，对内主要是指公共利益。公民应当把维护祖国荣誉作为自己的神圣职责，怀有自

---

① 《国家安全法》第77条规定："公民和组织应当履行下列维护国家安全的义务：(一)遵守宪法、法律法规关于国家安全的有关规定；(二)及时报告危害国家安全活动的线索；(三)如实提供所知悉的涉及危害国家安全活动的证据；(四)为国家安全工作提供便利条件或者其他协助；(五)向国家安全机关、公安机关和有关军事机关提供必要的支持和协助；(六)保守所知悉的国家秘密；(七)法律、行政法规规定的其他义务。任何个人和组织不得有危害国家安全的行为，不得向危害国家安全的个人或者组织提供任何资助或者协助。"

《国家安全法》第78条规定："机关、人民团体、企业事业组织和其他社会组织应当对本单位的人员进行维护国家安全的教育，动员、组织本单位的人员防范、制止危害国家安全的行为。"

《国家安全法》第79条规定："企业事业组织根据国家安全工作的要求，应当配合有关部门采取相关安全措施。"

《国家安全法》第80条规定："公民和组织支持、协助国家安全工作的行为受法律保护。因支持、协助国家安全工作，本人或者其近亲属的人身安全面临危险的，可以向公安机关、国家安全机关请求予以保护。公安机关、国家安全机关应当会同有关部门依法采取保护措施。"

《国家安全法》第81条规定："公民和组织因支持、协助国家安全工作导致财产损失的，按照国家有关规定给予补偿；造成人身伤害或者死亡的，按照国家有关规定给予抚恤优待。"

《国家安全法》第82条规定："公民和组织对国家安全工作有向国家机关提出批评建议的权利，对国家机关及其工作人员在国家安全工作中的违法失职行为有提出申诉、控告和检举的权利。"

《国家安全法》第83条规定："在国家安全工作中，需要采取限制公民权利和自由的特别措施时，应当依法进行，并以维护国家安全的实际需要为限度。"

尊心和自豪感，维护国家荣誉不受损害，对有辱祖国荣誉、损害祖国利益的行为，给予法律制裁，同一切出卖祖国利益、损害祖国尊严的行为作斗争。①

在发展对外关系、开展对外交流合作的过程中，国家主权与安全始终应当放在第一位，国家的尊严、荣誉和利益同样不容侵犯。捍卫国家尊严、荣誉和利益同样是国家机关和武装力量、各政党和各人民团体、企业事业组织和其他社会组织以及公民义不容辞的责任与义务。《对外关系法》是一部维护国家主权、安全、发展利益的法律。国家机关和武装力量、各政党和各人民团体、企业事业组织和其他社会组织以及公民必须遵循《对外关系法》的规定，自觉维护国家利益，正确处理国家、集体与个人利益之间的关系，同损害祖国利益的行为作斗争。② 本条有助于全社会共同弘扬宪法精神，树立《对外关系法》权威，坚持底线思维，明确在对外交往中我国各主体的基本责任与义务。

关联立法

《宪法》

序言（节选）

……本宪法以法律的形式确认了中国各族人民奋斗的成果，规定了国家的根本制度和根本任务，是国家的根本法，具有最高的法律效力。全国各族人民、一切国家机关和武装力量、各政党和各社会团体、各企业

① 参见《宪法学》编写组编：《宪法学》（第2版），高等教育出版社、人民出版社2020年版，第223页。

② 参见《宪法学》编写组编：《宪法学》（第2版），高等教育出版社、人民出版社2020年版，第223页。

事业组织，都必须以宪法为根本的活动准则，并且负有维护宪法尊严、保证宪法实施的职责。

第54条　中华人民共和国公民有维护祖国的安全、荣誉和利益的义务，不得有危害祖国的安全、荣誉和利益的行为。

《国家安全法》

第11条第1款　中华人民共和国公民、一切国家机关和武装力量、各政党和各人民团体、企业事业组织和其他社会组织，都有维护国家安全的责任和义务。

《国防法》

第7条　保卫祖国、抵抗侵略是中华人民共和国每一个公民的神圣职责。

中华人民共和国公民应当依法履行国防义务。

一切国家机关和武装力量、各政党和各人民团体、企业事业组织、社会组织和其他组织，都应当支持和依法参与国防建设，履行国防职责，完成国防任务。

《反间谍法》

第7条　中华人民共和国公民有维护国家的安全、荣誉和利益的义务，不得有危害国家的安全、荣誉和利益的行为。

一切国家机关和武装力量、各政党和各人民团体、企业事业组织和其他社会组织，都有防范、制止间谍行为，维护国家安全的义务。

国家安全机关在反间谍工作中必须依靠人民的支持，动员、组织人民防范、制止间谍行为。

第七条

条文内容

国家鼓励积极开展民间对外友好交流合作。

对在对外交流合作中做出突出贡献者，按照国家有关规定给予表彰和奖励。

条文释义

本条规定了国家鼓励民间对外友好交流合作，并对做出突出贡献者按照规定给予表彰和鼓励，彰显了我国鼓励开展民间外交的态度。

（一）开展民间对外友好交流合作的重要意义

在国际法中，民间外交（也称国民外交）主要是指两国的个人或民间团体相互进行友好访问的接触，就国际问题和两国关系的问题达成协议，或就某些具体事务签订民间协定，发展国家间的交往关系。[①] 理论

① 参见梁西原著主编、王献枢副主编、曾令良修订主编：《国际法》（第3版），武汉大学出版社2011年版，第317页。

上，民间外交涵盖了非官方（中央政府）、非营利性、有组织的一切涉外活动；相较于官方外交，其有两个明显的特征：一是民间外交不同于个人或社会团体的一般性国际往来，其具有明确的补充政府外交、促进政府间合作的意图和作用；二是民间外交的主体不具有国家外交正式资格，但又往往享有政府支持。民间外交的主体可以是有官方背景的人民团体、地方政府、社会组织、教育机构、新闻媒体和各种民间组织。①

目前，非政府组织、企业、城市等都是民间外交的活跃主体，在经济、社会、科技等领域发挥着日渐重要的作用。新时代下，我国的民间外交正呈现出“多元化”和“网络化”的双重属性：一方面，各非官方机构、企业、社会组织、研究机构和个人等在经济、科技、文化、教育和福利等领域开展形式灵活多样的民间外交活动；另一方面，民间外交不是通过外交谈判和签订各种条约、协定等来规范双方的权利和义务，而是通过平等协商和交流来自愿增进彼此的理解和信任，双方合作和交流的手段也没有固定模式。②

考虑到民间外交蓬勃发展的现实情况和其带来的积极影响，《对外关系法》在制定过程中吸纳了有关建议。《全国人民代表大会宪法和法律委员会关于〈中华人民共和国对外关系法（草案）〉审议结果的报告》中的修改意见就写明：“有的常委委员、有关部门、专家学者提出，民间外交是我国发展对外关系的重要组成部分，日益成为增强人民友谊、稳定国家关系、促进文明对话的重要渠道和宽广舞台，建议增加鼓励支持民间外交的相关内容。宪法和法律委员会经研究，建议在草案第八条增加

① 参见于宏源：《全球民间外交实践与新时代中国民间外交发展探析》，载《当代世界》2019 年第 10 期。

② 参见于宏源：《全球民间外交实践与新时代中国民间外交发展探析》，载《当代世界》2019 年第 10 期。

一款规定,‘国家鼓励积极开展民间对外友好交流合作’。”①

(二)给予表彰和奖励

法律规范有多重功能和作用,除了指引、评价、预测、教育、强制作用之外,还有激励作用。这种激励性、诱导性不仅体现在个人、组织对其合法权益的评估和预期之中,还可以通过设定一些具有激励内容的法律规范,通过表彰、奖励等手段引导个人和组织按照法律规范的导向去行为,指引人们主动地遵循法律而获益。激励手段的合理设置和正确运用,对于充分调动和激发人们的积极性,注重和增强法律实施的效果,实现国家和社会治理的目标,具有重要意义。② 从本条规定来看,给予表彰和奖励主要包括如下要点:

第一,表彰和奖励的主体是国家。发展对外关系事关我国的生存与发展。统筹国内国际两个大局,深化对外开放,扩大国际交往,增进互利合作,在法治轨道上发展对外关系,是中国式现代化事业的重要组成部分,是推进国家治理体系和治理能力现代化的重要支点。③ 因此,国家鼓励和动员个人、组织积极参与对外交流合作,并对做出突出贡献的给予表彰和奖励。这不是民间自发的激励活动,而是由国家来实施的法定行为,该荣誉具有更高的权威性。④

第二,表彰和奖励的对象是“在对外交流合作中做出突出贡献者”。

---

① 全国人民代表大会宪法和法律委员会:《全国人民代表大会宪法和法律委员会关于〈中华人民共和国对外关系法(草案)〉审议结果的报告》,载中国人大网,http://www.npc.gov.cn/c2/c30834/202306/t20230628_430339.html。

② 参见郑淑娜主编:《〈中华人民共和国国家安全法〉导读与释义》,中国民主法制出版社 2016 年版,第 75 页。

③ 参见黄惠康:《中国对外关系立法的里程碑——论中国首部〈对外关系法〉应运而生的时代背景、重大意义、系统集成和守正创新》,载《武大国际法评论》2023 年第 4 期。

④ 参见郑淑娜主编:《〈中华人民共和国国家安全法〉导读与释义》,中国民主法制出版社 2016 年版,第 76 页。

《对外关系法》第6条规定:"国家机关和武装力量、各政党和各人民团体、企业事业组织和其他社会组织以及公民,在对外交流合作中有维护国家主权、安全、尊严、荣誉、利益的责任和义务。"每个个人、组织都有可能在不同程度上涉及与对外交流合作相关的事务,其应当积极主动为对外交流合作做出自己的贡献。所谓"突出贡献",是指做出了明显高于常人、超越一般的成就,其行为可以作为正面榜样予以树立,以激励他人,能够产生较大的社会影响;国家根据其贡献的大小给予不同的荣誉或者财物方面的表彰、奖励,以示鼓励。[①] 具体规定如《公务员法》第52条的规定;又如《事业单位工作人员奖励规定》(人社部规〔2018〕4号)第5条规定:"……有下列情形之一的,可以给予奖励……(七)在对外交流与合作、重大赛事和活动中为国家争得荣誉和利益,表现突出、成绩显著的……"

第三,要坚持精神鼓励和物质鼓励相结合的原则。所谓精神鼓励,就是对受奖的个人和组织给予荣誉方面的表彰,包括嘉奖、记功、授予荣誉称号等,其目的是满足人的精神需要,从而激发个人和组织的工作积极性,增强工作的光荣感和责任感;所谓物质奖励,就是对受奖的个人和组织给予物质形式的奖励,包括发奖金、奖品等,其目的是满足人们一定的物质需要。[②]

第四,依法实施表彰和奖励。在维护国家安全工作中做出突出贡献的个人和组织既包括国家公务员、公务员集体,也包括公民个人、企事业单位以及其他组织;本法为国家实施表彰奖励提供了法律依据,同时,考虑到本条只是作出原则性规定,其他法律如已对表彰奖励的程序、形式

① 参见郑淑娜主编:《〈中华人民共和国国家安全法〉导读与释义》,中国民主法制出版社2016年版,第76页。

② 参见郑淑娜主编:《〈中华人民共和国国家安全法〉导读与释义》,中国民主法制出版社2016年版,第76页。

等作出规定,则应按照其他法律的规定执行。①

关联立法

《公务员法》

第52条　公务员或者公务员集体有下列情形之一的,给予奖励:

…………

(九)在对外交往中为国家争得荣誉和利益的;

…………

经典导读

《习近平外交思想学习纲要》指出:“积极开展民间外交,大力增进人民友好。习近平总书记指出,国之交在于民相亲,民相亲在于心相通。人民友好是促进世界和平与发展的基础力量,是实现合作共赢的基本前提,相互信任、平等相待是开展合作、实现互利互惠的先决条件。各国人民只有用友好的理念、友好的情谊凝聚起来,才能实现和平与发展的共同心愿。要推动跨国界、跨时空、跨文明的交流互鉴活动,在世界各国人民心灵中坚定和平理念、坚定共同发展理念,形成防止和反对战争、推动共同发展的强大力量。

“多领域、多渠道、多层次开展民间对外友好交流,广交朋友、广结善

① 参见郑淑娜主编:《〈中华人民共和国国家安全法〉导读与释义》,中国民主法制出版社2016年版,第76~77页。

缘,为加深人民友谊深耕细作,为促进国家关系铺路架桥,为推动国际合作穿针引线。坚持以诚感人、以心暖人、以情动人,使中外人民彼此更友善、更亲近、更认同、更支持,推动各国和平共处、共同发展、合作共赢。

“外交工作一头连着党和政府,一头连着海外中国公民和国内千家万户,已经成为党和政府关心的重点、人民群众关切的焦点和舆论媒体关注的热点。中国外交始终不能脱离人民,不能忘记人民,不能忘记党的根本宗旨,始终保持人民外交本色,努力开创无愧于人民的事业。”①

第八条

条文内容

任何组织和个人违反本法和有关法律,在对外交往中从事损害国家利益活动的,依法追究法律责任。

① 中共中央宣传部、中华人民共和国外交部编:《习近平外交思想学习纲要》,人民出版社、学习出版社2021年版,第40~41页。

条文释义

本条规定了对外交往中从事损害国家利益活动的法律责任。任何组织和个人违反《对外关系法》和其他相关法律，在对外交往中从事损害国家利益活动的，依法追究法律责任。

法律责任是由特定法律事实引起的对损害予以赔偿、被强制履行或接受惩罚的特殊义务，其本质主要体现在以下三个方面：法律责任是居于统治地位的阶级或社会集团运用法律标准对行为给予的否定性评价；法律责任是自由意志支配下的行为所引起的合乎逻辑的不利法律后果；法律责任也是社会为了维护自身的生存条件而强制性地分配给某些社会成员的一种负担。[①]《宪法》第54条规定：“**中华人民共和国公民有维护祖国的安全、荣誉和利益的义务，不得有危害祖国的安全、荣誉和利益的行为。**”任何个人和组织在对外交往时都应遵守宪法和法律，维护国家利益。

本条规定的核心逻辑在于国家对于违反《对外关系法》所设定的法律义务，在对外交往中从事损害国家利益活动的行为所作的否定性评价和谴责，国家由此可以强制违法者作出法律规定的补救行为或者接受法律的惩罚。《对外关系法》第6条规定：“**国家机关和武装力量、各政党和各人民团体、企业事业组织和其他社会组织以及公民，在对外交流合作中有维护国家主权、安全、尊严、荣誉、利益的责任和义务。**”以上规定都是义务性规范，违反这些规定，就要被依法追究相应的法律责任。这些规定为维护国家的整体利益提供了重要的法律保障，有助于保护国家

① 参见张文显主编：《法理学》（第5版），高等教育出版社2018年版，第166～167页。

的政治、经济和安全利益,维护国家的独立、主权和尊严。本条中“**在对外交往中从事损害国家利益活动的**”表述意味着本条规制的行为是一种积极作为的非法行为。这种行为的社会危害性巨大,必须坚决予以打击,追究相关个人、组织的法律责任。

关联立法

《宪法》

第54条　中华人民共和国公民有维护祖国的安全、荣誉和利益的义务,不得有危害祖国的安全、荣誉和利益的行为。

《公务员法》

第59条　公务员应当遵纪守法,不得有下列行为:

…………

(十二)在对外交往中损害国家荣誉和利益;

…………

《公职人员政务处分法》

第28条　有下列行为之一的,予以记过或者记大过;情节较重的,予以降级或者撤职;情节严重的,予以开除:

…………

(七)在对外交往中损害国家荣誉和利益的。

…………

经典导读

坚决维护国家主权、安全、发展利益是新时代中国外交的出发点和落脚点。《习近平外交思想学习纲要》指出："在涉及国家主权、安全、发展利益的问题上亮明原则立场、划出红线、捍卫底线，综合运用各种外交手段，及时有力进行处置，充分展示中国政府和人民维护国家利益的决心和意志。"①

① 中共中央宣传部、中华人民共和国外交部编：《习近平外交思想学习纲要》，人民出版社、学习出版社2021年版，第64页。

第三章

对外关系的职权

第九条

条文内容

中央外事工作领导机构负责对外工作的决策和议事协调，研究制定、指导实施国家对外战略和有关重大方针政策，负责对外工作的顶层设计、统筹协调、整体推进、督促落实。

条文释义

本条规定了我国中央外事工作领导机构即中央外办的工作职责。中央外办是2018年3月中国共产党中央委员会根据《深化党和国家机构改革方案》由原中央外事工作领导小组改成的中共中央直属议事协调机构，其工作职责包括负责对外工作的决策和议事协调，研究制定、指导实施国家对外战略和有关重大方针政策，负责对外工作的顶层设计、统筹协调、整体推进、督促落实。①

中央外事工作委员会的前身即中央外事工作领导小组，其是我国对

① 参见《中共中央印发〈深化党和国家机构改革方案〉》，载中国政府网，https://www.gov.cn/zhengce/2018-03/21/content_5276191.htm#1。

外工作的协调机构,在协调党和国家对外政策方面发挥着咨询、参谋和协调的功能。[①] 1998 年,国务院发布《国务院关于机构设置的通知》(国发〔1998〕5 号),规定国务院外事办公室保留中央外事工作领导小组办公室名义,承担中央外事工作领导小组的具体事务。为加强党中央对涉及党和国家事业全局的重大外事工作的集中统一领导,强化决策和统筹协调职责,2018 年,中共中央、国务院将中央外事工作领导小组改为中央外办,使其更好发挥党的职能部门作用,推进职责相近的党政机关合并设立或合署办公,优化部门职责,提高党把方向、谋大局、定政策、促改革的能力和定力,确保党的领导全覆盖,确保党的领导更加坚强有力。[②]

中央外事工作委员会作为中央外事工作领导机构,其职责和权力范围的确立体现了党对对外工作的集中统一领导,保证了党中央在对外事务中的领导核心地位和权威性。2018 年 5 月召开的中央外事工作委员会指出:“做好新形势下外事工作,中央外事工作委员会要发挥决策议事协调作用,推动外交理论和实践创新,为外事工作不断开创新局面提供有力指导。要强化顶层设计和统筹协调,提高把方向、谋大局、定政策能力,推进对外工作体制机制改革,加强外事工作队伍建设,抓好重点工作的推进、检查、督办,确保党中央对外决策部署落到实处。”[③]

---

① 参见张清敏、杨黎泽:《中国外交转型与制度创新》,载《外交评论(外交学院学报)》2017 年第 6 期。

② 参见《中共中央印发〈深化党和国家机构改革方案〉》,载中国政府网,https://www.gov.cn/zhengce/2018-03/21/content_5276191.htm#1。

③ 《习近平主持召开中央外事工作委员会第一次会议》,载中国政府网,https://www.gov.cn/xinwen/2018-05/15/content_5291161.htm。

经典导读

《习近平外交思想学习纲要》指出："党是中国特色大国外交事业的领导核心。外交大权在党中央是实现党对对外工作集中统一领导的核心原则和根本体现。坚持外交大权在党中央，要加强理论武装，贯彻落实以习近平同志为核心的党中央制定的对外路线方针政策和决策部署，在对外工作中增强'四个意识'、坚定'四个自信'、做到'两个维护'。"①

第十条

条文内容

全国人民代表大会及其常务委员会批准和废除同外国缔结的条约和重要协定，行使宪法和法律规定的对外关系职权。

全国人民代表大会及其常务委员会积极开展对外交往，加强同各国

① 中共中央宣传部、中华人民共和国外交部编：《习近平外交思想学习纲要》，人民出版社、学习出版社2021年版，第23～24页。

议会、国际和地区议会组织的交流与合作。

条文释义

全国人大是最高国家权力机关,行使国家立法权。《宪法》第57条规定:“中华人民共和国全国人民代表大会是最高国家权力机关。它的常设机关是全国人民代表大会常务委员会。”全国人大常委会是全国人大的常设机关。全国人大常委会对全国人大负责并报告工作。

本条规定了全国人大及其常委会的对外关系职权,包括:(1)全国人大常委会决定批准和废除同外国缔结的条约和重要协定;(2)全国人大及其常委会行使宪法和法律规定的对外关系职权;(3)全国人大及其常委会积极开展对外交往,加强同各国议会、国际和地区议会组织的交流与合作。

(一)全国人大常委会决定批准和废除同外国缔结的条约和重要协定

立法机关参与一国的缔约过程是对外关系法发展的重要特征,表现为立法机关与行政机关遵循特定的安排,共同参与条约的缔结和批准过程。有学者指出,如果代议机构不能更有力地参与对外关系过程,其结果或是代议机构只能接受行政部门的谈判成果从而对国内法作出可能超出其预料的修改,由此在国内引发纷争;或是拒绝或推迟接受这些结果,由此损害国家声誉。[1]

全国人大常委会决定批准和废除同外国缔结的条约和重要协定的

---

① 参见蔡从燕:《中国崛起、对外关系法与法院的功能再造》,载《武汉大学学报(哲学社会科学版)》2018年第5期。

职权可见于《宪法》第67条和《缔结条约程序法》第3条。这一决定权的行使发生于国务院同外国缔结条约和重要协定之后、国家主席批准之前,体现了全国人大常委会对条约和重要协定效力的认可。根据《缔结条约程序法》第7条的规定,在条约和重要协定签署后,由外交部或者国务院有关部门会同外交部,报请国务院审核;再由国务院提请全国人大常委会决定批准;国家主席则根据全国人大常委会的决定予以批准。

(二)全国人大及其常委会行使宪法和法律规定的对外关系职权

除缔约权外,本条中"宪法和法律规定的对外关系职权"还包括《宪法》《国防法》《国家安全法》等法律中规定的具体职权,主要包括如下内容:(1)全国人大决定战争和和平的问题;(2)全国人大常委会决定战争状态的宣布,决定全国总动员或者局部动员,决定全国或者个别省、自治区、直辖市进入紧急状态,决定驻外全权代表的任免和外交人员的衔级制度等。

(三)全国人大及其常委会开展对外交往、加强交流合作的职权

各国可以建立基于共同利益和追求的伙伴关系,构建起共同而非排他的"朋友圈"。[①] 其中重要的一点是加强议会、政党、民间组织往来。[②]

---

① 参见中共中央宣传部、中华人民共和国外交部编:《习近平外交思想学习纲要》,人民出版社、学习出版社2021年版,第121页。

② 参见中共中央宣传部、中华人民共和国外交部编:《习近平外交思想学习纲要》,人民出版社、学习出版社2021年版,第99页。

揭开中国“议会外交”之谜(节选)

中国的“议会外交”随1954年全国人大的诞生而生。新中国成立不久的大背景下,议会外交也在我国外交史上留下了浓墨重彩的篇章,全国人大的对外交往对开拓新中国早期外交局面发挥了极其重要的作用。

1956年,芬兰议长应邀率代表团首次访华,历经8次经停,辗转26小时才由赫尔辛基抵达北京。当时恰逢一届全国人大三次会议召开,芬兰议长作为贵宾应邀在主席台就座致辞。这次访问不但开启了两国立法机构友好交往的大门,而且为中国同芬兰和其他北欧国家的友好往来开辟了一个新的途径。

1984年,全国人大正式加入各国议会联盟这一世界上最大的议会间组织,成为全国人大对外交往发展历程上的标志性事件。此后,中国代表还进入议联决策圈,担任过议联执行委员会委员,有效维护中国核心和重大利益,尽可能充分反映发展中国家正当权益和呼声。

60多年来,全国人大已形成多层次、多渠道、多领域、多形式、全方位的对外交往格局。目前,全国人大与世界上183个国家的议会保持着不同形式的交往与联系,与20多个主要国家议会和欧洲议会稳步开展机制交流活动,成立93个双边友好小组,加入15个国际和地区议会组织,成为5个多边议会组织观察员。

2016年,全国人大常委会委员长张德江出访8国、出席议联第134届大会并赴我国香港出席“一带一路”高峰论坛。访问在增进我国同有关国家政治互信,推动立法机关友好交流为双边关系发展提供法律保障,加强我同往访国及有关地区的务实合作,建设性参与地区、国际热点和全球性问题的解决,增进各国对中国特色社会主义发展道路的理解和支持等方面都发挥了重要作用。

在《中俄睦邻友好合作条约》签署15周年之际，全国人大和俄罗斯联邦会议保持密切往来，俄国家杜马主席和联邦委员会主席先后访华，中方派团出席首届欧亚国家议长会议，中俄议会合作委员会第二次会议举行，双方立足两国关系全局，增进政治和战略互信，着力推动“一带一路”建设与欧亚经济联盟建设对接合作。①

关联立法

《宪法》

第62条　全国人民代表大会行使下列职权：

…………

（十五）决定战争和和平的问题；

（十六）应当由最高国家权力机关行使的其他职权。

第67条　全国人民代表大会常务委员会行使下列职权：

…………

（十四）决定驻外全权代表的任免；

（十五）决定同外国缔结的条约和重要协定的批准和废除；

（十六）规定军人和外交人员的衔级制度和其他专门衔级制度；

…………

《国防法》

第12条　全国人民代表大会依照宪法规定，决定战争和和平的问

① 王慧慧：《揭开中国“议会外交”之谜》，载中国人大网，http://www.npc.gov.cn/zgrdw/npc/dbdhhy/12_5/2017-03/05/content_2010518.htm。

题，并行使宪法规定的国防方面的其他职权。

全国人民代表大会常务委员会依照宪法规定，决定战争状态的宣布，决定全国总动员或者局部动员，并行使宪法规定的国防方面的其他职权。

《国家安全法》

第 35 条　全国人民代表大会依照宪法规定，决定战争和和平的问题，行使宪法规定的涉及国家安全的其他职权。

全国人民代表大会常务委员会依照宪法规定，决定战争状态的宣布，决定全国总动员或者局部动员，决定全国或者个别省、自治区、直辖市进入紧急状态，行使宪法规定的和全国人民代表大会授予的涉及国家安全的其他职权。

第 64 条　发生危及国家安全的特别重大事件，需要进入紧急状态、战争状态或者进行全国总动员、局部动员的，由全国人民代表大会、全国人民代表大会常务委员会或者国务院依照宪法和有关法律规定的权限和程序决定。

第 65 条　国家决定进入紧急状态、战争状态或者实施国防动员后，履行国家安全危机管控职责的有关机关依照法律规定或者全国人民代表大会常务委员会规定，有权采取限制公民和组织权利、增加公民和组织义务的特别措施。

《缔结条约程序法》

第 3 条　中华人民共和国国务院，即中央人民政府，同外国缔结条约和协定。

中华人民共和国全国人民代表大会常务委员会决定同外国缔结的条约和重要协定的批准和废除。

中华人民共和国主席根据全国人民代表大会常务委员会的决定，批准和废除同外国缔结的条约和重要协定。

中华人民共和国外交部在国务院领导下管理同外国缔结条约和协定的具体事务。

第7条　条约和重要协定的批准由全国人民代表大会常务委员会决定。

前款规定的条约和重要协定是指：

（一）友好合作条约、和平条约等政治性条约；

（二）有关领土和划定边界的条约、协定；

（三）有关司法协助、引渡的条约、协定；

（四）同中华人民共和国法律有不同规定的条约、协定；

（五）缔约各方议定须经批准的条约、协定；

（六）其他须经批准的条约、协定。

条约和重要协定签署后，由外交部或者国务院有关部门会同外交部，报请国务院审核；由国务院提请全国人民代表大会常务委员会决定批准；中华人民共和国主席根据全国人民代表大会常务委员会的决定予以批准。

双边条约和重要协定经批准后，由外交部办理与缔约另一方互换批准书的手续；多边条约和重要协定经批准后，由外交部办理向条约、协定的保存国或者国际组织交存批准书的手续。批准书由中华人民共和国主席签署，外交部长副署。

第11条　加入多边条约和协定，分别由全国人民代表大会常务委员会或者国务院决定。

加入多边条约和协定的程序如下：

（一）加入属于本法第七条第二款所列范围的多边条约和重要协定，由外交部或者国务院有关部门会同外交部审查后，提出建议，报请国务院审核；由国务院提请全国人民代表大会常务委员会作出加入的决定。加入书由外交部长签署，具体手续由外交部办理；

（二）加入不属于本法第七条第二款所列范围的多边条约、协定，由外交部或者国务院有关部门会同外交部审查后，提出建议，报请国务院作出加入的决定。加入书由外交部长签署，具体手续由外交部办理。

第15条　经全国人民代表大会常务委员会决定批准或者加入的条约和重要协定，由全国人民代表大会常务委员会公报公布。其他条约、协定的公布办法由国务院规定。

第十一条

条文内容

中华人民共和国主席代表中华人民共和国，进行国事活动，行使宪法和法律规定的对外关系职权。

条文释义

本条规定了国家主席的对外关系职权，包括进行国事活动和行使宪法和法律规定的对外关系职权。

《宪法》第81条规定："中华人民共和国主席代表中华人民共和国，进行国事活动，接受外国使节；根据全国人民代表大会常务委员会的决定，派遣和召回驻外全权代表，批准和废除同外国缔结的条约和重要协定。"根据这一规定，国家主席是中华人民共和国的国家元首，同最高国家权力机关的常设机关结合起来行使有关的对外关系职权。不论国家元首采用何种名称，也不论其职权的大小，在对外关系上，国家元首所作的一切法律行为，都被视为其所代表的国家的行为。国家元首的这种职权称为"全权代表权"。一般来说，国家元首在这方面的职权主要有：派遣和接受外交使节、批准和废除条约、宣布战争状态和媾和等。①

（一）进行国事活动

依据《宪法》第81条的规定，国家主席有代表我国进行国事活动，接受外国使节的对外关系职权。

国家主席代表中华人民共和国的职权在我国法律规定中历经发展。1949年《中央人民政府组织法》（已失效）第4条规定："中央人民政府委员会对外代表中华人民共和国，对内领导国家政权。""代表中华人民共和国"于1954年正式成为中华人民共和国主席对外职权的一部分。1954年《宪法》第41条规定，"中华人民共和国主席对外代表中华人民共和国，接受外国使节；根据全国人民代表大会常务委员会的决定，派遣和召回驻外全权代表，批准同外国缔结的条约。"但在1975年《宪法》和1978年《宪法》中，"中华人民共和国主席代表中华人民共和国"被删除。

① 参见梁西原著主编、王献枢副主编、曾令良修订主编：《国际法》（第3版），武汉大学出版社2011年版，第320页。

直至1982年《宪法》,重新加入该句,明确为:“中华人民共和国主席代表中华人民共和国,接受外国使节;根据全国人民代表大会常务委员会的决定,派遣和召回驻外全权代表,批准和废除同外国缔结的条约和重要协定。”对比1954年《宪法》,1982年《宪法》中规定的对外职权有如下修改:第一,“对外代表中华人民共和国”变更为“代表中华人民共和国”;第二,“批准同外国缔结的条约”增添为“批准和废除同外国缔结的条约和重要协定”。1988年、1993年、1999年宪法修正案均没有对该条进行修改。在2004年宪法修正案中,“进行国事活动”被添加为中华人民共和国主席对外职权的一部分,该条被确定为:“中华人民共和国主席代表中华人民共和国,进行国事活动,接受外国使节;根据全国人民代表大会常务委员会的决定,派遣和召回驻外全权代表,批准和废除同外国缔结的条约和重要协定。”这一表述沿用至今。

就国家主席代表中华人民共和国进行国事活动的具体内容而言,“元首外交”是中国特色大国外交实践创新的重要体现。习近平主席率先垂范、亲力亲为,在“体育外交”“点对点外交”“家乡外交”“云外交”等方面,开展丰富多彩的元首外交活动,引领推进波澜壮阔的外交实践。①

(二)行使宪法和法律规定的对外关系职权

国家主席的对外关系职权还包括在《国家勋章和国家荣誉称号法》《缔结条约程序法》《国防法》《国家安全法》等中规定的具体职权。国家主席具有批准和废除同外国缔结的条约和重要协定的对外关系职权。这一职权的行使须根据全国人大常委会的决定。国家主席在进行国事

① 参见中共中央宣传部、中华人民共和国外交部编:《习近平外交思想学习纲要》,人民出版社、学习出版社2021年版,第181~184页。

活动时具有授予外国政要、国际友人等人士“友谊勋章”的对外关系职权。国家主席还有根据全国人大和全国人大常委会的决定宣布战争状态,发布动员令等国家安全和国防方面的职权。

关联立法

《宪法》

第81条　中华人民共和国主席代表中华人民共和国,进行国事活动,接受外国使节;根据全国人民代表大会常务委员会的决定,派遣和召回驻外全权代表,批准和废除同外国缔结的条约和重要协定。

《缔结条约程序法》

第3条　中华人民共和国国务院,即中央人民政府,同外国缔结条约和协定。

中华人民共和国全国人民代表大会常务委员会决定同外国缔结的条约和重要协定的批准和废除。

中华人民共和国主席根据全国人民代表大会常务委员会的决定,批准和废除同外国缔结的条约和重要协定。

中华人民共和国外交部在国务院领导下管理同外国缔结条约和协定的具体事务。

第7条　条约和重要协定的批准由全国人民代表大会常务委员会决定。

前款规定的条约和重要协定是指:

(一)友好合作条约、和平条约等政治性条约;

(二)有关领土和划定边界的条约、协定;

（三）有关司法协助、引渡的条约、协定；

（四）同中华人民共和国法律有不同规定的条约、协定；

（五）缔约各方议定须经批准的条约、协定；

（六）其他须经批准的条约、协定。

条约和重要协定签署后，由外交部或者国务院有关部门会同外交部，报请国务院审核；由国务院提请全国人民代表大会常务委员会决定批准；中华人民共和国主席根据全国人民代表大会常务委员会的决定予以批准。

双边条约和重要协定经批准后，由外交部办理与缔约另一方互换批准书的手续；多边条约和重要协定经批准后，由外交部办理向条约、协定的保存国或者国际组织交存批准书的手续。批准书由中华人民共和国主席签署，外交部长副署。

《国家勋章和国家荣誉称号法》

第 8 条　中华人民共和国主席进行国事活动，可以直接授予外国政要、国际友人等人士“友谊勋章”。

《国防法》

第 13 条　中华人民共和国主席根据全国人民代表大会的决定和全国人民代表大会常务委员会的决定，宣布战争状态，发布动员令，并行使宪法规定的国防方面的其他职权。

《国家安全法》

第 36 条　中华人民共和国主席根据全国人民代表大会的决定和全国人民代表大会常务委员会的决定，宣布进入紧急状态，宣布战争状态，发布动员令，行使宪法规定的涉及国家安全的其他职权。

第十二条

条文内容

国务院管理对外事务，同外国缔结条约和协定，行使宪法和法律规定的对外关系职权。

条文释义

本条规定了国务院的对外关系职权，包括：(1)管理对外事务，同外国缔结条约和协定；(2)行使宪法和法律规定的对外关系职权。

我国《宪法》第85条规定："中华人民共和国国务院，即中央人民政府，是最高国家权力机关的执行机关，是最高国家行政机关。"

政府在对外关系领域享有广泛的职权，包括领导外交工作，同外国政府或国际组织的代表谈判、签订条约，签发某些本国外交代表的全权证书，任免一定等级的外交人员等。政府首脑可以直接进行外交谈判，参加国际会议，签订条约，同外国政府首脑发表共同宣言和公报等。①

① 参见梁西原著主编、王献枢副主编、曾令良修订主编：《国际法》(第3版)，武汉大学出版社2011年版，第320页。

此种职权通常因对外事务更强的专业性、政治性而富于自由裁量的权限，同时，将对外权交由行政机关行使可以保证一国在处理对外事务的过程中“用一个声音说话”，这一观点产生了深远影响。但如今，立法机关、司法机关正越来越多地参与到对外事务当中。

（一）管理对外事务，同外国缔结条约和协定

1. 管理对外事务

“管理对外事务”于 1954 年成为国务院对外关系职权的一部分。1954 年《宪法》第 49 条规定，“国务院行使下列职权……（十三）管理对外事务……”但在 1975 年《宪法》和 1978 年《宪法》中，该项被删除，1979 年宪法修正案以及 1980 年宪法修正案也并没有对此进行修改。直至 1982 年《宪法》，“管理对外事务”才被重新加入《宪法》，其第 89 条规定，“国务院行使下列职权……（九）管理对外事务，同外国缔结条约和协定……”对比 1954 年《宪法》，1982 年《宪法》中规定的对外职权增添了“同外国缔结条约和协定”。这一表述沿用至今。

2. 同外国缔结条约和协定

国务院同外国缔结条约和协定的职权直接来源于《宪法》规定。《宪法》第 89 条载明：“国务院行使下列职权……（九）管理对外事务，同外国缔结条约和协定……”同时，“同外国缔结条约和协定”的表述也见于《缔结条约程序法》，其第 3 条第 1 款规定：“中华人民共和国国务院，即中央人民政府，同外国缔结条约和协定。”《缔结条约程序法》进一步细化了国务院“同外国缔结条约和协定”的职权规定，包括谈判和签署条约、协定的决定程序，谈判和签署条约、协定的代表委派程序，条约和重要协定的批准、签署程序，国务院的核准权，国务院的备案权，加入多边条约和协定的决定权和程序，国务院接受多边条约和协定的决定权，条约、协定的公布办法等。

除《缔结条约程序法》外，国务院还制定并公布了《缔结条约管理办法》。《缔结条约管理办法》系统总结了《缔结条约程序法》实施以来的工作经验，对新阶段我国大力推进全面依法治国、统筹推进国内法治与涉外法治、完善“一国两制”制度体系均有重要意义。《缔结条约管理办法》坚持科学立法、依法立法，对国务院及其有关部门参与缔结条约的职能、权限、程序、责任作了严格规定，为相关部门在缔结条约时依法行政提供了基本遵循；对国务院的审核义务、国务院有关部门的审查责任、司法部的审查职责和向党中央报告的条件作了明确规定，为在党中央的集中统一领导下，多主体、全过程统筹推进国内法治与涉外法治创造了条件；对缔结条约时征询特别行政区意见的主体、条件、方式、事项、时限，以及条约扩展适用于特别行政区时的声明等问题作了具体规定，是坚持依法治港治澳、完善“一国两制”制度体系的重要举措。①

(二)行使宪法和法律规定的对外关系职权

本条中，除《宪法》和《缔结条约程序法》外，国务院“行使宪法和法律规定的对外关系职权”还见于《国防法》《国家安全法》等法律的规定，主要包括领导和管理国防建设事业、决定特定地区进入紧急状态等。

关联立法

《宪法》

第 89 条　国务院行使下列职权：

---

①　参见肖永平：《〈缔结条约管理办法〉的重要意义和主要亮点》，载司法部官网，https://www.moj.gov.cn/pub/sfbgw/zcjd/202211/t20221107_466848.html。

…………

（九）管理对外事务，同外国缔结条约和协定；

…………

《缔结条约程序法》

第3条　中华人民共和国国务院，即中央人民政府，同外国缔结条约和协定。

中华人民共和国全国人民代表大会常务委员会决定同外国缔结的条约和重要协定的批准和废除。

中华人民共和国主席根据全国人民代表大会常务委员会的决定，批准和废除同外国缔结的条约和重要协定。

中华人民共和国外交部在国务院领导下管理同外国缔结条约和协定的具体事务。

第4条　中华人民共和国以下列名义同外国缔结条约和协定：

（一）中华人民共和国；

（二）中华人民共和国政府；

（三）中华人民共和国政府部门。

第5条　谈判和签署条约、协定的决定程序如下：

（一）以中华人民共和国名义谈判和签署条约、协定，由外交部或者国务院有关部门会同外交部提出建议并拟订条约、协定的中方草案，报请国务院审核决定；

（二）以中华人民共和国政府名义谈判和签署条约、协定，由外交部提出建议并拟订条约、协定的中方草案，或者由国务院有关部门提出建议并拟订条约、协定的中方草案，同外交部会商后，报请国务院审核决定。属于具体业务事项的协定，经国务院同意，协定的中方草案由国务院有关部门审核决定，必要时同外交部会商；

（三）以中华人民共和国政府部门名义谈判和签署属于本部门职权范围内事项的协定，由本部门决定或者本部门同外交部会商后决定；涉及重大问题或者涉及国务院其他有关部门职权范围的，由本部门或者本部门同国务院其他有关部门会商后，报请国务院决定。协定的中方草案由本部门审核决定，必要时同外交部会商。

经国务院审核决定的条约、协定的中方草案，经谈判需要作重要改动的，重新报请国务院审核决定。

第6条 谈判和签署条约、协定的代表按照下列程序委派：

（一）以中华人民共和国名义或者中华人民共和国政府名义缔结条约、协定，由外交部或者国务院有关部门报请国务院委派代表。代表的全权证书由国务院总理签署，也可以由外交部长签署；

（二）以中华人民共和国政府部门名义缔结协定，由部门首长委派代表。代表的授权证书由部门首长签署。部门首长签署以本部门名义缔结的协定，各方约定出具全权证书的，全权证书由国务院总理签署，也可以由外交部长签署。

下列人员谈判、签署条约、协定，无须出具全权证书：

（一）国务院总理、外交部长；

（二）谈判、签署与驻在国缔结条约、协定的中华人民共和国驻该国使馆馆长，但是各方另有约定的除外；

（三）谈判、签署以本部门名义缔结协定的中华人民共和国政府部门首长，但是各方另有约定的除外；

（四）中华人民共和国派往国际会议或者派驻国际组织，并在该会议或者该组织内参加条约、协定谈判的代表，但是该会议另有约定或者该组织章程另有规定的除外。

第7条 条约和重要协定的批准由全国人民代表大会常务委员会决定。

前款规定的条约和重要协定是指：

（一）友好合作条约、和平条约等政治性条约；

（二）有关领土和划定边界的条约、协定；

（三）有关司法协助、引渡的条约、协定；

（四）同中华人民共和国法律有不同规定的条约、协定；

（五）缔约各方议定须经批准的条约、协定；

（六）其他须经批准的条约、协定。

条约和重要协定签署后，由外交部或者国务院有关部门会同外交部，报请国务院审核；由国务院提请全国人民代表大会常务委员会决定批准；中华人民共和国主席根据全国人民代表大会常务委员会的决定予以批准。

双边条约和重要协定经批准后，由外交部办理与缔约另一方互换批准书的手续；多边条约和重要协定经批准后，由外交部办理向条约、协定的保存国或者国际组织交存批准书的手续。批准书由中华人民共和国主席签署，外交部长副署。

第 8 条　本法第七条第二款所列范围以外的国务院规定须经核准或者缔约各方议定须经核准的协定和其他具有条约性质的文件签署后，由外交部或者国务院有关部门会同外交部，报请国务院核准。

协定和其他具有条约性质的文件经核准后，属于双边的，由外交部办理与缔约另一方互换核准书或者以外交照会方式相互通知业已核准的手续；属于多边的，由外交部办理向有关保存国或者国际组织交存核准书的手续。核准书由国务院总理签署，也可以由外交部长签署。

第 9 条　无须全国人民代表大会常务委员会决定批准或者国务院核准的协定签署后，除以中华人民共和国政府部门名义缔结的协定由本部门送外交部登记外，其他协定由国务院有关部门报国务院备案。

第11条　加入多边条约和协定,分别由全国人民代表大会常务委员会或者国务院决定。

加入多边条约和协定的程序如下:

(一)加入属于本法第七条第二款所列范围的多边条约和重要协定,由外交部或者国务院有关部门会同外交部审查后,提出建议,报请国务院审核;由国务院提请全国人民代表大会常务委员会作出加入的决定。加入书由外交部长签署,具体手续由外交部办理;

(二)加入不属于本法第七条第二款所列范围的多边条约、协定,由外交部或者国务院有关部门会同外交部审查后,提出建议,报请国务院作出加入的决定。加入书由外交部长签署,具体手续由外交部办理。

第12条　接受多边条约和协定,由国务院决定。

经中国代表签署的或者无须签署的载有接受条款的多边条约、协定,由外交部或者国务院有关部门会同外交部审查后,提出建议,报请国务院作出接受的决定。接受书由外交部长签署,具体手续由外交部办理。

第15条　经全国人民代表大会常务委员会决定批准或者加入的条约和重要协定,由全国人民代表大会常务委员会公报公布。其他条约、协定的公布办法由国务院规定。

《国防法》

第14条　国务院领导和管理国防建设事业,行使下列职权:

(一)编制国防建设的有关发展规划和计划;

(二)制定国防建设方面的有关政策和行政法规;

(三)领导和管理国防科研生产;

(四)管理国防经费和国防资产;

(五)领导和管理国民经济动员工作和人民防空、国防交通等方面的建设和组织实施工作；

（六）领导和管理拥军优属工作和退役军人保障工作；

（七）与中央军事委员会共同领导民兵的建设，征兵工作，边防、海防、空防和其他重大安全领域防卫的管理工作；

（八）法律规定的与国防建设事业有关的其他职权。

第17条　国务院和中央军事委员会建立协调机制，解决国防事务的重大问题。

中央国家机关与中央军事委员会机关有关部门可以根据情况召开会议，协调解决有关国防事务的问题。

《国家安全法》

第37条　国务院根据宪法和法律，制定涉及国家安全的行政法规，规定有关行政措施，发布有关决定和命令；实施国家安全法律法规和政策；依照法律规定决定省、自治区、直辖市的范围内部分地区进入紧急状态；行使宪法法律规定的和全国人民代表大会及其常务委员会授予的涉及国家安全的其他职权。

第64条　发生危及国家安全的特别重大事件，需要进入紧急状态、战争状态或者进行全国总动员、局部动员的，由全国人民代表大会、全国人民代表大会常务委员会或者国务院依照宪法和有关法律规定的权限和程序决定。

《国务院组织法》

第5条　国务院由总理、副总理、国务委员、各部部长、各委员会主任、中国人民银行行长、审计长、秘书长组成。

国务院实行总理负责制。总理领导国务院的工作。

副总理、国务委员协助总理工作，按照分工负责分管领域工作；受总理委托，负责其他方面的工作或者专项任务；根据统一安排，代表国务院进行外事活动。

第十三条

条文内容

中央军事委员会组织开展国际军事交流与合作，行使宪法和法律规定的对外关系职权。

条文释义

本条规定了中央军事委员会的对外关系职权，分为两个层次：(1)组织开展国际军事交流与合作；(2)行使宪法和法律规定的对外关系职权。

军事制度是国家体制的重要内容。在共和国成立前，《共同纲领》(已失效)和《中央人民政府组织法》(已失效)便对我国的军事制度作出规定，将“人民革命军事委员会”作为国家军事的最高统辖机关。《共同纲领》第20条规定：“中华人民共和国建立统一的军队，即人民解放军和人民公安部队受中央人民政府人民革命军事委员会统率，实行统一的指挥,统一的制度,统一的编制,统一的纪律。”《中央人民政府组织法》第5条规定:“中央人民政府委员会……组织人民革命军事委员会,以为国家军事的最高统辖机关……”根据1954年《宪法》的规定,一届全国人大一次会议设立中华人民共和国国防委员会,国家主席担任国防委员会主席。1954年9月28日,中共中央政治局决定,在中央政治局和书记处之下成立一个党的军事委员会,担负整个军事工作的领导。1975年《宪法》和1978年《宪法》取消国家主席和国防委员会的设置,规定由中国共产党中央委员会主席统率全国武装力量。1982年《宪法》总结新中国成立以来的历史经验,根据我国的实际情况和需要,规定设立中华人民共和国中央军事委员会领导全国武装力量。中华人民共和国中央军事委员会和中共中央军事委员会,均简称中央军委,两个机构组成人员、领导机构相同。①

(一)组织开展国际军事交流与合作

国际军事交流与合作,是指各国在军事方面进行交流、合作和互助的活动,旨在增进相互了解、建立信任、加强合作、维护地区和平与安全,以及促进国际社会的发展与繁荣,主要体现为军事演习和联合训练、军事人员交流和访问、联合维和行动、军事装备和技术交流、联合反恐合作等。

“止戈为武”,战争的目的是消灭战争。国际军事交流与合作可以传播和平发展的理念,维护和平与稳定。② 首先,国际军事交流与合作有助于维护国家安全和地区稳定。随着全球化的深入发展和国际安全

---

① 参见《宪法学》编写组编:《宪法学》(第2版),高等教育出版社、人民出版社2020年版,第255~256页。

② 参见李东航、李绪成:《国防大学防务学院积极传播和平发展理念》,载《解放军报》2010年9月5日,第1版。

环境的复杂变化,各国面临的安全威胁日益严峻。开展国际军事交流与合作可以加强各国之间的相互了解与信任,共同应对恐怖主义、地区冲突和非传统安全威胁等挑战。其次,国际军事交流与合作有助于提升国家的国际地位和影响力。军事力量是一个国家维护国家安全和国家利益的重要保障,而开展国际军事交流与合作可以展现国家的军事实力,提升国家在国际事务中的话语权和影响力。此外,国际军事交流与合作有助于促进世界和平与发展。通过互访、交流和联合演习等活动,各国军队之间可以建立起更加稳固的联系和信任,还可以为解决国际热点问题、打击跨国犯罪、维护地区稳定和促进地区发展等提供有力支持。最后,国际军事交流与合作有助于促进军事技术的交流和共享。在当前时代,军事技术的发展对于提升军事实力至关重要。通过国际军事交流与合作,各国可以分享先进的军事技术和经验,促进军事技术的交流与创新,提高各国的军事能力和装备水平。

为了和平,走向世界:
国防部回顾 2022 年国际军事合作工作(节选)

2022 年以来,中国军队忠实践行人类命运共同体理念,坚持履行大国军队国际责任,积极开展国际军事合作,取得丰硕成果……

……一年来,中国军队国际军事合作工作以习近平新时代中国特色社会主义思想为指导,深入贯彻习近平强军思想,深入贯彻习近平外交思想,深刻领悟“两个确立”的决定性意义,贯彻军委主席负责制,紧紧围绕党在新时代的强军目标,聚焦备战打仗,勇于开拓创新,为捍卫国家主权、安全、发展利益,为维护世界和平稳定、服务构建人类命运共同体作出积极贡献。

一是服务政治外交大局。2022 年以来,在习主席元首外交战略引领下，中央军委领导与俄罗斯、美国、柬埔寨、巴基斯坦、沙特等国防务部门和军队领导举行会见会谈或视频通话，推动元首外交成果在国际军事合作领域落地见效；举办建军95周年招待会、第二届中非和平安全论坛部长会议、第五届中拉高级防务论坛等；在上述活动中，积极宣介习主席提出的全球安全倡议、人类命运共同体等重大理念，增进了外方对中方政策立场的理解认同。

二是捍卫国家主权、尊严和核心利益。针对美国等个别国家在台湾、南海等涉及中国核心利益和重大关切问题上的挑衅言行，在坚决开展军事行动捍卫国家主权、安全的同时，提出严正交涉、实施反制惩戒，及时发声批驳、阐明态度立场。

三是聚焦备战打仗主责主业。积极组织、参加“东方—2022”、中俄联合空中战略巡航、“海上联合—2022”、“鹰击—2022”、“国际军事比赛—2022”等中外联演联训联赛联巡，深化了与有关国家军队的互信合作，为提升实战化训练水平发挥了积极作用。

四是有效维护战略全局稳定。一年来，忠实践行全球安全倡议，持续深化中俄两军务实交流合作，保持两军战略协作高位运行；保持中美两军关系总体稳定，促美相向而行落实元首共识、畅通沟通渠道、妥处矛盾分歧、加强危机管控；保持中欧防务部门和军队战略沟通；不断深化与周边国家各领域务实合作，为推动构建周边命运共同体发挥积极作用；加强同非洲、拉美、南太等广大发展中国家防务安全合作；积极开展国际军控履约合作，坚决维护国家战略利益，维护全球战略稳定。

五是深度参与全球安全治理。积极参加上合组织防长会、东盟防长扩大会、中国—东盟防长非正式会晤等机制性会议，派军队高级代表团出席香格里拉对话会，参加莫斯科国际安全会议等多边对话与合作机制，举办首届“共同愿景”维和国际论坛、北京香山论坛专家视频会等，不断增强我军国际话语权和影响力。

六是服务构建人类命运共同体。海军“和平方舟”号医院船赴印度尼西亚执行“和谐使命—2022”任务，为当地民众提供医疗服务；空军运－20飞机先后赴汤加、阿富汗、巴基斯坦等国执行人道主义救援任务；中国军队积极参加维和、护航等行动，向国际社会持续提供公共安全产品。

“为了和平，走向世界。”……面对世界之变、时代之变、历史之变，中国军队将继续以习近平新时代中国特色社会主义思想为指导，聚焦如期实现建军一百年奋斗目标，拓展深化对外军事关系，加强务实交流合作，为维护世界和平、促进共同发展作出新的更大贡献。①

（二）行使宪法和法律规定的对外关系职权

本条中，中央军委“行使宪法和法律规定的对外关系职权”主要规定在《国防法》和《国家安全法》中，包括国防事务的协调、统一指挥维护国家安全的军事行动等。

关联立法

《宪法》

第93条　中华人民共和国中央军事委员会领导全国武装力量。

中央军事委员会由下列人员组成：

主席，

① 张汩汩：《为了和平，走向世界：国防部回顾2022年国际军事合作工作》，载新华网，https://www.news.cn/world/2022－12/29/c_1129242838.htm。

副主席若干人，

委员若干人。

中央军事委员会实行主席负责制。

中央军事委员会每届任期同全国人民代表大会每届任期相同。

《国防法》

第 15 条　中央军事委员会领导全国武装力量，行使下列职权：

…………

（十一）组织开展国际军事交流与合作；

（十二）法律规定的其他职权。

第 17 条　国务院和中央军事委员会建立协调机制，解决国防事务的重大问题。

中央国家机关与中央军事委员会机关有关部门可以根据情况召开会议，协调解决有关国防事务的问题。

《国家安全法》

第 38 条　中央军事委员会领导全国武装力量，决定军事战略和武装力量的作战方针，统一指挥维护国家安全的军事行动，制定涉及国家安全的军事法规，发布有关决定和命令。

第十四条

条文内容

中华人民共和国外交部依法办理外交事务，承办党和国家领导人同外国领导人的外交往来事务。外交部加强对国家机关各部门、各地区对外交流合作的指导、协调、管理、服务。

中央和国家机关按照职责分工，开展对外交流合作。

条文释义

本条第1款规定了外交部的对外职权，包括：(1)依法办理外交事务；(2)承办党和国家领导人同外国领导人的外交往来事务；(3)加强对国家机关各部门、各地区对外交流合作的指导、协调、管理、服务。第2款规定了中央和国家机关按照职责分工，开展对外交流合作的对外职责。

(一)外交部的对外职权

外交制度的最初形态是驻外使节，随着驻外使节数量的增加，产生了专门为驻外机构服务的外交部。外交部在成立后很快成为联络和领导各驻外机构的枢纽。自《威斯特伐利亚和约》签订以来，外交部存在于一切文明国家，①在国际上被公认为被授权代表国家对外进行交涉的专职外交执行机构。有些国家采用了不同的名称，如美国称为国务院、日本称为外务省等。《维也纳外交关系公约》第41条规定："……二、使馆承派遣国之命与接受国洽商公务，概应径与或经由接受国外交部或另经商定之其他部办理。"该公约以当代外交普遍规范的方式确立了外交部在各个国家外交制度中的核心地位。②

外交部在发展对外关系中扮演着重要的角色。外交部是各国协调国际与国内关系和矛盾的核心，是外交制度和过程的枢纽和组织保障。在全球享有共同的外交文化和外交规范的情况下，各个国家外交制度的构成和基本职能是类似的：传统上，外交部的对外关系职权主要是领导和监督驻外代表机关及其活动，与驻外代表机关保持经常性的联络，与外国或国际组织的使团保持联系和进行谈判，保护本国及其公民在国外的合法权益等；③同时，作为外交沟通体系的关键节点，外交部的职能也包括搜集、分析、传播和储存信息，研究和提出政策建议，政策传导和实施，服务和管理等。④

---

① 参见周鲠生：《国际法大纲》，商务印书馆2013年版，第124页。

② 参见张清敏、杨黎泽：《中国外交转型与制度创新》，载《外交评论（外交学院学报）》2017年第6期。

③ 参见梁西原著主编、王献枢副主编、曾令良修订主编：《国际法》（第3版），武汉大学出版社2011年版，第320页。

④ 参见张清敏、杨黎泽：《中国外交转型与制度创新》，载《外交评论（外交学院学报）》2017年第6期。

中华人民共和国外交部主要职责

（一）贯彻执行国家外交方针政策和有关法律法规，代表国家维护国家主权、安全和利益，代表国家和政府办理外交事务，承办党和国家领导人与外国领导人的外交往来事务。

（二）调查研究国际形势和国际关系中全局性、战略性问题，研究分析政治、经济、文化、安全等领域外交工作的重大问题，为党中央、国务院制定外交战略和方针政策提出建议。

（三）按照外交总体布局，就对外贸易、经济合作、经援、文化、军援、军贸、侨务、教育、科技、外宣等重大问题，负责与有关单位协调，向党中央、国务院报告情况、提出建议。

（四）起草外交工作领域相关法律法规草案和政策规划。

（五）负责处理联合国等多边领域中有关全球和地区安全以及政治、经济、人权、社会、难民等外交事务。

（六）负责国际军控、裁军、防扩散等领域工作，研究有关国际安全问题，组织军控方面有关条约、协定的谈判。

（七）负责办理国家对外缔结双边、多边条约事务，负责国际司法合作有关事项，负责或参与处理涉及国家和政府的重大涉外法律案件，协助审核涉外法律法规草案，组织协调有关我国履行国际公约、协定工作。

（八）牵头或参与拟订陆地、海洋边界相关政策，指导协调海洋对外工作，组织有关边界划界、勘界和联合检查等管理工作并处理有关涉外案件，承担海洋划界、共同开发等相关外交谈判工作。

（九）发布重要外交活动信息，阐述对外政策，负责国家重要外事活动新闻工作，组织公共外交活动，主管在华外国记者和外国常驻新闻机构事务。

（十）负责国家对外礼仪和典礼事务，负责国家重要外事活动礼宾事宜，负责驻华外交机构在华礼遇、外交特权和豁免事宜。

（十一）负责领事工作。管理外国驻华外交、领事机构；负责海外侨务工作；办理和参与境内涉外案件的对外交涉工作；负责领事保护和协助工作，协调有关部门、地方政府并指导驻外外交机构处理领事保护和协助案件，发布领事保护和协助的预警信息。

（十二）负责协调处置境外涉我突发事件，保护境外中国公民和机构的合法权益，参与处置境内涉外突发事件。

（十三）依法管理香港、澳门特别行政区外交、领事事务，处理涉台外交事务。

（十四）指导、协调地方和国务院各部门外事工作，审核地方和国务院各单位的重要外事规定和上报国务院的外事请示，会同有关部门研究提出对重大外事违规违纪事件的处理意见。

（十五）处理和协调关系国家安全问题的有关涉外事宜。

（十六）负责国家重要外事活动、外交文件和文书翻译工作。

（十七）领导驻外外交机构及驻香港、澳门特派员公署工作，负责驻外外交机构干部队伍建设，指导、监督驻外外交机构及驻香港、澳门特派员公署信息化、财务和馆舍建设工作，负责驻华外交机构房地产使用管理工作。

（十八）代管中国人民对外友好协会，归口管理中国红十字会总会、中国宋庆龄基金会的外事工作。

（十九）承办党中央、国务院交办的其他事项。①

---

① 《中华人民共和国外交部主要职责》，载外交部官网，https://www.mfa.gov.cn/web/wjb_673085/zyzz_673087/，最后访问时间：2024 年 4 月 12 日。

（二）中央和国家机关的对外职责

中央和国家机关各部门分别依照宪法和有关法律法规（比如《国务院组织法》《地方各级人民代表大会和地方各级人民政府组织法》《监察法》《人民法院组织法》《人民检察院组织法》）所确定的职责分工，开展对外交流合作。比如，国务委员受总理委托，可以代表国务院进行外事活动；国家监察委员会统筹协调与其他国家、地区、国际组织开展的反腐败国际交流、合作，组织反腐败国际条约实施工作等。

就我国宪法中“国家机关”的范围而言，从体系解释的角度出发，“国家机关”既应包括中央国家机关，也应包括地方国家机关，理由有二。第一，我国《宪法》第3条第3款规定：“国家行政机关、监察机关、审判机关、检察机关都由人民代表大会产生，对它负责，受它监督。”鉴于本条前款（第2款）区分了“全国人民代表大会和地方各级人民代表大会”，这意味着第3款中的“人民代表大会”是涵盖全国与地方各级人大的统称；与之对应的“国家行政机关、监察机关、审判机关、检察机关”也应当涵盖中央与地方各级国家机关。类似的表述还包括《宪法》第123条“中华人民共和国各级监察委员会是国家的监察机关”。因此遵照《宪法》文义，国家机关应涵盖全国各级人民政府、各级监察委员会、各级人民法院、各级人民检察院。第二，如《宪法》第115条之规定，“自治区、自治州、自治县的自治机关行使宪法第三章第五节规定的地方国家机关的职权，同时依照宪法、民族区域自治法和其他法律规定的权限行使自治权，根据本地方实际情况贯彻执行国家的法律、政策”，也能佐证“国家机关”存在“地方”和与之对应的“中央”两个层次。但这便意味着我国宪法中“国家机关”已然涵盖“中央”和“地方”，因此《对外关系法》中“中央与国家机关”的表述便有逻辑上的重复。

另一种理解“中央与国家机关”范围的方式可见于中央机构编制委员会在2011年发布的《中央和国家机关部门职责分工协调办法》，其第2条第1款规定：“党中央部门之间、国务院部门之间、党中央部门与国务院部门之间职责分工的协商和协调，适用本办法。”如果结合该项文件的标题理解其适用范围，则意味着“中央和国家机关部门”涵盖了“党中央部门”①与“国务院部门”②；则“中央与国家机关”指代党中央和国务院。然而，此种理解方式又与我国宪法中“国家机关”的规定存在差异。该问题尚有待后续解释。

---

① 党中央各部门包括：中共中央纪律检查委员会、中华人民共和国国家监察委员会机关；中共中央办公厅；中共中央组织部（对外加挂国家公务员局牌子）；中共中央宣传部（对外加挂国务院新闻办公室、国家新闻出版署、国家版权局、国家电影局牌子）；中共中央统一战线工作部（对外加挂国家宗教事务局、国务院侨务办公室牌子）；中共中央对外联络部；中共中央政法委员会；中共中央政策研究室（中央全面深化改革委员会办公室）；中央国家安全委员会办公室；中央网络安全和信息化委员会办公室（国家互联网信息办公室）；中央军民融合发展委员会办公室；中共中央台湾工作办公室（国务院台湾事务办公室）；中央财经委员会办公室；中央外事工作委员会办公室；中央机构编制委员会办公室；中国共产党中央委员会中央和国家机关工作委员会。参见《党中央机构》，载共产党员网，https://www.12371.cn/2021/06/17/ARTI1623919675902188.shtml。

② 国务院组成部门包括：外交部，国家发展和改革委员会，科学技术部，国家民族事务委员会，国家安全部，司法部，人力资源和社会保障部，生态环境部，交通运输部，农业农村部，文化和旅游部，退役军人事务部，中国人民银行，国防部，教育部，工业和信息化部，公安部，民政部，财政部，自然资源部，住房和城乡建设部，水利部，商务部，国家卫生健康委员会，应急管理部，审计署。教育部对外保留国家语言文字工作委员会牌子。工业和信息化部对外保留国家航天局、国家原子能机构牌子。人力资源和社会保障部加挂国家外国专家局牌子。自然资源部对外保留国家海洋局牌子。生态环境部对外保留国家核安全局牌子。农业农村部加挂国家乡村振兴局牌子。参见《国务院组织机构》，载中国政府网，https://www.gov.cn/gwyzzjg/zuzhi/，最后访问时间：2024年4月12日。

关联立法

《国务院组织法》

第5条 国务院由总理、副总理、国务委员、各部部长、各委员会主任、中国人民银行行长、审计长、秘书长组成。

国务院实行总理负责制。总理领导国务院的工作。

副总理、国务委员协助总理工作,按照分工负责分管领域工作;受总理委托,负责其他方面的工作或者专项任务;根据统一安排,代表国务院进行外事活动。

《监察法》

第50条 国家监察委员会统筹协调与其他国家、地区、国际组织开展的反腐败国际交流、合作,组织反腐败国际条约实施工作。

第51条 国家监察委员会组织协调有关方面加强与有关国家、地区、国际组织在反腐败执法、引渡、司法协助、被判刑人的移管、资产追回和信息交流等领域的合作。

第52条 国家监察委员会加强对反腐败国际追逃追赃和防逃工作的组织协调,督促有关单位做好相关工作:

(一)对于重大贪污贿赂、失职渎职等职务犯罪案件,被调查人逃匿到国(境)外,掌握证据比较确凿的,通过开展境外追逃合作,追捕归案;

(二)向赃款赃物所在国请求查询、冻结、扣押、没收、追缴、返还涉案资产;

(三)查询、监控涉嫌职务犯罪的公职人员及其相关人员进出国(境)和跨境资金流动情况,在调查案件过程中设置防逃程序。

《维也纳外交关系公约》

第41条

一、在不妨碍外交特权与豁免之情形下，凡享有此项特权与豁免之人员，均负有尊重接受国法律规章之义务。此等人员并负有不干涉该国内政之义务。

二、使馆承派遣国之命与接受国洽商公务，概应径与或经由接受国外交部或另经商定之其他部办理。

三、使馆馆舍不得充作与本公约或一般国际法之其他规则、或派遣国与接受国间有效之特别协定所规定之使馆职务不相符合之用途。

第十五条

条文内容

中华人民共和国驻外国的使馆、领馆以及常驻联合国和其他政府间国际组织的代表团等驻外外交机构对外代表中华人民共和国。

外交部统一领导驻外外交机构的工作。

条文释义

本条规定了我国驻外外交机构对外代表中华人民共和国，并确定驻外外交机构的工作统一由外交部领导。

(一)驻外外交机构的定义和类型

驻外外交机构，也称外交代表机关，是指驻外国的使馆、领事机构(领馆)以及常驻联合国等政府间国际组织的代表团等代表机构。驻外外交机构可以分为两大类：一类是常设的机关。在传统国际法上，常设代表机关仅指一国派驻外国的使馆；在现代国际法中，常设代表机关除使馆外，还包括领馆和国家向国际组织派遣的常驻使团。另一类是临时的外交代表机关，通称特别使(团)节，主要是指一国派遣到他国或国际组织执行特定的临时外交任务的外交使团。此外，现代国际组织也有派遣特别使团的实践，如联合国经常派遣特使执行维持国际和平与安全等临时任务。① 下文将分别予以介绍。

1. 使馆

使馆作为全面代表本国的驻外外交机构，其职务十分广泛。在习惯国际法的基础上，《维也纳外交关系公约》第3条将使馆的主要职务规定为下列五项：(1)代表，即"在接受国中代表派遣国"，这是使馆最重要和最基本的职务。(2)保护，即在国际法许可的限度内，在接受国中保护派遣国及其国民的生命、财产与利益。(3)谈判，即与接受国政府办理外交上的接洽。(4)调查和报告，即以一切合法手段调查接受国的状况

① 参见梁西原著主编、王献枢副主编、曾令良修订主编：《国际法》(第3版)，武汉大学出版社2011年版，第321页。

和发展情形，报告于本国政府。（5）促进，即促进派遣国与接受国间的友好关系和发展两国间经济、文化和科学关系。① 使馆还可以在不违反国际法的前提下，执行其他职务，如执行领事职务，经接受国同意可以受托保护未在接受国派有代表的第三国及其国民的利益。②

2. 领事机关

一国依据协议派遣到他国一定地区执行护侨、通商、航务等领事职务的机构，称为领事机关。在各国实践中，领事机关分为使馆内的领事部和专设的领事馆两类。前者是派遣国在其派往接受国的使馆内设立的领事机关，后者是派遣国在接受国的特定地点设立的领事机关。绝大多数国家都在外国设立专门的领事馆办理领事事务。在派遣国未专设领事馆的情况下，使馆领事部负责接受国全境内的领事事务。如果派遣国在接受国设有领事馆，使馆领事部则只负责未包括在各领事辖区内地区的领事事务。③

《维也纳领事关系公约》第 5 条列举了领事职务，包括：（1）保护，即在接受国内保护派遣国及其国民（个人与法人）的利益；（2）促进，即增进派遣国与接受国间的商业、经济、文化及科学关系的发展，并促进两国间的友好关系；（3）了解和报告，即以合法手段调查接受国国内商业、经济、文化及科学等方面的发展情况，向派遣国政府报告，并向有关人士提供资料；（4）办理护照和签证，向派遣国国民签发护照及旅行证件，并为

---

① 参见《维也纳外交关系公约》，载中华人民共和国 – 条约数据库，http://treaty.mfa.gov.cn/tykfiles/20190409/1554783857949.pdf。

② 参见梁西原著主编、王献枢副主编、曾令良修订主编：《国际法》（第 3 版），武汉大学出版社 2011 年版，第 331 页；周鲠生：《国际法大纲》，商务印书馆 2013 年版，第 130 页。

③ 《维也纳领事关系公约》第 3 条规定："领事职务由领馆行使之。此项职务亦得由使馆依照本公约之规定行使之。"公约中文版参见《维也纳领事关系公约》，载中华人民共和国条约数据库，http://treaty.mfa.gov.cn/tykfiles/20180718/1531876082628.pdf；参见梁西原著主编、王献枢副主编、曾令良修订主编：《国际法》（第 3 版），武汉大学出版社 2011 年版，第 333 页。

拟赴派遣国旅行人士办理签证或其他文件;(5)帮助和协助派遣国国民(个人与法人);(6)公证和行政事务,执行公证、民事登记和办理其他行政性事务,但以接受国法律规章未加禁止为限;(7)在继承国的继承事件中保护派遣国国民的利益;(8)保护具有派遣国国民身份的未成年人及其他无充分行为能力人的利益;(9)在不违反接受国法律的前提下,为无法自行辩护的派遣国国民提供帮助;(10)转送司法文书、调查证据委托书等公文书;(11)监督、检查,对具有派遣国国籍的船舶、航空器及其航行人员进行监督和检查;(12)对具有派遣国国籍的船舶、航空器及其航行人员予以协助;(13)行使其他被允许的外交职务。①

3. 国家向国际组织派遣的常驻使团

国家派驻国际组织的常驻使团可以分为成员国的常驻使团和非成员国的常驻使团两类。根据1975年《维也纳关于国家在其对普遍性国际组织关系上的代表权公约》第6条的规定,成员国常驻代表团的职务主要有:(1)确保派遣国在组织的代表权;(2)保持派遣国同组织之间的联络;(3)同组织和在组织内进行谈判;(4)查明组织的各项活动,并向派遣国政府提出报告;(5)确保派遣国参与组织的各项活动;(6)保护派遣国在同组织关系上的利益;(7)同组织和在组织内进行合作,促进组织宗旨和原则的实现。②

非成员国派驻国际组织的常驻使团,一般称为常驻观察员代表团,简称常驻观察员(团)。根据《维也纳关于国家在其对普遍性国际组织关系上的代表权公约》第7条的规定,常驻观察员代表团的职务主要包

① 参见梁西原著主编、王献枢副主编、曾令良修订主编:《国际法》(第3版),武汉大学出版社2011年版,第322页。

② 参见《维也纳关于国家在其对普遍性国际组织关系上的代表权公约》,载联合国法律事务厅条约科数据库,https://treaties.un.org/doc/Treaties/1975/03/19750317%2008-17%20AM/Ch_III_11p.pdf。参见梁西原著主编、王献枢副主编、曾令良修订主编:《国际法》(第3版),武汉大学出版社2011年版,第322页。

括:(1)确保派遣国的代表权,保障该国在同组织关系上的利益,保持派遣国同组织的联络;(2)查明组织的各项活动,向派遣国政府提出报告;(3)促进同组织的合作和同组织进行谈判。此外,观察员有权在国际组织主要机关的常会上发言和参加其他有关的活动。①

4. 特别使团

特别使团是指国家或其他国际法主体,经另一国或另一个其他国际法主体同意,派往该国或该另一个国际法主体执行特定任务的临时性使团。特别使团是根据双边关系和多边关系的特殊需要而临时派遣的,其职务只能通过有关当事方商定,国际法不可能作出一劳永逸的具体规定。另外,特别使团的职务还受制于特定的目的。有的特别使团纯属礼仪性的,其职务只是代表派遣方参加接受方的重要庆典。有的是为了出席双边或多边国际会议,其职务是代表派遣方参加会议的各项议事日程。有的是为了缔结一项条约,其职务是代表派遣方与对方谈判,达成有关协议。有的是为了处理某种突发事件,其职务是调查和解决有关争端。②

(二)我国的驻外外交机构

新中国成立以后,特别是改革开放以来,随着我国国力的不断增强,国际地位稳步提升,我驻外外交人员在对外交往中发挥着越来越重要的作用。据外交部统计,目前,我国同世界上 183 个国家建立了外交关系,③截至 2009 年已设立大使馆 163 个,在 40 多个国家设有总领馆 68

① 参见梁西原著主编、王献枢副主编、曾令良修订主编:《国际法》(第 3 版),武汉大学出版社 2011 年版,第 324 ~ 325 页。

② 参见梁西原著主编、王献枢副主编、曾令良修订主编:《国际法》(第 3 版),武汉大学出版社 2011 年版,第 326 ~ 327 页。

③ 参见《中华人民共和国与各国建立外交关系日期简表》,载外交部官网,https://www.mfa.gov.cn/web/ziliao_674904/2193_674977/200812/t20081221_9284708.shtml。

个，并在10多个国际组织派驻了代表机构，各类驻外外交机构共250多个，驻外外交人员约5000人。①

"驻外外交机构"这一表述的形成有一个发展过程。1991年外交部颁布的部门规范性文件《关于涉外升挂和使用国旗的决定》第9条表述为："中国派驻外国的外交代表机关和领事机关以外的其他常驻机构，中国在外国的投资企业和旅居外国的中国公民，根据所在国的规定和习惯做法升挂国旗。"该类表述同时可见于2009年修正的《出境入境管理法》（已失效）第10条："定居国外的中国公民要求回国定居的，应当向中国驻外国的外交代表机关、领事机关或者外交部授权的其他驻外机关办理手续，也可以向有关省、自治区、直辖市的公安机关办理手续。"1994年国务院办公厅发布的《关于印发外交部职能配置、内设机构和人员编制方案的通知》（国办发〔1994〕2号）明确了外交部和驻外外交机构的关系："外交部是国务院主管外交工作的职能部门。主要职责是……（八）领导我驻外使领馆和有关代表机构的工作……"具体而言，即"领导驻外外交机构及驻香港、澳门特派员公署工作，负责驻外外交机构干部队伍建设，指导、监督驻外外交机构及驻香港、澳门特派员公署信息化、财务和馆舍建设工作，负责驻华外交机构房地产使用管理工作"②。

稳步推进驻外机构体制机制改革是我国改革和完善对外工作体制机制的重要环节。2018年6月召开的中央外事工作会议上，习近平总书记指出："要根据党中央统一部署，落实对外工作体制机制改革，形成适

① 参见于浩：《驻外外交人员法：填补中国法律空白》，载《中国人大》2009年第13期。

② 《中华人民共和国外交部主要职责》，载外交部官网，https://www.mfa.gov.cn/web/wjb_673085/zyzz_673087/。

应新时代要求的驻外机构管理体制。”[①]中央全面深化改革领导小组第三十二次会议也强调,要深化驻外机构管理体制改革。[②] 基于上述要求,《对外关系法》也以本条明确了驻外外交机构的对外职权和外交部的领导职责。

关联立法

《驻外外交人员法》

第2条　本法所称驻外外交人员,是指在中华人民共和国驻外外交机构中从事外交、领事等工作,使用驻外行政编制,具有外交衔级的人员。

本法所称驻外外交机构,是指中华人民共和国驻外国的使馆、领馆以及常驻联合国等政府间国际组织的代表团等代表机构。

驻外外交人员的义务、权利和管理,适用本法。本法未作规定的,适用公务员法的规定。

第4条　外交部统一领导驻外外交机构的工作,会同其他派出部门对驻外外交人员实施管理。

---

① 参见中共中央宣传部、中华人民共和国外交部编:《习近平外交思想学习纲要》,人民出版社、学习出版社2021年版,第27页。

② 参见《习近平主持召开中央全面深化改革领导小组第三十二次会议》,载中国政府网,https://www.gov.cn/xinwen/2017-02/06/content_5165887.htm。

第十六条

条文内容

省、自治区、直辖市根据中央授权在特定范围内开展对外交流合作。

省、自治区、直辖市人民政府依职权处理本行政区域的对外交流合作事务。

条文释义

本条规定了我国各省、自治区、直辖市处理对外关系事务的职权。原则上，各省、自治区、直辖市应根据中央授权在特定范围内开展对外交流合作。但对于本行政区域内的对外交流合作事务，各省、自治区、直辖市人民政府作为行政机关可以依职权处理。

自1648年《威斯特伐利亚和约》签订以来，外交活动一直围绕着主权国家展开。然而，尽管全球化使世界各地的问题更紧密地联系在一起，但地方和本土因素依然对问题的定性和解决产生重要影响，造成了全球性问题的"本土化"和"地方化"。[1] 这导致各个地方、各个部门解决上述问题的国际交流合作需求存在客观的差别,因此,传统上讨论外交权力的国家中心主义范式开始瓦解,地方外交逐渐成为一个新的关注点。地方外交是指地方政府在中央政府政策指导下所从事的对外交往活动,[2]是国家总体外交的重要组成部分,具有如下特征:一是主体为地方政府;二是着眼于经济、文化、教育、环保、社会福利等领域;三是较之于国家层面的外交具有较高的灵活性。[3]

(一)基于中央授权的地方对外交流合作

外交工作是典型的中央事权,因此,地方外事工作需要根据中央授权而开展。作为单一制国家,我国将对外工作规定为中央事权具有必然性。首先,我国的外交政策直接关乎国家的核心利益和安全。随着我国日益走近世界舞台的中央,我国所面临的形势变得更加复杂,外交工作的重要性不断增强。为了保护国家利益,维护我国在国际事务中的话语权和地位,需要集中统一的外交政策和行动,这只能经由中央事权实现。其次,中国作为一个统一的多民族国家,内部利益的协调和统一需要通过中央人民政府来实现。外交政策往往也涉及对内政策的影响和支持,因此需要由中央人民政府来统一决策,以确保内外政策的一致性和稳定性。

尽管地方外事工作原则上需要根据中央授权而开展,但现实中,在很多外交外事场合,我国在对外关系展开上形成了"国家行为、地方落

① 参见陈翔、韦红:《"一带一路"建设视野下的中国地方外交》,载《国际观察》2016年第6期。

② 参见陈志敏:《中国的地方外交》,载《国际观察》2010年第1期。

③ 参见陈翔、韦红:《"一带一路"建设视野下的中国地方外交》,载《国际观察》2016年第6期。

实”的局面。[1] 例如，对于各种国家间峰会而言，主办地提供的相关组织与服务工作必不可少，而且地方通过安排参访以及相关文化交流活动可以让外宾了解地方经济社会发展情况，从而起到推动公共外交、讲好中国故事的独特作用。在地方对外交流越来越多的情况下，地方外事机构承担起越来越多的具体的管理、协调与服务职能。[2]

基于上述情况，进一步理顺地方外事工作领导体制机制是改善和完善对外工作体制机制的重要前提。要在中央外办集中统一领导下，统筹做好地方外事工作，从全局高度集中调度、合理配置各地资源，有目标、有步骤地推进相关工作。[3] 2017 年2 月6 日，中央全面深化改革领导小组第三十二次会议审议通过了《关于加强党对地方外事工作领导体制改革的实施意见》，指出要明确地方党委对本地区外事工作的主体责任，完善省以下地方党委对外事工作的领导和工作体制。《对外关系法》也为各省、自治区、直辖市落实这一要求确立了基本原则：一方面，地方的对外交流合作要根据中央授权在特定范围内开展；另一方面，地方的行政机关可以依职权处理本行政区域的对外交流合作事务。

（二）地方人民政府处理本行政区域对外交流合作事务的职权

对外交流合作的事务性工作属于各地方行政机关负责的行政事务。我国《宪法》第 105 条第 1 款规定：“地方各级人民政府是地方各级国家

① 参见张鹏：《中国对外关系展开中的地方参与研究》，上海人民出版社 2015 年版，第 6 页。

② 参见李开盛：《地方外事能力概念初探》，载《国际关系研究》2022 年第 3 期。

③ 参见中共中央宣传部、中华人民共和国外交部编：《习近平外交思想学习纲要》，人民出版社、学习出版社 2021 年版，第 27 页。

权力机关的执行机关,是地方各级国家行政机关。"实践中,各省级外事办公室承担了多数对外交流合作事务。外事办公室是我国地方人民政府的重要组成部分,代表地方人民政府行使外事管理职能,也是地方开展国际交流合作最主要的窗口。以省一级人民政府为例,外事办公室的职责主要包括如下几个方面:第一,起草、执行外事政策与法规;第二,外事交流,包括外宾接待、友好省州与友城管理、安排本省领导的出访等;第三,外事管理,包括对外国领事机构、媒体、非政府组织和相关人士的管理,涉外活动管理,出境管理与协调口岸管理等;第四,外事教育与宣传等。①

关联立法

《宪法》

第 105 条　地方各级人民政府是地方各级国家权力机关的执行机关,是地方各级国家行政机关。

地方各级人民政府实行省长、市长、县长、区长、乡长、镇长负责制。

① 参见李开盛:《地方外事能力概念初探》,载《国际关系研究》2022 年第 3 期。

第四章

发展对外关系的目标任务

第十七条

条文内容

中华人民共和国发展对外关系，坚持维护中国特色社会主义制度，维护国家主权、统一和领土完整，服务国家经济社会发展。

条文释义

本条规定了我国发展对外关系的目标，[①]包括：(1)维护中国特色社会主义制度；(2)维护国家主权、统一和领土完整；(3)服务国家经济社会发展。

(一)维护中国特色社会主义制度

中国特色社会主义制度，包括人民代表大会制度的根本政治制度，中国共产党领导的多党合作和政治协商制度、中国民族区域自治制度以及基层群众自治制度等基本政治制度，中国特色社会主义法律体系，以

① 参见王毅：《贯彻对外关系法，为新时代中国特色大国外交提供坚强法治保障》，载《人民日报》2023年6月29日，第6版。

公有制为主体、多种所有制经济共同发展的基本经济制度，以及建立在这些制度基础上的经济体制、政治体制、文化体制、社会体制等各项具体制度。①

中国特色社会主义制度是建立在中国特色社会主义道路基础之上，以中国特色社会主义理论体系为指导形成的符合中国特色的制度体系，集中体现了中国特色社会主义的性质、特点和优势，是中国特色社会主义事业发展进步的根本制度保障。

（二）维护国家主权、统一和领土完整

主权是一个国家独立自主地处理对内、对外事务的最高权力，是国家的固有属性。② 国家主权是国家独立和自主的基础，是国家存在和发展的前提。只有拥有完整的主权，国家才能实现独立自主，保护国家的安全、发展利益不受其他国家的干涉或控制。

国家统一指的是国家内部的各个地区、各个民族、各个社会群体在政治、经济、文化等方面的统一，意味着国家内部不存在分裂、独立的倾向或行动，各个地区、民族和社会群体团结一致，共同维护国家的统一和稳定。领土完整指的是国家领土的完整和完全性，包括国土范围的完整和国界的不可侵犯性，意味着国家不受其他国家的侵犯或割据，且其领土范围内部不存在任何分割、分裂或割据现象。维护国家统一和领土完整，是每个主权国家的神圣权利，也是国际法的基本原则。③ 国家统一

---

① 参见韩振峰：《牢牢把握中国特色社会主义主题胜利前进》，载人民网，http://opinion.people.com.cn/n1/2017/1103/c1003-29625939.html。

② 参见梁西原著主编、王献枢副主编、曾令良修订主编：《国际法》（第3版），武汉大学出版社2011年版，第79页。

③ 参见国务院新闻办公室：《台湾问题与中国的统一》，载外交部官网，https://www.mfa.gov.cn/web/ziliao_674904/zt_674979/dnzt_674981/qtzt/twwt/twwtbps/202206/t20220606_10699029.html。

和领土完整是国家安全和稳定的基础,只有确保国家的统一和领土完整,国家才能有效保障国家和人民的安全。国家主权、统一和领土完整也是国家发展和繁荣的保障。

维护国家主权、统一和领土完整是我国对外工作的基本原则。在法律、行政法规、地方性法规、部门规章等法律渊源文件中,“维护国家主权、统一和领土完整”的表述可以追溯至1954年《宪法》的序言部分:“……我国根据平等、互利、互相尊重主权和领土完整的原则同任何国家建立和发展外交关系的政策,已经获得成就,今后将继续贯彻……”1975年《宪法》序言将相关内容修改为:“在互相尊重主权和领土完整、互不侵犯、互不干涉内政、平等互利、和平共处五项原则的基础上,争取和社会制度不同的国家和平共处,反对帝国主义、社会帝国主义的侵略政策和战争政策,反对超级大国的霸权主义。”其中“在互相尊重主权和领土完整、互不侵犯、互不干涉内政、平等互利、和平共处五项原则的基础”在1978年《宪法》及其1979年的修正中得到延续。1982《宪法》序言再次修改:“……中国坚持独立自主的对外政策,坚持互相尊重主权和领土完整、互不侵犯、互不干涉内政、平等互利、和平共处的五项原则……”后续的修正对此一以贯之。

(三)服务国家经济社会发展

国家经济社会发展指的是国家经济和社会各领域的发展,包括经济增长、产业结构调整、就业状况、社会民生、教育医疗、文化体育、生态环境等方面的发展。

我国新时代对外工作也应服务国家经济社会发展的需要。积极开展对外交往和参与国际事务是实现国家经济社会发展的重要途径之一。一方面,通过与其他国家开展经济合作,包括贸易往来、投资合作、科技交流等,可以拓展市场,引进外资和技术,提升产业水平,促进经济结构优化和产业升级。另一方面,许多国际性问题,例如气候变化、环境污染、恐怖主义等,都需要国际社会共同应对。通过与其他国家开展合作,共同制定应对策略和行动计划,可以更有效地促进国家经济社会的发展。

发展对外关系可以从多方面服务国家经济社会发展,这体现在我国发展的历史经验中。从贸易投资角度来看,自改革开放以来,我国积极参与多边贸易体系,积极参与全球价值链,推动贸易自由化,提高了我国产品的国际市场份额,也为我国企业"走出去"提供了更广阔的发展机遇,提升了企业的国际竞争力;通过引进外资,引入先进技术、管理经验和市场信息,促进了国内产业升级和技术创新。从文化互鉴角度来看,我国通过发展人文领域交流与合作,促进了各国间的了解与互信,增进了睦邻友好;提升我国软实力,讲好中国故事,做好对外宣传,为实现"两个一百年"奋斗目标、实现中华民族伟大复兴的中国梦营造良好外部环境。① 从国际影响力角度来看,我国积极倡导新型国际关系和构建人类命运共同体的理念,参与联合国维和行动、气候变化谈判、全球卫生事务等国际合作,以共建"一带一路"为平台,同世界各国开展交流合作,展现了我国负责任大国的形象,推动全球治理体系的变革。《对外关系法》重申服务国家经济社会发展的重要目的,凸显了我国发展对外关系、开展对外交流合作着眼于经济建设和社会发展的大局,并且紧紧围绕经济建设这一党和国家工作的中心,为全面深化改革和对外开放提供全方位、全覆盖、高质量的服务的目标任务。

---

① 参见中共中央宣传部、中华人民共和国外交部编:《习近平外交思想学习纲要》,人民出版社、学习出版社 2021 年版,第 65 页。

关联立法

《宪法》

序言(节选)

……中国坚持独立自主的对外政策,坚持互相尊重主权和领土完整、互不侵犯、互不干涉内政、平等互利、和平共处的五项原则,坚持和平发展道路,坚持互利共赢开放战略,发展同各国的外交关系和经济、文化交流,推动构建人类命运共同体;坚持反对帝国主义、霸权主义、殖民主义,加强同世界各国人民的团结,支持被压迫民族和发展中国家争取和维护民族独立、发展民族经济的正义斗争,为维护世界和平和促进人类进步事业而努力。

《国家安全法》

第1条　为了维护国家安全,保卫人民民主专政的政权和中国特色社会主义制度,保护人民的根本利益,保障改革开放和社会主义现代化建设的顺利进行,实现中华民族伟大复兴,根据宪法,制定本法。

第2条　国家安全是指国家政权、主权、统一和领土完整、人民福祉、经济社会可持续发展和国家其他重大利益相对处于没有危险和不受内外威胁的状态,以及保障持续安全状态的能力。

第11条　中华人民共和国公民、一切国家机关和武装力量、各政党和各人民团体、企业事业组织和其他社会组织,都有维护国家安全的责任和义务。

中国的主权和领土完整不容侵犯和分割。维护国家主权、统一和领土完整是包括港澳同胞和台湾同胞在内的全中国人民的共同义务。

《反分裂国家法》

第1条　为了反对和遏制“台独”分裂势力分裂国家，促进祖国和平统一，维护台湾海峡地区和平稳定，维护国家主权和领土完整，维护中华民族的根本利益，根据宪法，制定本法。

《国防动员法》

第1条　为了加强国防建设，完善国防动员制度，保障国防动员工作的顺利进行，维护国家的主权、统一、领土完整和安全，根据宪法，制定本法。

《陆地国界法》

第1条　为了规范和加强陆地国界工作，保障陆地国界及边境的安全稳定，促进我国与陆地邻国睦邻友好和交流合作，维护国家主权、安全和领土完整，根据宪法，制定本法。

《香港特别行政区维护国家安全法》

第6条第1款　维护国家主权、统一和领土完整是包括香港同胞在内的全中国人民的共同义务。

经典导读

就“维护中国特色社会主义制度”而言，《习近平外交思想学习纲要》指出：“我们要在总结实践经验的基础上，丰富和发展对外工作理念，使我国对外工作有鲜明的中国特色、中国风格、中国气派。要坚持中国共产党领导和中国特色社会主义，坚持我国的发展道路、社会制度、文化传统、价值观念……高举中国特色社会主义伟大旗帜，更加自信地展示我国国家制度和国家治理体系的显著优势。中国特色社会主义制度和国家治理体系是以马克思主义为指导、植根中国大地、具有深厚中华文化根基、深得人民拥护的制度和治理体系，是具有强大生命力和巨大优越性的制度和治理体系，是能够持续推动拥有十四亿多人口大国进步和发展、确保拥有五千多年文明史的中华民族实现'两个一百年'奋斗目标进而实现伟大复兴的制度和治理体系。"①《习近平法治思想学习纲要》指出："中国特色社会主义制度是中国特色社会主义法治体系的根本制度基础，是全面推进依法治国的根本制度保障。习近平总书记指出：'衡量一个社会制度是否科学、是否先进，主要看是否符合国情、是否有效管用、是否得到人民拥护。'当今世界正经历百年未有之大变局，国与国的竞争日益激烈，归根结底是国家制度的竞争。中国发展呈现出'风景这边独好'的局面，这其中很重要的原因就是我国国家制度和法律制度具有显著优越性和强大生命力。实践证明，我们党把马克思主义基本原理同中国具体实际、同中华优秀传统文化结合起来，在古老的东方大国建立起保证亿万人民当家作主的新型国家制度，保障我国创造出经济快速发展、社会长期稳定的奇迹，也为发展中国家走向现代化提供了全新选择，为人类探索建设更好社会制度贡献了中国智慧和中国方案。"②

就"维护国家主权、安全、发展利益"而言，《习近平外交思想学习纲要》指出："维护国家主权、安全、发展利益是我国对外工作的出发点和

---

① 中共中央宣传部、中华人民共和国外交部编：《习近平外交思想学习纲要》，人民出版社、学习出版社 2021 年版，第 34 ~ 35、84 ~ 85 页。

② 中共中央宣传部、中央全面依法治国委员会办公室编：《习近平法治思想学习纲要》，人民出版社、学习出版社 2021 年版，第 39 ~ 40 页。

落脚点，是中国外交的神圣使命。新中国成立以来，在中国共产党坚强领导下，中国外交敢于斗争，善于斗争，坚决有效维护国家主权、安全、发展利益，为国家建设、改革发展和民族复兴保驾护航。党的十八大以来，以习近平同志为核心的党中央坚定不移把维护国家主权、安全、发展利益放在对外工作的首要位置，作出一系列重要指示和重大决策部署，采取一系列开创性重大举措，有力维护和塑造了有利于国家发展和民族复兴的良好外部环境。"①

第十八条

条文内容

中华人民共和国推动践行全球发展倡议、全球安全倡议、全球文明倡议，推进全方位、多层次、宽领域、立体化的对外工作布局。

中华人民共和国促进大国协调和良性互动，按照亲诚惠容理念和与邻为善、以邻为伴方针发展同周边国家关系，秉持真实亲诚理念和正确义利观同发展中国家团结合作，维护和践行多边主义，参与全球治理体系改革和建设。

---

① 中共中央宣传部、中华人民共和国外交部编：《习近平外交思想学习纲要》，人民出版社、学习出版社2021年版，第61页。

条文释义

本条规定了我国发展对外关系的总体战略：（1）推动践行全球发展倡议、全球安全倡议、全球文明倡议，推进全方位、多层次、宽领域、立体化的对外工作布局；（2）促进大国协调和良性互动，按照亲诚惠容理念和与邻为善、以邻为伴方针发展同周边国家关系，秉持真实亲诚理念和正确义利观同发展中国家团结合作，维护和践行多边主义，参与全球治理体系改革和建设。

（一）推动践行全球发展倡议、全球安全倡议、全球文明倡议，推进全方位、多层次、宽领域、立体化的对外工作布局

“全球发展倡议、全球安全倡议、全球文明倡议”与“全方位、多层次、宽领域、立体化”的对外关系布局相辅相成，相互促进。发展、安全、文明关涉各国共同利益，是国际社会共同关注的重要议题。推动全球发展倡议、全球安全倡议、全球文明倡议，有利于增进国际社会的共识和合作，促进国际关系的和平、稳定和繁荣。全方位、多层次、宽领域、立体化的对外工作布局是我国实现全球发展倡议、全球安全倡议、全球文明倡议的重要途径和手段。通过建立广泛的国际合作网络、加强多边和双边合作机制、深化各领域交流与合作，我国可以更好地推动全球发展、安全、文明的进程，为国际社会提供更多实实在在的利益。

1. 全球发展倡议、全球安全倡议、全球文明倡议

“全球发展倡议”旨在促进可持续发展，通过合作推动全球经济、社会、环境更加绿色、健康地发展，共同努力实现联合国 2030 年可持续发展议程目标。全球发展倡议强调合作、包容、可持续的发展理念，旨在构

建一个公正、和谐、共赢的国际合作框架，共同推动全球发展迈向平衡协调包容的新阶段。

“全球安全倡议”着眼于维护全球和地区安全稳定，推动国际社会共同应对各种安全威胁与挑战。这既包括传统安全领域，如军事冲突和恐怖主义，也包括非传统安全问题，如公共卫生、网络安全和气候变化等。这一倡议旨在促进国际关系的和平与稳定，强调国际社会通过多边合作、对话与协商解决分歧，构建共同的安全体系。

“全球文明倡议”强调理解、尊重与合作，促进各文明之间的平等对话和互鉴，主张通过文化交流，推动人类文明共同繁荣，弘扬文明多样性。该倡议关注文明之间的相互尊重，加深不同文明之间的相互了解与合作，促进文明的包容、共生，构建更加开放、多元的国际社会。

以上三项倡议共同彰显了我国在全球事务中积极参与的态度，表达了我国愿意与其他国家共同推动全球发展、安全与文明的立场，体现出我国长期坚持的多边主义与合作共赢的理念，并致力于构建和谐、稳定、公正的国际秩序。

2. 全方位、多层次、宽领域、立体化

“全方位、多层次、宽领域、立体化”形成于改革开放以来党和国家就外交布局和对外开放格局的论述。该表述反映了我国对于国际环境变化、全球化趋势以及自身国家利益的深刻认识，旨在更好地适应和引导国际格局的发展。

“全方位”指的是我国同别国发展对外关系时，不论国家大小、发展程度如何、属于什么性质和类型，都坚持独立自主的和平外交政策与和平共处五项原则，在坚持不结盟原则的前提下广交朋友，积极开创友好合作新局面。[1] “多层次”是指我国的对外工作布局与国际环境的复杂性相对应，呈现出“周边关系是首要、大国关系是关键、发展中国家关系是基础、多边外交是舞台、公共外交是补充”的层次。[2] “宽领域”表示我国的对外交往着眼于政治、经济、能源、科技、安全、人文等广泛的领域。“立体化”指的是我国构筑了包括传统的国别与区域外交、应对全球性问题的领域外交、丰富多样的外交方式三大方面的立体框架，形成一个相得益彰的有机整体。[3]

（二）促进大国协调和良性互动，按照亲诚惠容理念和与邻为善、以邻为伴方针发展同周边国家关系，秉持真实亲诚理念和正确义利观同发展中国家团结合作，维护和践行多边主义，参与全球治理体系改革和建设

推进大国协调与合作，发展同周边国家、发展中国家关系，维护和践行多边主义是我国的对外工作布局，[4]体现了我国发展对外关系开放、包容、合作的国际关系理念，强调国与国之间的平等相待、互利共赢，倡导通过合作实现共同发展和繁荣。

1. 大国关系

“大国”（great power）一词作为正式用语，源于1814年的《休蒙公约》（Treaty of Chaumont）。但至今尚无一个普遍接受的定义，或者说没

---

① 参见中共中央宣传部、中华人民共和国外交部编：《习近平外交思想学习纲要》，人民出版社、学习出版社2021年版，第119页。

② 参见晏振乐：《试论我国外交环境和战略布局的多层次性》，载《新西部（理论版）》2015年第20期。

③ 参见马振岗：《中国外交向立体化格局的全面发展》，载《国际问题研究》2010年第1期。

④ 参见王毅：《贯彻对外关系法，为新时代中国特色大国外交提供坚强法治保障》，载《人民日报》2023年6月29日，第6版。

有一个普遍使用的标准来界定大国。有外国学者认为，大国是指这样一些国家，它们在军事力量、政治威望和经济财富的权重方面，是如此巨大，以至于其政策和行动能够影响国际事务的进程。① 还有学者认为，界定“大国”的因素主要有两类：一是物质层面，即人口、领土、国家利益、经济发展、军事力量等；二是认知层面，即一国愿意以大国的身份行事，而且其他国家也认可其大国的地位。

大国是影响世界和平的决定性力量。发展同主要大国的关系是我国发展对外关系的重要组成部分。大国拥有更多的资源，具备更强的能力，有责任也有义务为维护国际和平与安全发挥更大作用，为人类发展与进步作出更多贡献。大国之间和睦才能世界和平，大国相互合作才有全球发展。习近平总书记指出：“**大国关系事关全球战略稳定，大国肩上都承担着特殊责任。中国致力于推进大国协调合作，期待大国和睦相处，不冲突不对抗、相互尊重、合作共赢，推动构建总体稳定、均衡发展的大国关系框架。**”②

2. 周边国家关系

周边是我国安身立命之所，发展繁荣之基。睦邻友好、互利合作是周边国家对华关系的主流。③ 截至 2023 年 10 月，我国已同周边 28 国（阿富汗、巴基斯坦、朝鲜、东帝汶、俄罗斯、菲律宾、哈萨克斯坦、韩国、吉尔吉斯斯坦、柬埔寨、老挝、马尔代夫、马来西亚、蒙古国、孟加拉国、缅甸、尼泊尔、日本、斯里兰卡、塔吉克斯坦、泰国、土库曼斯坦、文莱、乌兹

---

① 参见何其生：《大国司法理念与中国国际民事诉讼制度的发展》，载《中国社会科学》2017 年第 5 期。

② 参见中共中央宣传部、中华人民共和国外交部编：《习近平外交思想学习纲要》，人民出版社、学习出版社 2021 年版，第 122 页。

③ 参见《十五、推动构建以合作共赢为核心的新型国际关系——关于国际关系和我国外交战略》，载共产党员网，http://news.12371.cn/2016/05/11/ARTI1462909760161601.shtml?t=632086943627968750。

别克斯坦、新加坡、印度、印度尼西亚、越南)和东盟建立形式多样、内涵丰富的伙伴关系、合作关系或战略互惠关系。①

作为亚洲大家庭一员和负责任大国,中国高度重视周边外交,始终将周边置于外交全局首要位置,始终致力于促进地区和平稳定与发展繁荣。②

3. 发展中国家关系

发展中国家是指亚洲、非洲、拉丁美洲那些在历史上曾经是殖民地、半殖民地和附属国,后来摆脱了殖民统治,取得了民族独立和国家主权,目前经济水平尚未达到发达国家水平的国家。在经历了半个世纪艰难而曲折的发展历程之后,发展中国家正在成为世界舞台上一支不容忽视的重要力量,成为影响世界和平与繁荣的决定性因素。没有发展中国家的积极参与,世界上的任何重大问题都无法得到根本的解决。从某种意义上讲,发展中国家的命运,就是整个人类的命运;发展中国家的未来,就是整个世界的未来。③

中国是世界上最大的发展中国家。新中国成立以来,始终高度重视同发展中国家的友好合作关系,同广大发展中国家在争取民族独立、推动国家发展的事业中相互支持、相互帮助,同呼吸、共命运、齐发展,传统友谊不断巩固,关系水平不断提升。④

4. 维护和践行多边主义,参与全球治理体系改革和建设

多边主义是国际关系中的一种合作理念和制度安排,其核心是

① 参见新华社:《新时代中国的周边外交政策展望(全文)》,载新华网,https://www.news.cn/politics/2023-10/24/c_1129935778.htm。

② 参见中共中央宣传部、中华人民共和国外交部编:《习近平外交思想学习纲要》,人民出版社、学习出版社2021年版,第131、134页。

③ 参见彭刚:《发展中国家的定义、构成与分类》,载《教学与研究》2004年第9期。

④ 参见中共中央宣传部、中华人民共和国外交部编:《习近平外交思想学习纲要》,人民出版社、学习出版社2021年版,第137页。

通过多边合作与协商解决国际问题。多边主义强调通过联合国及其专门机构和国际法、国际协定等多边框架，使各国在全球事务中共同参与、共同管理和解决问题，推动国际社会朝着合作、共赢的方向发展。全球治理即各国政府及其部门、国际组织等通过参与、协商和多边行动等各种方式治理国际公共性问题。全球治理过程中主客体的互动性与复杂性要求将“治理”的理念作为其制度规定和实践范式，由此全球治理体系应运而生。[①] 随着国际力量对比消长变化和全球性挑战日益增多，加强全球治理、推动全球治理体系改革成为大势所趋。

经典导读

在当今世界，全球发展、安全和文明交流已成为国际关系中不可或缺的重要议题。中国作为世界上重要的大国之一，在发展对外关系时，不断加强与各国的合作与交流，积极构建全方位、多层次、立体化的对外工作布局。

（一）全球发展倡议、全球安全倡议、全球文明倡议

全球发展倡议、全球安全倡议、全球文明倡议三者构成一个相互联系的有机整体。在第七十六届联合国大会一般性辩论上，习近平总书记对全球发展倡议强调了六个方面的内涵：“**一是坚持发展优先。将发展置于全球宏观政策框架的突出位置，加强主要经济体政策协调，保持连**

① 参见刘同舫：《人类命运共同体对全球治理体系的历史性重构》，载《四川大学学报（哲学社会科学版）》2020 年第 5 期。

续性、稳定性、可持续性,构建更加平等均衡的全球发展伙伴关系,推动多边发展合作进程协同增效,加快落实联合国2030年可持续发展议程。二是坚持以人民为中心。在发展中保障和改善民生,保护和促进人权,做到发展为了人民、发展依靠人民、发展成果由人民共享,不断增强民众的幸福感、获得感、安全感,实现人的全面发展。三是坚持普惠包容。关注发展中国家特殊需求,通过缓债、发展援助等方式支持发展中国家尤其是困难特别大的脆弱国家,着力解决国家间和各国内部发展不平衡、不充分问题。四是坚持创新驱动。抓住新一轮科技革命和产业变革的历史性机遇,加速科技成果向现实生产力转化,打造开放、公平、公正、非歧视的科技发展环境,挖掘疫后经济增长新动能,携手实现跨越发展。五是坚持人与自然和谐共生。完善全球环境治理,积极应对气候变化,构建人与自然生命共同体。加快绿色低碳转型,实现绿色复苏发展。中国将力争2030年前实现碳达峰、2060年前实现碳中和,这需要付出艰苦努力,但我们会全力以赴。中国将大力支持发展中国家能源绿色低碳发展,不再新建境外煤电项目。六是坚持行动导向。加大发展资源投入,重点推进减贫、粮食安全、抗疫和疫苗、发展筹资、气候变化和绿色发展、工业化、数字经济、互联互通等领域合作,构建全球发展命运共同体。"①

在博鳌亚洲论坛2022年年会开幕式上,习近平总书记提出了"全球安全倡议":"坚持共同、综合、合作、可持续的安全观,共同维护世界和平和安全;坚持尊重各国主权、领土完整,不干涉别国内政,尊重各国人民自主选择的发展道路和社会制度;坚持遵守联合国宪章宗旨和原则,摒弃冷战思维,反对单边主义,不搞集团政治和阵营对抗;坚持重视各国

① 《习近平出席第七十六届联合国大会一般性辩论并发表重要讲话》,载中国政府网,https://www.gov.cn/xinwen/2021-09/22/content_5638596.htm。

合理安全关切，秉持安全不可分割原则，构建均衡、有效、可持续的安全架构，反对把本国安全建立在他国不安全的基础之上；坚持通过对话协商以和平方式解决国家间的分歧和争端，支持一切有利于和平解决危机的努力，不能搞双重标准，反对滥用单边制裁和'长臂管辖'；坚持统筹维护传统领域和非传统领域安全，共同应对地区争端和恐怖主义、气候变化、网络安全、生物安全等全球性问题。"①

在中国共产党与世界政党高层对话会上，习近平总书记提出了全球文明倡议："我们要共同倡导尊重世界文明多样性，坚持文明平等、互鉴、对话、包容，以文明交流超越文明隔阂、文明互鉴超越文明冲突、文明包容超越文明优越。我们要共同倡导弘扬全人类共同价值，和平、发展、公平、正义、民主、自由是各国人民的共同追求，要以宽广胸怀理解不同文明对价值内涵的认识，不将自己的价值观和模式强加于人，不搞意识形态对抗。我们要共同倡导重视文明传承和创新，充分挖掘各国历史文化的时代价值，推动各国优秀传统文化在现代化进程中实现创造性转化、创新性发展。我们要共同倡导加强国际人文交流合作，探讨构建全球文明对话合作网络，丰富交流内容，拓展合作渠道，促进各国人民相知相亲，共同推动人类文明发展进步。我们愿同国际社会一道，努力开创世界各国人文交流、文化交融、民心相通新局面，让世界文明百花园姹紫嫣红、生机盎然。"②

（二）全方位、多层次、宽领域、立体化的对外工作布局

"全方位、多层次、宽领域、立体化的对外工作布局"这一表述可见

① 《习近平在博鳌亚洲论坛 2022 年年会开幕式上发表主旨演讲》，载中国政府网，https://www.gov.cn/xinwen/2022-04/21/content_5686422.htm。

② 习近平：《携手同行现代化之路——在中国共产党与世界政党高层对话会上的主旨讲话》，人民出版社 2023 年版，第 8~9 页。

于2021年党的十九届六中全会上通过的《中共中央关于党的百年奋斗重大成就和历史经验的决议》:“党把握新时代外交工作大局,紧扣服务民族复兴、促进人类进步这条主线,高举和平、发展、合作、共赢的旗帜,推进和完善全方位、多层次、立体化的外交布局,积极发展全球伙伴关系。”①

(三)大国关系

就我国对外交往中的大国关系而言,《习近平外交思想学习纲要》指出:“发展同主要大国的关系是中国对外关系的重要组成部分。大国拥有更多的资源,具备更强的能力,有责任也有义务为维护国际和平与安全发挥更大作用,为人类发展与进步作出更多贡献。大国之间和睦才能世界和平,大国相互合作才有全球发展。习近平总书记指出,大国关系事关全球战略稳定,大国肩上都承担着特殊责任。中国致力于推进大国协调合作,期待大国和睦相处,不冲突不对抗、相互尊重、合作共赢,推动构建总体稳定、均衡发展的大国关系框架。”②

(四)周边国家关系

就我国对外交往中的周边国家关系而言,《习近平外交思想学习纲要》指出:“周边是我国安身立命之所,发展繁荣之基。无论从地理方位、自然环境还是相互关系看,周边对我国都具有极为重要的战略意义。新中国成立后,党中央始终高度重视周边外交,提出了一系列重要战略思想和方针政策,开创和发展了总体有利的周边环境,为我

---

① 《中共中央关于党的百年奋斗重大成就和历史经验的决议》,载《人民日报》2021年11月17日,第1版。

② 中共中央宣传部、中华人民共和国外交部编:《习近平外交思想学习纲要》,人民出版社、学习出版社2021年版,第122页。

们继续做好周边外交工作打下了坚实基础。党的十八大以来,以习近平同志为核心的党中央在保持外交大政方针延续性和稳定性的基础上,积极运筹外交全局,突出周边在我国发展大局和外交全局中的重要作用,开展了一系列重大外交活动,进一步丰富和发展了周边外交战略方针。”①

(五)发展中国家关系

我国与发展中国家的友好合作关系源远流长。1974 年毛泽东初次提出关于“三个世界”划分的战略思想。这一思想的基本点是:美国、苏联是第一世界;亚非拉和其他地区的发展中国家是第三世界;处于这两者之间的发达国家是第二世界。这“三个世界”互相联系又互相矛盾。中国作为第三世界的一员,要加强同广大第三世界国家的团结,争取第二世界国家,联合反对超级大国的控制和压迫;在与第一世界美苏两个超级大国的霸权主义展开斗争时,还特别注意联合威胁较小的一方,集中力量反对更加危险的苏联霸权主义。②

《习近平外交思想学习纲要》指出:“广大发展中国家是我国在国际事务中的天然同盟军,要坚持正确义利观,做好同发展中国家团结合作的大文章。义,反映的是我们的一个理念,共产党人、社会主义国家的理念。这个世界上一部分人过得很好,一部分人过得很不好,不是个好现象。真正的快乐幸福是大家共同快乐、共同幸福。我们希望全世界共同发展,特别是希望广大发展中国家加快发展。利,就是要恪守互利共赢原则,不搞我赢你输,要实现双赢。在外交工作中要妥善处理义和利的

---

① 中共中央宣传部、中华人民共和国外交部编:《习近平外交思想学习纲要》,人民出版社、学习出版社 2021 年版,第 131 页。

② 参见《党史百问|毛泽东关于“三个世界”划分的历史背景和基本内涵是什么?》,载共产党员网,https://www.12371.cn/2022/07/13/ARTI1657667464380136.shtml。

关系,政治上主持公道、伸张正义,经济上互利共赢、共同发展,国际事务中讲信义、重情义、扬正义、树道义,做到义利兼顾、义利平衡。做周边国家和发展中国家工作一定要坚持正确义利观。只有坚持正确义利观才能把工作做好,做到人的心里去。我们有义务对贫穷的国家给予力所能及的帮助,有时甚至要重义轻利、舍利取义,绝不能惟利是图、斤斤计较。"①

(六)多边主义与全球治理体系

世界上的问题错综复杂,解决问题的出路是维护和践行多边主义,推动构建人类命运共同体。党的二十大报告指出:"中国积极参与全球治理体系改革和建设,践行共商共建共享的全球治理观,坚持真正的多边主义,推进国际关系民主化,推动全球治理朝着更加公正合理的方向发展。"②《习近平外交思想学习纲要》概括了如下四个方面:"坚持开放包容,不搞封闭排他。多边主义的要义是国际上的事由大家共同商量着办,世界前途命运由各国共同掌握。在国际上搞'小圈子'、'新冷战',排斥、威胁、恐吓他人,动不动就搞脱钩、断供、制裁,人为造成相互隔离甚至隔绝,只能把世界推向分裂甚至对抗。……坚持以国际法则为基础,不搞唯我独尊。国际社会应该按照各国共同达成的规则和共识来治理,而不能由一个或几个国家来发号施令。……坚持协商合作,不搞冲突对抗。各国历史文化和社会制度差异不是对立对抗的理由,而是合作的动力。要尊重和包容差异,不干涉别国内政,通过协商对话解决分

---

① 中共中央宣传部、中华人民共和国外交部编:《习近平外交思想学习纲要》,人民出版社、学习出版社2021年版,第137~138页。

② 习近平:《高举中国特色社会主义伟大旗帜 为全面建设社会主义现代化国家而团结奋斗——在中国共产党第二十次全国代表大会上的报告(2022年10月16日)》,人民出版社2022年版,第62页。

歧。……坚持与时俱进,不搞故步自封。世界正在经历百年未有之大变局,既是大发展的时代,也是大变革的时代。二十一世纪的多边主义要守正出新、面向未来,既要坚持多边主义的核心价值和基本原则,也要立足世界格局变化,着眼应对全球性挑战需要,在广泛协商、凝聚共识基础上改革和完善全球治理体系。"①

第十九条

条文内容

中华人民共和国维护以联合国为核心的国际体系,维护以国际法为基础的国际秩序,维护以联合国宪章宗旨和原则为基础的国际关系基本准则。

中华人民共和国坚持共商共建共享的全球治理观,参与国际规则制定,推动国际关系民主化,推动经济全球化朝着开放、包容、普惠、平衡、共赢方向发展。

① 中共中央宣传部、中华人民共和国外交部编:《习近平外交思想学习纲要》,人民出版社、学习出版社 2021 年版,第 161 ~ 162 页。

条文释义

本条规定了我国的全球治理观:①(1)维护以联合国为核心的国际体系,维护以国际法为基础的国际秩序,维护以联合国宪章宗旨和原则为基础的国际关系基本准则;(2)坚持共商共建共享的全球治理观,参与国际规则制定,推动国际关系民主化,推动经济全球化朝着开放、包容、普惠、平衡、共赢方向发展。

(一)维护以联合国为核心的国际体系,维护以国际法为基础的国际秩序,维护以联合国宪章宗旨和原则为基础的国际关系基本准则

1. 以联合国为核心的国际体系

联合国是第二次世界大战后建立起来的最具普遍性、代表性和权威性的政府间国际组织,自成立以来,在维护世界和平、促进共同发展、推动国际合作方面发挥了不可替代的重要作用,做出了有目共睹的重大贡献。作为最大的发展中国家和联合国安理会常任理事国,中国一贯高度重视并积极参与、支持联合国工作。②“以联合国为核心的国际体系”是指以联合国为主要组成部分和核心机构的全球性国际合作框架。这一体系建立在《联合国宪章》的基础上,旨在通过多边主义的原则推动国际社会在政治、经济、安全、社会等多个领域的合作和协调。

---

① 参见王毅:《贯彻对外关系法,为新时代中国特色大国外交提供坚强法治保障》,载《人民日报》2023年6月29日,第6版。

② 参见中共中央宣传部、中华人民共和国外交部编:《习近平外交思想学习纲要》,人民出版社、学习出版社2021年版,第162~163页。

2. 以国际法为基础的国际秩序

国际法是在国际交往中形成的，用于调整国际关系（主要是国家间关系）的，有法律约束力的各种原则、规则和制度的总称。① “以国际法为基础的国际秩序”体现的规则观是确认以《联合国宪章》为基础和核心的国际法是调整国际关系的权威规则体系，同时不排除不违反国际法的其他规则在国际秩序中的作用。“以国际法为基础的国际秩序”是“以规则为基础的国际秩序”的相对概念：后者很大程度上追求的是国内法凌驾于国际法、区域国际法凌驾于普遍国际法以及将国际法泛政治化的规则观。这种规则观损害了国际法在国际秩序中的作用，违背了完善全球治理和推动建立更加公正合理的国际秩序的时代要求。②

3. 以联合国宪章宗旨和原则为基础的国际关系基本准则

《联合国宪章》的宗旨涵盖如下四个方面：第一，维持国际和平与安全；第二，发展各国间的友好关系；第三，促进国际合作；第四，协调各国行动。《联合国宪章》确立了如下七项原则，成为现代国际法的基本原则，即会员国主权平等、善意履行宪章义务、和平解决国际争端、禁止武力相威胁或使用武力、集体协助、确保非会员国遵守宪章原则、不干涉内政。③ 上述内容构成了我国处理国际关系的根本遵循，这也是国际秩序稳定的重要基石，必须毫不动摇加以维护。

自中国恢复联合国合法席位以来，历届党和国家领导人多次对中国

---

① 参见梁西原著主编、王献枢副主编、曾令良修订主编：《国际法》（第3版），武汉大学出版社2011年版，第3页。

② 参见蔡从燕：《论“以国际法为基础的国际秩序”》，载《中国社会科学》2023年第1期。

③ 参见梁西原著主编、王献枢副主编、曾令良修订主编：《国际法》（第3版），武汉大学出版社2011年版，第53、300～301页。

对联合国、国际关系及国际秩序的立场作出阐释。① “维护以联合国为核心的国际体系,维护以国际法为基础的国际秩序,维护以联合国宪章宗旨和原则为基础的国际关系基本准则”反映了中国对国际关系和国际秩序的立场,即世界只有一个体系,就是以联合国为核心的国际体系。②习近平主席在2021年9月第76届联合国大会一般性辩论上指出:“**只有一个秩序,就是以国际法为基础的国际秩序。只有一套规则,就是以联合国宪章宗旨和原则为基础的国际关系基本准则**。”③当今世界发生的各种对抗和不公,不是因为联合国宪章宗旨和原则过时了,而恰恰是由于这些宗旨和原则未能得到有效履行。④ 我国坚定维护以联合国宪

---

① 1995年,时任国家主席江泽民在联合国成立50周年特别纪念会议上发表题为《让我们共同缔造一个更美好的世界》的重要讲话指出:“相互尊重主权和领土完整、互不侵犯、互不干涉内政、平等互利和和平共处等项原则,应该成为各国共同遵守的国际关系准则。”参见《江泽民出席联合国成立50周年特别纪念会议》,载共产党员网,https://news.12371.cn/2015/09/28/ARTI1443385432145990.shtml。2000年9月6日,在联合国千年首脑会议上,江泽民提出:“联合国作为世界上最有代表性、最具权威的主权国家间的国际组织,在维护世界和平、促进共同发展,建立公正合理的国际政治经济新秩序方面,具有不可替代的作用。展望新世纪,联合国肩负的任务更加艰巨。联合国的积极作用只能加强而不能削弱,联合国的权威必须维护而不能损害。我们要坚决维护联合国宪章的宗旨和原则,继续发挥联合国及其安理会在处理国际事务、维护世界和平方面的积极作用,确保全体会员国平等参与国际事务的权利。任何国家或国家集团在处理国际事务中,都不应对联合国采取需要时则利用之、不需要时则抛弃之的态度。”参见江泽民:《在联合国千年首脑会议上的讲话》,载中共中央文献研究室编:《十五大以来重要文献选编》(中),人民出版社2001年版,第1356页。胡锦涛同志在博鳌亚洲论坛2008年年会开幕式上的演讲表述为:“中国遵循联合国宪章宗旨和原则,恪守国际法和公认的国际关系准则,在国际关系中弘扬民主、和睦、协作、共赢精神……推动国际秩序朝着更加公正合理的方向发展。”参见胡锦涛:《坚持改革开放 推进合作共赢——在博鳌亚洲论坛2008年年会开幕式上的演讲》,载《人民日报》2008年4月13日,第2版。

② 参见蔡从燕:《论“以国际法为基础的国际秩序”》,载《中国社会科学》2023年第1期。

③ 《习近平谈治国理政》(第四卷),外文出版社2022年版,第470页。

④ 参见《习近平在中共中央政治局第二十七次集体学习时强调 推动全球治理体制更加公正更加合理 为我国发展和世界和平创造有利条件》,载共产党员网,https://news.12371.cn/2015/10/13/ARTI1444729223695731.shtml。

章宗旨和原则为核心的国际秩序和国际体系,积极有为地维护国际和平和安全,持之以恒地推进共同发展。

(二)坚持共商共建共享的全球治理观,参与国际规则制定,推动国际关系民主化,推动经济全球化朝着开放、包容、普惠、平衡、共赢方向发展

1. 共商共建共享的全球治理观

"共商共建共享的全球治理观"是指我国提出的一种全球治理理念,强调国际社会在解决全球性问题、推动全球治理中应该采取共商、共建、共享的方式。"共商"意味着国际事务应该通过平等对话和协商来解决。各国应该在平等的基础上共同参与决策过程,而不是通过单方面的强制或单边主义;应该坚持多边主义的原则,通过协商达成共识。"共建"强调国际社会应该共同建设全球治理框架和机制,意味着各国应该共同参与和建设全球性组织、合作机制,推动国际关系朝着更加公正、平等、包容的方向发展。"共享"表明全球治理的成果和机制应该惠及所有国家和人民,而不是受益于少数国家或特定群体,表明国际社会应该共同分享全球经济增长的成果,共同应对全球性挑战,实现共同繁荣。

2. 参与国际规则制定

当今世界,全球治理体制变革正处在历史转折点上。世界上的事情越来越需要各国共同商量着办,建立国际机制、遵守国际规则、追求国际正义成为多数国家的共识。若只是被动接受别人制定的游戏规则,必然无法在全球治理中发挥积极主动的作用。[①] 一方面,世界命运应该由各国共同掌握,国际规则应该由各国共同书写;另一方面,国际规则不是谁

① 参见庞中英、王瑞平:《全球治理:中国的战略应对》,载《国际问题研究》2013 年第 4 期。

的胳膊粗、气力大谁就说了算,更不能搞实用主义、双重标准,合则用、不合则弃。①

我国应当主动参与并努力引领国际规则制定,推动形成公正合理透明的国际规则体系,提高我国在全球治理体系变革中的话语权和影响力。对不公正不合理、不符合国际格局演变大势的国际规则和国际机制,要提出改革方案,推动全球治理变革。

3. 推动国际关系民主化

"国际关系民主化"是我国所倡导的在国际事务中实现更为民主、平等、广泛参与的理念。民主是全人类的共同价值,民主不仅是国内治理的方式,也是全球治理的原则,在一国内体现为人民当家作主,在国家间则体现为国际关系民主化。国际关系民主化是世界多极化、经济全球化、社会信息化、文化多样化深入发展的客观需要,也是应对全球性挑战、推动构建人类命运共同体的内在要求。② 在 20 世纪东西方冷战时期,所谓"集团政治""势力范围"等方式都没有处理好国与国关系,反而带来了矛盾、激化了局势。随着世界多极化和经济全球化深入发展,全球性挑战日益增多,新兴市场国家和发展中国家推动国际秩序朝着更加公正合理方向发展的呼声越来越高,国际关系民主化不可阻挡。中国特色大国外交坚持国际关系民主化,坚持和平共处五项原则,坚持国家不分大小、强弱、贫富都是国际社会平等成员,坚持世界的命运必须由各国人民共同掌握,维护国际公平正义,特别是要为广大发展中国家说话。③

---

① 参见中共中央宣传部、中华人民共和国外交部编:《习近平外交思想学习纲要》,人民出版社、学习出版社 2021 年版,第 54、149 页。

② 参见肖永平:《为国际关系民主化提供规则保障》,载《人民日报》2022 年 1 月 14 日,第 9 版。

③ 参见中共中央宣传部、中华人民共和国外交部编:《习近平外交思想学习纲要》,人民出版社、学习出版社 2021 年版,第 13、35 页。

4. 开放、包容、普惠、平衡、共赢

“开放、包容、普惠、平衡、共赢”有助于解决经济全球化过程中的不平等问题，确保各国和各利益相关方在经济全球化中能够共享发展成果。“开放”强调国际贸易、投资和资本流动的开放性；开放的经济有助于促进资源的有效配置、技术的传播、经济的创新。“包容”使更多的个人、企业和国家能够分享全球经济发展的机会，减少贫困，提高就业水平，促进社会公正和包容性增长。“普惠”着眼于确保全球经济发展惠及广泛，不是局限于少数发达国家或企业，而是要推动全球产业链的合作，促使发展中国家能够更好地融入全球价值链，分享科技成果、管理经验和市场机遇。“平衡”意味着在全球经济体系中追求平衡发展，避免出现极端的贸易失衡、投资失衡等问题，通过确立和实施协调政策、改革制度，促使各国经济在全球经济中相对均衡地发展。“共赢”强调通过合作和协商解决分歧，实现各方的共同利益，通过推崇共赢理念，鼓励国际合作与交流，促进国际社会形成互利共赢的合作关系。

经典导读

就“维护以联合国为核心的国际体系”，《习近平外交思想学习纲要》指出：“联合国是第二次世界大战后建立起来的最具普遍性、代表性和权威性的政府间国际组织，自成立以来，在维护世界和平、促进共同发展、推动国际合作方面发挥了不可替代的重要作用，作出了有目共睹的重大贡献。作为最大的发展中国家和联合国安理会常任理事国，中国一贯高度重视并积极参与、支持联合国工作。

“习近平总书记指出，联合国诞生于世界反法西斯战争的硝烟中，寄托着全世界对共建和平、共享发展的崇高理想，也是各方为实现这一愿景而搭建起来的平台。当前,国际形势和世界格局都在发生深刻的调整变化,一些威胁和挑战在增加,各方对联合国的期待也在上升,希望联合国发挥更大作用。联合国的地位同以前相比不是下降了,而是上升了,世界比以往更加需要一个强有力的联合国。新冠肺炎疫情放大了全球治理体系中不适应、不匹配的问题。各方应该思考如何加以完善,而不是推倒重来,另搞一套。世界上只有一个体系,就是以联合国为核心的国际体系;只有一套规则,就是以联合国宪章为基础的国际关系基本准则。联合国是多边主义的旗帜,应坚定不移地维护联合国宪章宗旨和原则,积极有为地维护国际和平和安全,持之以恒地推进共同发展。中国支持联合国安理会进行合理、必要改革,以更好履行联合国宪章赋予的职责。联合国安理会要发挥集体安全机制作用,常任理事国要作表率。搞单边主义和霸权必失人心。"①

"共商、共建、共享"是与"一带一路"倡议共同发展起来的概念。2015 年习近平主席在新加坡国立大学的讲话中指出:"两年前,我在访问中亚和东南亚时,提出建设'一带一路'的设想。这是发展的倡议、合作的倡议、开放的倡议,强调的是共商、共建、共享的平等互利方式。"②2015 年中共中央政治局第二十七次集体学习进一步将"共商、共建、共享"总结为全球治理观:"要推动全球治理理念创新发展,积极发掘中华文化中积极的处世之道和治理理念同当今时代的共鸣点,继续丰富打造人类命运共同体等主张,弘扬共商共建共享的全球治理理念。"③这一表

① 中共中央宣传部、中华人民共和国外交部编:《习近平外交思想学习纲要》,人民出版社、学习出版社 2021 年版,第 162 ~ 164 页。

② 习近平:《深化合作伙伴关系 共建亚洲美好家园——在新加坡国立大学的演讲》,载《人民日报》2015 年 11 月 8 日,第 2 版。

③ 《习近平在中共中央政治局第二十七次集体学习时强调 推动全球治理体制更加公正更加合理 为我国发展和世界和平创造有利条件》,载共产党员网,https://news.12371.cn/2015/10/13/ARTI1444729223695731.shtml。

述也见于党的十九大报告:“中国秉持共商共建共享的全球治理观,倡导国际关系民主化,坚持国家不分大小、强弱、贫富一律平等,支持联合国发挥积极作用,支持扩大发展中国家在国际事务中的代表性和发言权。”①

“国际关系民主化”的表述出现在党的二十大报告中:“中国积极参与全球治理体系改革和建设,践行共商共建共享的全球治理观,坚持真正的多边主义,推进国际关系民主化,推动全球治理朝着更加公正合理的方向发展。”②《习近平外交思想学习纲要》指出:“近年来中国倡导的伙伴关系主张对话而不对抗、结伴而不结盟,致力于走出一条国与国交往新路。这种伙伴关系不设假想敌,不针对第三方,致力于以共赢而非零和的理念处理国与国的交往,注重寻求各国共同利益的汇合点,从根本上摒弃了国际关系中以大欺小、以强凌弱、以富压贫的强权行径,摒弃了结盟对抗的旧思维,超越了零和博弈的老套路,为各国平等参与国际事务、推动国际关系民主化和法治化注入了新动力。”③

“开放、包容、普惠、平衡、共赢”的表述可见于2017年5月14日习近平主席在北京举行的“一带一路”国际合作高峰论坛开幕式上的演讲:“当然,我们也要着力解决发展失衡、治理困境、数字鸿沟、分配差距等问题,建设开放、包容、普惠、平衡、共赢的经济全球化。”④此后在2017年党的十九大报告、2019年《新时代的中国与世界》白皮书等均有涉及

---

① 习近平:《决胜全面建成小康社会　夺取新时代中国特色社会主义伟大胜利——在中国共产党第十九次全国代表大会上的报告》,人民出版社2017年版,第60页。

② 习近平:《高举中国特色社会主义伟大旗帜　为全面建设社会主义现代化国家而团结奋斗——在中国共产党第二十次全国代表大会上的报告(2022年10月16日)》,人民出版社2022年版,第62页。

③ 中共中央宣传部、中华人民共和国外交部编:《习近平外交思想学习纲要》,人民出版社、学习出版社2021年版,第120页。

④ 习近平:《携手推进“一带一路”建设——在“一带一路”国际合作高峰论坛开幕式上的演讲》,人民出版社2017年版,第10页。

关于“开放、包容、普惠、平衡、共赢”的表述。①《习近平外交思想学习纲要》指出：“经济全球化是历史大势，促成了贸易大繁荣、投资大便利、人员大流动、技术大发展。各国应该坚持你好我好大家好的理念，推进开放、包容、普惠、平衡、共赢的经济全球化，创造全人类共同发展的良好条件，共同推动世界各国发展繁荣，让发展成果惠及世界各国，让人人享有富足安康。”②

第二十条

条文内容

中华人民共和国坚持共同、综合、合作、可持续的全球安全观，加强国际安全合作，完善参与全球安全治理机制。

中华人民共和国履行联合国安全理事会常任理事国责任，维护国际和平与安全，维护联合国安全理事会权威与地位。

中华人民共和国支持和参与联合国安全理事会授权的维持和平行

① 参见习近平：《决胜全面建成小康社会　夺取新时代中国特色社会主义伟大胜利——在中国共产党第十九次全国代表大会上的报告》，2017 年 10 月 18 日；国务院新闻办公室：《新时代的中国与世界》，载中国政府网，https://www.gov.cn/zhengce/2019-09/27/content_5433889.htm。

② 中共中央宣传部、中华人民共和国外交部编：《习近平外交思想学习纲要》，人民出版社、学习出版社 2021 年版，第 56 页。

动，坚持维持和平行动基本原则，尊重主权国家领土完整与政治独立，保持公平立场。

中华人民共和国维护国际军备控制、裁军与防扩散体系，反对军备竞赛，反对和禁止一切形式的大规模杀伤性武器相关扩散活动，履行相关国际义务，开展防扩散国际合作。

条文释义

本条规定了我国的全球安全观：(1)坚持共同、综合、合作、可持续的全球安全观，加强国际安全合作，完善参与全球安全治理机制；(2)履行联合国安全理事会常任理事国责任，维护国际和平与安全，维护联合国安全理事会权威与地位；(3)支持和参与联合国安全理事会授权的维持和平行动，坚持维持和平行动基本原则，尊重主权国家领土完整与政治独立，保持公平立场；(4)维护国际军备控制、裁军与防扩散体系，反对军备竞赛，反对和禁止一切形式的大规模杀伤性武器相关扩散活动，履行相关国际义务，开展防扩散国际合作。

（一）坚持共同、综合、合作、可持续的全球安全观，加强国际安全合作，完善参与全球安全治理机制

加强全球安全治理，坚持推进国际共同安全，需要高举合作、创新、法治、共赢的旗帜，推动树立共同、综合、合作、可持续的全球安全观，加强国际安全合作，完善全球安全治理体系，共同构建普遍安全的人类命运共同体。

1. 共同、综合、合作、可持续的安全观

“共同、综合、合作、可持续的安全观”的核心内涵是主张秉持共同

安全理念，尊重和保障每一个国家的安全；主张重视综合施策，统筹维护传统领域和非传统领域安全，协调推进安全治理；主张坚持合作之道，通过政治对话、和平谈判来实现安全；主张寻求可持续安全，通过发展化解矛盾，消除不安全的土壤。① 全球安全倡议的首要前提是坚持共同、综合、合作、可持续的安全观，共同维护世界和平和安全。

2. 全球安全治理与国际安全合作

当前，全球安全治理面临严峻的传统安全问题和非传统安全问题挑战。全球安全治理任重道远，推进全球安全治理变革成为维护世界和平的迫切要求。② 世界的普遍安全有赖于各国同舟共济、团结协作，构建人类安全共同体。为此，我国在全球安全倡议框架下开展与世界各国和国际、地区组织的双多边安全合作，积极推进安全理念对接和利益共融，共同促进世界和平安宁。③ 2023 年 2 月，我国发布了《全球安全倡议概念文件》，在全球安全倡议框架下提出 20 个重点合作方向，并就倡议合作平台和机制提出建议和设想。在《全球安全倡议概念文件》提出的 20 个重点合作方向中，既涉及推动政治解决国际和地区热点问题、联合国框架下维和行动、维护核不扩散体系、常规武器军控进程等传统军事安全领域，也涉及气候变化、信息、生物、外空、人工智能、公共卫生等非传统安全领域。④

---

① 参见《全球安全倡议概念文件（全文）》，载中国政府网，https://www.gov.cn/xinwen/2023-02/21/content_5742481.htm。

② 参见刘贞晔、罗震：《全球安全治理：挑战、出路与变革的"方法论"》，载《国家安全论坛》2024 年第 2 期。

③ 参见《全球安全倡议概念文件（全文）》，载中国政府网，https://www.gov.cn/xinwen/2023-02/21/content_5742481.htm。

④ 参见《携手践行全球安全倡议　共促世界持久和平安全——外交部部长助理农融在第十届北京香山论坛上的专题演讲》，载外交部官网，http://www.mfa.gov.cn/web/wjbxw_news/202310/t20231031_11171192.shtml。

(二)履行联合国安全理事会常任理事国责任,维护国际和平与安全,维护联合国安全理事会权威与地位

联合国安全理事会(安理会)由中国、法国、俄罗斯、英国、美国5个常任理事国和其他10个非常任理事国组成。联合国安全理事会的职权主要是执行性的,它是联合国组织体系中唯一有权根据宪章规定采取执行行动来维持国际和平与安全的机关,其有关决议对会员国具有约束力。其职权如下。

第一,和平解决争端方面的职权:安理会可以促请争端之当事国用和平方法解决其争端;[①]安理会可调查任何争端或可能引起国际摩擦或惹起争端之任何情势,以断定该项争端或情势之继续存在是否足以危及国际和平与安全之维持;[②]对于上述性质的争端或相似之情势,安理会可在任何阶段建议适当程序或调整方法;[③]联合国大会对于足以危及国际和平与安全之情势,得提请安理会注意;[④]联合国任何会员国得将属于《联合国宪章》第34条所指之性质之任何争端或情势,提请安全理事会或大会注意;[⑤]非联合国会员国之国家如为任何争端之当事国时,经预先声明就该争端而言接受《联合国宪章》所规定和平解决之义务后,得将该项争端提请大会或安理会注意;[⑥]秘书长得将其所认为可能威胁国际和平及安全之任何事件,提请安理会注意。[⑦]

第二,维持和平与制止侵略方面的职权:安理会应断定任何对和平

---

① 参见《联合国宪章》第33条。
② 参见《联合国宪章》第34条。
③ 参见《联合国宪章》第36条。
④ 参见《联合国宪章》第11条。
⑤ 参见《联合国宪章》第35条。
⑥ 参见《联合国宪章》第35条。
⑦ 参见《联合国宪章》第99条。

的威胁、破坏和平的行为或侵略行为是否存在;①安理会可促请有关当事国遵行联合国安全理事会认为必要或适当的临时措施,以防止情势恶化;②安理会可建议或决定采取不牵涉使用武力的措施,并促请会员国执行此等措施;③如认为上述措施不足,安理会可采取必要的武力行动(包括会员国的空、海、陆军示威,封锁或其他军事举动),以维持和恢复国际和平与安全。④

第三,其他方面的职权:负责拟具军备管制方案;⑤履行联合国托管制度下关于战略防区内之政治、经济、社会及教育事件之职务;⑥建议或决定应采取的措施以执行国际法院的判决;⑦向大会推荐新会员国和联合国秘书长;⑧向大会建议停止会员国的权利、特权和将会员国除名等。⑨

联合国安全理事会的权威在于,其是由5个常任理事国组成权力核心的维持国际和平与安全的主要机关。联合国安全理事会是维持国际和平与安全的主要机关,是联合国组织体系中唯一有权根据《联合国宪章》规定采取执行行动来维持国际和平与安全的机关,其有关决议对会员国具有约束力。所有会员国都有义务按照《联合国宪章》的规定执行安理会的决定。⑩

---

① 参见《联合国宪章》第39条。

② 参见《联合国宪章》第40条。

③ 参见《联合国宪章》第41条。

④ 参见《联合国宪章》第42条。

⑤ 参见《联合国宪章》第26条。

⑥ 参见《联合国宪章》第83条。

⑦ 参见《联合国宪章》第94条。

⑧ 参见《联合国宪章》第4条、第97条。

⑨ 参见《联合国宪章》第5条、第6条。参见梁西原著主编、王献枢副主编、曾令良修订主编:《国际法》(第3版),武汉大学出版社2011年版,第304~305页。

⑩ 参见《国际公法学》编写组编:《国际公法学》(第2版),高等教育出版社2018年版,第125~126页。

（三）支持和参与联合国安全理事会授权的维持和平行动，坚持维持和平行动基本原则，尊重主权国家领土完整与政治独立，保持公平立场

开展维和行动是联合国的重要职权之一，旨在帮助各国克服艰难险阻，从冲突走向和平。维和行动是联合国集体安全制度下的重要机制之一，也是联合国维护国际和平与安全的重要途径和手段。[①] 联合国维和行动遵循三项基本原则：(1)各方同意，即维和行动需经主要冲突当事方同意才可部署。(2)公正，即在对待冲突各方时应保持公正，此处的"公正"并不意味着"中立"或"不作为"，而是指对任何一方妨碍和平进程或违反维和行动规范与原则的行为一视同仁。(3)除非出于自卫和捍卫职责，不得使用武力，即维和行动除非万不得已，不得使用武力；使用时，须以精准、相称和适当的方式为之，且遵守使用所需的最小武力达到预期效果的原则。[②]

维和行动的作用和效果得到了国际社会的普遍认同。其一，在冲突暂时无法解决的情况下，维和行动可以为冲突方提供一个可以接受的临时方案。其二，在已签订停火协议的情况下，维和行动可以协助管理、控制、缓和争端，实现局势的转变。其三，维和行动可以为冲突地区的平民保护、难民安置提供一定的帮助。[③] 我国坚决支持和积极参与联合国维和行动，我国是联合国第二大维和摊款国和联合国安全理事会常任理事

---

① 参见庞森：《联合国维和行动——趋势与挑战》，载《世界经济与政治》2007 年第 6 期。

② 参见《什么是维持和平？》，载联合国维持和平网，https://peacekeeping.un.org/zh/what-is-peacekeeping，最后访问时间：2024 年 4 月 12 日。

③ 参见李东燕：《联合国与国际和平与安全的维护》，载《世界经济与政治》2015 年第 4 期。

国中派遣维和人员最多的国家。[1]“支持和参与联合国安全理事会授权的维持和平行动，坚持维持和平行动基本原则，尊重主权国家领土完整与政治独立，保持公平立场”，彰显了我国对于联合国维和行动基本原则的遵循。

构建人类命运共同体视阈下的联合国维和行动与中国使命（节选）

张贵洪　赵若祯

进入 21 世纪，为了应对新型冲突和威胁，联合国对维和行动的理念、机制、管理等进行了一系列改革，发展为整合预防冲突、建立和平、维持和平及建设和平四项要素的联合国和平行动。从全球安全治理的视角进行审视，联合国维和行动出现向治理型维和转变的趋势。这一转变主要体现在四个方面：一是从单一行动到综合治理，即进一步将“跨支柱”协调的重点任务融入行动执行，通过安全、发展、人权的综合治理来实施维和行动。二是从政府到人民，即将“人的安全”纳入联合国“和平与安全”范畴，强调尊重人权、保护平民、建设包容性社会和打造多元主体的维和伙伴关系网络。三是从应对冲突到预防冲突。构建以预防冲突为核心的治理体系是联合国改革议程的重点，突出预防冲突在维和行动中的地位，意味着行动涉及的问题领域得到进一步衍生。四是以可持续和平为行动目标，强调预防冲突、维持和平、建设和平、可持续和平的关联衔接和整体把握，以可持续发展促进可持续和平，以可持续和平保障可持续发展。维和行动已经从治标向标本兼治转变，成为联合国引领

---

① 参见中共中央宣传部、中华人民共和国外交部编：《习近平外交思想学习纲要》，人民出版社、学习出版社 2021 年版，第 113 页。

全球安全治理最重要的行动机制。预防冲突和建设和平构成新一代治理型维和的新兴关注点，将成为联合国开展全球安全治理、构建全球安全共同体的关键着力点。①

(四)维护国际军备控制、裁军与防扩散体系，反对军备竞赛，反对和禁止一切形式的大规模杀伤性武器相关扩散活动，履行相关国际义务，开展防扩散国际合作

国际军控、裁军与防扩散与国际安全密切相关。当今世界，和平、发展、合作已成为时代潮流，维护和平、制约战争的因素在增加，世界的和平与发展面临难得的机遇。加强合作，共同应对全球性挑战，成为国际社会的共识。但是，天下并不太平。传统安全问题依然存在，局部战争和暴力冲突时有发生，热点问题此起彼伏；恐怖主义、大规模杀伤性武器扩散、跨国犯罪、传染性疾病等非传统安全威胁不断上升。在当前国际安全领域威胁日益多元化、不稳定和不可预测因素增加的情况下，军控、裁军与防扩散的内涵不断拓展，重要性日益增强。②

国务院新闻办公室发布的《中国的军控、裁军与防扩散努力》对于我国的军控、裁军与防扩散进行了全面的介绍，其指出："一方面，国际军控、裁军与防扩散体系作为全球安全秩序的有机组成部分，为维护世界和平与稳定依然发挥着重要作用。自上世纪 90 年代以来，军控、裁军与防扩散又取得了新的积极成果，在禁止化学武器、禁止核试验等领域相继达成了一系列重要条约。国际社会在防止大规模杀伤性武器扩散问

① 张贵洪、赵若祯：《构建人类命运共同体视阈下的联合国维和行动与中国使命》，载《当代中国与世界》2023 年第 1 期。

② 参见国务院新闻办公室：《中国的军控、裁军与防扩散努力》，载中国政府网，https://www.gov.cn/zhengce/2005－09/13/content_2615754.htm? from＝groupmessage&isappinstalled＝0。

题上的共识不断加强。联合国安理会一致通过关于防扩散的第1540号决议。[①] 通过对话、合作解决扩散问题的政治外交努力继续推进。加强防扩散机制的倡议相继出台。各国安全对话加强，区域安全合作扩大。上述积极进展增进了各国之间的互信，推动了安全形势的缓和，维护了国际战略稳定。

"另一方面，多边军控与裁军仍然任重道远。核裁军步履维艰，建立在首先使用核武器基础之上的核威慑战略尚未被摒弃，降低核武器使用门槛、研发新型核武器的动向堪忧。外空武器化和外空军备竞赛的危险加大。国际军控条约的普遍性仍有不足，抛弃重要军控条约的消极事态时有发生。多边军控和裁军机制面临困难。作为全球唯一的多边裁军谈判机构，日内瓦裁军谈判会议多年未能开展实质性工作。国际防扩散进程面临挑战。地区核问题解决前景仍不明朗，恐怖组织和其他非国家实体获取大规模杀伤性武器的风险加大。

"当前，国际军控、裁军与防扩散进程正处在关键的十字路口。抓住新机遇，应对新挑战，巩固和不断加强现有国际军控、裁军和防扩散体系，是维护国际和平、安全与稳定的必然要求，也是人心所向。国际社会普遍主张维护多边主义，推进国际军控和裁军进程，不断完善国际防扩

---

① 联合国安理会第1540号决议规定，联合国全体会员国根据《联合国宪章》第七章采取行动："1. 决定各国应不向企图开发、获取、制造、拥有、运输、转移或使用核生化武器及其运载工具的非国家行为者提供任何形式的支持；2. 又决定各国应按照本国程序，通过和实施适当、有效的法律，禁止任何非国家行为者，尤其是为恐怖主义目的而制造、获取、拥有、开发、运输、转移或使用核生化武器及其运载工具，以及禁止企图从事上述任何活动、作为共犯参与这些活动、协助或资助这些活动的图谋；3. 还决定各国应采取和实施有效措施，建立国内管制，以防止核生化武器及其运载工具的扩散，包括对相关材料建立适当管制，并为此目的应：(a)制定和保持适当、有效的措施，对生产、使用、储存或运输中的这种物项进行衡算和保安；(b)制定和保持适当、有效的实物保护措施。"

散机制,加强国际合作,应对安全挑战。”①

关联立法

《宪法》

序言(节选)

……中国坚持独立自主的对外政策,坚持互相尊重主权和领土完整、互不侵犯、互不干涉内政、平等互利、和平共处的五项原则,坚持和平发展道路,坚持互利共赢开放战略,发展同各国的外交关系和经济、文化交流,推动构建人类命运共同体;坚持反对帝国主义、霸权主义、殖民主义,加强同世界各国人民的团结,支持被压迫民族和发展中国家争取和维护民族独立、发展民族经济的正义斗争,为维护世界和平和促进人类进步事业而努力。

《国家安全法》

第8条　维护国家安全,应当与经济社会发展相协调。

国家安全工作应当统筹内部安全和外部安全、国土安全和国民安全、传统安全和非传统安全、自身安全和共同安全。

第10条　维护国家安全,应当坚持互信、互利、平等、协作,积极同外国政府和国际组织开展安全交流合作,履行国际安全义务,促进共同安全,维护世界和平。

---

① 参见国务院新闻办公室:《中国的军控、裁军与防扩散努力》,载中国政府网,https://www.gov.cn/zhengce/2005-09/13/content_2615754.htm?from=groupmessage&isappinstalled=0。

经典导读

关于“加强全球安全治理，坚持推进国际共同安全”，《习近平外交思想学习纲要》指出：“加强全球安全治理，坚持推进国际共同安全。高举合作、创新、法治、共赢的旗帜，推动树立共同、综合、合作、可持续的全球安全观，加强国际安全合作，完善全球安全治理体系，共同构建普遍安全的人类命运共同体。

“共同，就是要尊重和保障每一个国家安全。安全应该是普遍的，不能一个国家安全而其他国家不安全，一部分国家安全而另一部分国家不安全，更不能牺牲别国安全谋求自身所谓绝对安全。安全应该是平等的，各国都有平等参与地区安全事务的权利，也都有维护地区安全的责任。安全应该是包容的，恪守尊重主权、独立和领土完整、互不干涉内政等国际关系基本准则，尊重各国自主选择的社会制度和发展道路，尊重并照顾各方合理安全关切。要维护全球战略稳定，实现共同普遍安全。

“综合，就是要统筹维护传统领域和非传统领域安全，通盘考虑安全问题的历史经纬和现实状况，多管齐下、综合施策，协调推进地区安全治理。既要着力解决当前突出的地区安全问题，又要统筹谋划如何应对各类潜在的安全威胁，避免头痛医头、脚痛医脚。

“合作，就是要通过对话合作，促进各国、地区和全球安全，通过坦诚深入的对话沟通，增进战略互信，减少相互猜疑，求同化异、和睦相处。培育合作应对安全挑战的意识，不断扩大合作领域、创新合作方式，以合作谋和平、以合作促安全。要坚持多边主义和协商对话，加强以联合国为核心的多边裁军机制的权威性和有效性。

“可持续,就是要发展和安全并重以实现持久安全。发展是安全的基础,安全是发展的条件。贫瘠的土地上长不成和平的大树,连天的烽火中结不出发展的硕果。应该聚焦发展主题,积极改善民生,缩小贫富差距,不断夯实安全的根基。要推动共同发展和区域一体化进程,努力形成区域经济合作和安全合作良性互动、齐头并进的大好局面,以可持续发展促进可持续安全。”①

第二十一条

条文内容

中华人民共和国坚持公平普惠、开放合作、全面协调、创新联动的全球发展观,促进经济、社会、环境协调可持续发展和人的全面发展。

条文释义

本条规定了我国的全球发展观,即坚持公平普惠、开放合作、全面协调、创新联动的全球发展观,促进经济、社会、环境协调可持续发展和人

① 中共中央宣传部、中华人民共和国外交部编:《习近平外交思想学习纲要》,人民出版社、学习出版社2021年版,第152~153页。

的全面发展。

促进全球发展已成为人类面临的重大课题。当前,全球经济复苏脆弱乏力,南北发展鸿沟进一步拉大,世界进入新的动荡变革期。① 我国始终做全球发展的贡献者,坚持走共同发展道路,继续奉行互利共赢的开放战略,将自身发展经验和机遇同世界各国分享,实现共同发展。

(一)公平普惠、开放合作、全面协调、创新联动

"公平普惠"是指既要让自己过得好,也要让别人过得好,使全球经济发展更加平衡。其中,"公平"即各国之间应当坚持公平原则,促进国际社会的公平和正义。"普惠"则意味着发展成果的普惠性,所有国家都能分享发展成果和机会,特别是发展中国家和最不发达国家的发展需求都能得以满足。

"开放合作"是指在全球化背景下,倡导各国之间开放包容、互利共赢的合作关系,共同推动全球经济、社会和环境的可持续发展。其中,"开放"强调各国应当促进贸易和投资便利化,致力于消除贸易壁垒和保护主义,为各国经济的增长和发展提供更广阔的空间。"合作"倡导国际社会各成员之间加强合作,共同应对全球性挑战,努力实现资源共享、技术交流、经验分享。

"全面协调"是指倡导各国在经济、政治、文化、社会等各个方面实现协调发展、共同进步,致力于缩小经济不平衡和贫富差距,推动国际社会公平、增进各国人民福祉。其中,"全面"指各个方面都要发展,强调发展的整体性。"协调"则指各个方面的发展要相互适应,强调发展的均衡性。

---

① 参见《习近平向"全球发展:共同使命与行动价值"智库媒体高端论坛致贺信》,载《人民日报》2022 年 7 月 5 日,第 1 版。

"创新联动"是指倡导各国共同推动科技创新、加强合作,以应对全球性挑战和促进可持续发展。"创新"是推动全球发展的关键驱动力之一,加强科技创新、制度创新、管理创新可以有效促进经济增长,提高生产效率。"联动"则强调各国之间加强创新交流合作,通过共享资源、共同研发、协同创新等方式,加强国际合作,实现资源优势互补、合作共赢。

(二)经济、社会、环境协调可持续发展和人的全面发展

全面协调可持续是科学发展观的基本要求。"可持续"就是要促进人与自然的和谐,实现经济发展和人口、资源、环境相协调的发展方式。坚定不移走生产发展、生活富裕、生态良好的文明发展道路,实现中华民族永续发展。[①] 推动人的全面发展,是马克思主义的基本价值取向,是科学社会主义的重要价值目标。我国坚持以人民为中心的发展思想,坚持人民至上、紧紧依靠人民、不断造福人民、牢牢植根人民,凝聚14亿多中国人民的智慧和力量,持续推动人的全面发展,不断促进人的现代化。[②] 将"经济、社会、环境协调可持续发展和人的全面发展"纳入《对外关系法》,彰显了我国所倡导的全球发展观的先进性与科学性。

"促进经济、社会、环境协调可持续发展和人的全面发展"的相关表述也出现于我国一些重要文件中。党的十六届三中全会通过的《中共中央关于完善社会主义市场经济体制若干问题的决定》指出:"坚持以人为本,树立全面、协调、可持续的发展观,促进经济社会和人的全面发展。"《中共中央关于制定国民经济和社会发展第十四个五年规划和二〇三五年远景目标的建议》也指出:"坚定不移贯彻创新、协调、绿色、开放、共

---

① 参见习近平:《高举中国特色社会主义伟大旗帜　为全面建设社会主义现代化国家而团结奋斗——在中国共产党第二十次全国代表大会上的报告》,2022年10月16日。

② 参见杨金海:《持续推动人的全面发展》,载《人民日报》2022年9月23日,第9版。

享的新发展理念，坚持稳中求进工作总基调，以推动高质量发展为主题，以深化供给侧结构性改革为主线，以改革创新为根本动力，以满足人民日益增长的美好生活需要为根本目的，统筹发展和安全，加快建设现代化经济体系，加快构建以国内大循环为主体、国内国际双循环相互促进的新发展格局，推进国家治理体系和治理能力现代化，实现经济行稳致远、社会安定和谐，为全面建设社会主义现代化国家开好局、起好步。”①

第二十二条

条文内容

中华人民共和国尊重和保障人权，坚持人权的普遍性原则同本国实际相结合，促进人权全面协调发展，在平等和相互尊重的基础上开展人权领域国际交流与合作，推动国际人权事业健康发展。

---

① 《中共中央关于制定国民经济和社会发展第十四个五年规划和二〇三五年远景目标的建议》，载中国政府网，https://www.gov.cn/zhengce/2020－11/03/content_5556991.htm。

条文释义

本条规定了我国的人权观，即尊重和保障人权，坚持人权的普遍性原则同本国实际相结合，促进人权全面协调发展，在平等和相互尊重的基础上开展人权领域国际交流与合作，推动国际人权事业健康发展。

(一)人权问题的概念与范围

人权，是指在一定的社会历史条件下每个人按其本质和尊严而自由、平等地生存和发展的基本权利。人权的实质内容和目标是人的生存和发展。一方面，没有自由、平等作保证，就谈不上符合人的尊严、本性的生存和发展，也就谈不上人权。另一方面，自由、平等是为人的生存和全面发展服务的。自由、平等的目的，是使人摆脱一切压迫、剥削和歧视，获得有尊严的生存和全面自由的发展。一旦脱离人的生存和发展，自由和平等必然流于形式，失去意义。①

人权的范围非常广泛。马克思主义认为，人的本质是一切社会关系的总和。既然如此，人基于其本质应该享有的权利也就必然涉及一切社会领域。可以说，哪里有人存在，哪里有人的社会，哪里就有人权问题。按享受权利的主体来划分，人权包括个人人权和集体人权两种。前者是指个人依法享有的生命、人身和政治、经济、社会、文化等各方面的自由平等权利；后者是指作为个人的社会存在方式的集体应该享有的权利，如种族平等权、民族自决权、发展权、环境权、和平权等。总之，人权是涉

① 参见《宪法学》编写组编：《宪法学》（第 2 版），高等教育出版社、人民出版社 2020 年版，第 185 页。

及社会生活各方面的广泛、全面、有机的权利体系。①

从历史发展的角度来看,大致可以把人权的涵义分为三代。第一代人权是指在近代西方资产阶级革命中确立的权利,主要包括近代宪法中的人身自由、精神自由和经济自由,即传统的自由权。第二代人权是在19 世纪末 20 世纪初社会主义运动中提倡的权利,旨在维护公平、正义、平等,主要包括劳动权、休息权和受教育权等,这类权利要求对社会进行改造,同时要求国家保障人权。第三代人权是第二次世界大战之后一些国家和民族在反对殖民主义压迫、争取民族独立和解放运动过程中提出的各种权利,包括民族或国家的生存权、发展权和民族自决权等“集体人权”。②

(二)我国尊重和保护人权

新中国成立以来,我国的人权状况发生了翻天覆地的变化。中国政府和人民从自己的历史和国情出发,将人权的普遍性与中国历史、文化和现实的特殊性结合起来,逐步形成了具有中国特色的社会主义人权观。1991 年 11 月 1 日,国务院新闻办公室发表《中国的人权状况》白皮书,首次以政府文件的形式正面肯定了人权概念在中国社会主义政治发展中的地位。③ 1997 年 9 月,党的十五大报告首次写入“尊重和保障人权”,作为执政党的明确工作目标。④ 2004 年我国修改宪法,将“国家尊

---

① 参见《宪法学》编写组编:《宪法学》(第 2 版),高等教育出版社、人民出版社 2020 年版,第 185 ~ 186 页。

② 参见《宪法学》编写组编:《宪法学》(第 2 版),高等教育出版社、人民出版社 2020 年版,第 186 页。

③ 参见国务院新闻办公室:《中国的人权状况》,载国务院新闻办公室网,http://www.scio.gov.cn/zfbps/ndhf/1991n/202207/t20220704_130710.html;中国政府网:《“人权”入宪,中国人权发展的重要里程碑》,载中华人民共和国中央人民政府,http://www.gov.cn/test/2005-07/01/content_11573.htm。

④ 参见《江泽民文选》(第 2 卷),人民出版社 2006 年版,第 26 ~ 27 页。

重和保障人权”写入《宪法》，首次将“人权”由一个政治概念表述为法律概念，从而使尊重和保障人权由党的意志上升为人民和国家的意志，由党和政府文件的政策性规定上升为国家根本法的一项原则。

进入新时代，我国走出了一条适合中国国情的人权发展道路。《国家人权行动计划(2012—2015 年)》《国家人权行动计划(2016—2020 年)》先后得到全面实施，实现了国家人权行动计划与国家发展规划的对接和统一。特别是经过全党全国各族人民持续奋斗，我国如期完成脱贫攻坚目标任务，实现了第一个百年奋斗目标，在中华大地上全面建成了小康社会，历史性地解决了绝对贫困问题，谱写了中国人权事业的新篇章，创造了人类尊重和保障人权的奇迹。①

(三)人权的普遍性原则同本国实际相结合

世界上没有放之四海而皆准的人权发展道路。人权发展道路因国情与需求而异，没有普适标准。推进人权事业必须考虑到各国的特殊情况和人民的实际需求。中国人权状况怎么样，中国人民最有发言权，②因为他们最了解自己的国家和社会。中国正努力在尊重人权、保障人权、发展人权方面取得进展，但这不是一蹴而就的。中国意识到，要想实现这些目标，需要持续的努力。因此，中国正在制定和实施适合自己国情的政策和措施，以推动人权事业的发展。

---

① 参见闻言:《走中国特色人权发展道路，坚定不移推进中国人权事业和世界人权事业——学习〈习近平关于尊重和保障人权论述摘编〉》，载《人民日报》2022 年 1 月 12 日，第 6 版。

② 参见中共中央宣传部、中华人民共和国外交部编:《习近平外交思想学习纲要》，人民出版社、学习出版社 2021 年版，第 71 页。

走中国特色人权发展道路，坚定不移推进中国人权事业和世界人权事业
——学习《习近平关于尊重和保障人权论述摘编》（节选）

闻　言

习近平总书记指出，民主和人权是人类共同追求，同时必须尊重各国人民自主选择本国发展道路的权利……习近平总书记对民主和人权的评价标准作了深刻阐述，强调要坚持把人权的普遍性原则同中国实际相结合，走适合中国国情的人权发展道路，保证人民当家作主。

在人权问题上没有最好，只有更好。习近平总书记深刻指出，世界上没有放之四海而皆准的人权发展道路，人权保障没有最好，只有更好。他强调，我们发展人权事业，不是以西方所提的那个标准为圭臬。不论发展到什么阶段，我们的人权事业都要按照我国国情和人民要求来发展，达到了我们确立的目标和水平就是好的，不需要向西方看齐，不需要西方来评判！对西方国家在我国人权问题上指手画脚的言行，要坚决顶回去！

走中国特色人权发展道路。冷战结束以来，西方国家借人权问题干涉别国内政，一些国家被折腾得不成样子了，有的四分五裂，有的战火纷飞，有的整天乱哄哄的。在人权问题上，如果我们用西方资本主义价值体系来剪裁我们的实践，用西方资本主义评价体系来衡量我国发展，符合西方标准就行，不符合西方标准就是落后的陈旧的，就要批判、攻击，那后果不堪设想。习近平总书记指出，一个国家走什么样的道路，只有这个国家的人民最有发言权。一副药方不可能包治百病，一种模式也不可能解决所有国家的问题。生搬硬套或强加于人都会引起水土不服。长期以来，中国始终遵循联合国宪章和《世界人权宣言》精神，坚持把人

权普遍性同中国实际结合起来,走出了一条符合时代潮流、具有中国特色的人权发展道路,为中国人权进步和国际人权事业发展作出了重大贡献。对于如何坚持走中国特色人权发展道路,习近平总书记在不同场合、从不同角度作了深刻阐述。他强调,时代在发展,人权在进步。要坚持把人权的普遍性原则和当代实际相结合,走符合国情的人权发展道路,奉行以人民为中心的人权理念,把生存权、发展权作为首要的基本人权,协调增进全体人民的经济、政治、社会、文化、环境权利,努力维护社会公平正义,促进人的全面发展。①

(四)人权领域的国际交流与合作

人权问题原本属于国内事务,然而,两次世界大战及其余波导致了全球对侵犯基本人权的深刻关注。1926 年的《禁奴公约》和 1930 年的《强迫劳动公约》等公约为国际组织主持制定保护人权的国际公约奠定了基础,标志着国际人权保护体系的初步建立。第二次世界大战后,《联合国宪章》在其序言中重申了基本人权的重要性,并将促进国际合作、增进对人权和基本自由的尊重作为联合国的宗旨之一。1948 年通过的《世界人权宣言》和 1966 年通过的《经济、社会及文化权利国际公约》与《公民权利及政治权利国际公约》,标志着国际人权法体系的初步形成,为全球人权保护奠定了法律基础。随后,各种专门性国际人权公约的制定进一步丰富和发展了国际人权法的内容。②

国际交流与合作对推动国际人权事业的健康发展至关重要。国际

① 闻言:《走中国特色人权发展道路,坚定不移推进中国人权事业和世界人权事业——学习〈习近平关于尊重和保障人权论述摘编〉》,载《人民日报》2022 年 1 月 12 日,第 6 版。

② 参见梁西原著主编、王献枢副主编、曾令良修订主编:《国际法》(第 3 版),武汉大学出版社 2011 年版,第 262 页。

社会通过以联合国为代表的国际组织展开合作，共同制定、执行和监督国际人权法律框架，分享最佳实践，解决共同挑战。我国深入参与联合国人权理事会等多边人权机构工作，推动达成一系列重要国际人权公约、宣言，构建人类命运共同体纳入联合国人权理事会决议，为国际人权保护注入了中国理念；同联合国人权机制以及 30 多个国家和地区开展交流合作，为推动世界人权事业发展贡献了中国力量。[①] 同时，不同国家的政府和民间团体之间的对话也是推动人权事业的重要途径。

关联立法

《宪法》

第 33 条　凡具有中华人民共和国国籍的人都是中华人民共和国公民。

中华人民共和国公民在法律面前一律平等。

国家尊重和保障人权。

任何公民享有宪法和法律规定的权利，同时必须履行宪法和法律规定的义务。

经典导读

就“中国特色人权发展道路”问题，《习近平外交思想学习纲要》指

① 参见《走符合本国实际的人权道路，携手推进世界人权事业发展——王毅在“纪念〈世界人权宣言〉发表 75 周年”国际研讨会开幕式上的主旨发言》，载中华人民共和国外交部官网，http://www.mfa.gov.cn/wjbzhd/202312/t20231205_11195114.shtml。

出:“走中国特色人权发展道路。习近平总书记就人权问题发表一系列重要讲话和论述,阐释和回答推动人权事业发展、走适合中国国情的人权发展道路等重大问题。习近平总书记强调,中国共产党和中国政府始终尊重和保障人权,坚持把人权的普遍性原则同中国实际相结合,不断推动经济社会发展,增进人民福祉,促进社会公平正义,加强人权法治保障,努力促进经济、社会、文化权利和公民、政治权利全面协调发展,显著提高了人民生存权、发展权的保障水平,走出了一条适合中国国情的人权发展道路。

“习近平总书记指出,人民幸福生活是最大的人权。人人充分享有人权,是人类社会的伟大梦想。人权保障没有最好,只有更好。国际社会应该积极推进世界人权事业,尤其是要关注广大发展中国家民众的生存权和发展权。

“中国坚决反对任何国家利用人权问题干涉中国内政。习近平总书记强调,世界上没有放之四海而皆准的人权发展道路。人权事业必须也只能按照各国国情和人民需求加以推进。中国人权状况怎么样,中国人民最有发言权。各国首先应该做好自己的事情。中方不接受人权‘教师爷’,反对搞‘双重标准’。”①

① 中共中央宣传部、中华人民共和国外交部编:《习近平外交思想学习纲要》,人民出版社、学习出版社2021年版,第71~72页。

第二十三条

条文内容

中华人民共和国主张世界各国超越国家、民族、文化差异，弘扬和平、发展、公平、正义、民主、自由的全人类共同价值。

条文释义

本条阐述了我国所认同的全人类共同价值观，即主张世界各国超越国家、民族、文化差异，弘扬和平、发展、公平、正义、民主、自由的全人类共同价值。

世界之大，不同的国家可能采用了不同的社会制度、政治体制、法律体系和发展模式；不同的民族可能拥有不同的语言、文化、传统习俗和民族记忆；不同的文化形成了不同的价值观念、文学艺术、宗教信仰和生活方式。正是这种差异塑造了多元而富有活力的国际社会。

尽管国家、民族和文化差异客观存在，但对和平、发展、公平、正义、民主、自由的追求是全人类的共同价值。习近平总书记指出：“和平与发展是我们的共同事业，公平正义是我们的共同理想，民主自由是我们的共同追求。"[①]和平与发展是时代主题,是国际社会的共同事业。和平为发展创造了必要的环境,而发展则是和平的基础;只有在和平的环境中才能够实现可持续发展。只有维护全球的和平与稳定,才能为各国创造共同繁荣的机遇。公平正义是国际社会的共同理想,习近平总书记指出:"法律的生命也在于公平正义,各国和国际司法机构应该确保国际法平等统一适用,不能搞双重标准,不能'合则用、不合则弃',真正做到'无偏无党,王道荡荡'。"[②]民主和自由旨在构建一个现代化的社会和政治体系,是国际社会的共同追求,其使个体能够充分表达自己、参与决策、保障权利,并在此基础上实现个人自由和社会进步。

全人类共同价值是共建美好世界的最大公约数;我国更是全人类共同价值的坚定倡导者和积极践行者,矢志不渝促进人类和平与发展事业,在动荡变革的世界为人类文明进步做出重大贡献。习近平总书记指出:"各国互联互通,命运休戚与共。要超越国家、民族、文化、意识形态界限,站在全人类高度,推动构建人类命运共同体,共同建设好我们赖以生存的地球家园。"[③]"中国共产党将继续同一切爱好和平的国家和人民一道,弘扬和平、发展、公平、正义、民主、自由的全人类共同价值,坚持合作、不搞对抗,坚持开放、不搞封闭,坚持互利共赢、不搞零和博弈,反对霸权主义和强权政治,推动历史车轮向着光明的目标前进!"[④]

---

① 《始终弘扬全人类共同价值——共建美好世界的最大公约数》,载《人民日报》2023年3月24日,第1版。

② 参见习近平:《共同构建人类命运共同体》,载《求是》2021年第1期。

③ 《习近平会见联合国秘书长古特雷斯》,载中国政府网,https://www.gov.cn/xinwen/2020-09/23/content_5546551.htm。

④ 参见习近平:《在庆祝中国共产党成立100周年大会上的讲话》,人民出版社2021年版,第16页。

始终弘扬全人类共同价值
——共建美好世界的最大公约数(节选)

人民日报评论员

"和平、发展、公平、正义、民主、自由,是全人类的共同价值,也是联合国的崇高目标。"2015 年 9 月在第七十届联合国大会一般性辩论时,习近平总书记首次提出全人类共同价值并阐释其基本内涵。此后在许多重要双多边场合,习近平总书记围绕全人类共同价值提出一系列新理念、新主张。2023 年 3 月在中国共产党与世界政党高层对话会上,习近平总书记首次提出全球文明倡议,深刻指出"和平、发展、公平、正义、民主、自由是各国人民的共同追求"。倡导弘扬全人类共同价值,体现了"大道之行,天下为公"的博大胸怀,彰显了大党大国领袖的天下情怀和责任担当,得到国际社会广泛认同。

人类生活在同一个地球村里,越来越成为你中有我、我中有你的命运共同体,客观存在共同利益,必然要求共同价值。在全球性挑战此起彼伏的今天,任何国家都难以独善其身,世界各国需要团结合作,共同携手解决全人类面临的难题。特别是经历了世纪疫情,世界比以往任何时候都更需要站在全人类战略高度的思想引领,凝聚合力、激发动力。全人类共同价值,凝练概括了全人类的基本价值共识,勾画出超越差异分歧的价值同心圆,凸显出各国人民企盼美好生活的最大公约数,为推动构建人类命运共同体提供了价值支撑,为人类文明朝着正确方向发展注入了强大精神动力,为共同建设美好世界提供了正确理念指引。

……

当今世界,多重挑战和危机交织叠加,世界经济复苏艰难,发展鸿沟不断拉大，生态环境持续恶化，冷战思维阴魂不散，世界进入新的动荡变革期。同时，各国人民对和平发展的期盼更加殷切，对公平正义的呼声更加强烈，对民主自由的追求更加坚定。必须深刻认识到，全人类共同价值是各国人民的共同追求，顺应人类社会发展进步的时代潮流，既是人类文明的共同财富，也是破解当今时代难题的钥匙。只有以全人类共同价值凝聚各方力量，摒弃意识形态偏见，尊重文明多样性，最大程度增强合作机制、理念、政策的开放性和包容性，促进世界各国人民相知相亲，把全人类意志和力量凝聚起来，共行天下大道，才能和睦相处、合作共赢，共同应对各种全球性挑战，让人类命运共同体建设的阳光普照世界，推动历史车轮向着光明的目标前进。

中国是全人类共同价值的坚定倡导者和积极践行者，矢志不渝促进人类和平与发展事业，在动荡变革的世界为人类文明进步作出重大贡献。中国式现代化既造福中国人民、又促进世界共同发展，是我们强国建设、民族复兴的康庄大道，也是中国谋求人类进步、世界大同的必由之路，走的是和平发展的人间正道。中国愿同各国一道，推动共建“一带一路”高质量发展，加快全球发展倡议落地，培育全球发展新动能，构建全球发展共同体。中国实现现代化是世界和平力量的增长，是国际正义力量的壮大。中国式现代化作为人类文明新形态，与全球其他文明相互借鉴，必将极大丰富世界文明百花园。面向未来，中国高举和平、发展、合作、共赢旗帜，始终站在历史正确一边、站在人类文明进步的一边，践行真正的多边主义，践行全人类共同价值，推动建设开放型世界经济，积极参与全球治理体系改革和建设，致力于推动构建人类命运共同体，以中国智慧和中国方案为破解全球性问题注入新思想新理念，为世界和平发展增加更多稳定性和正能量。

万物并育而不相害，道并行而不相悖。前进道路上，以推动构建新型国际关系为根本路径，以落实全球发展倡议、全球安全倡议、全球文明倡议为重要依托，以和平、发展、公平、正义、民主、自由的全人类共同价值为价值追求，携手各国建设持久和平、普遍安全、共同繁荣、开放包容、清洁美丽的世界，就一定能迎来人类发展更加美好的明天。①

经典导读

党的二十大报告指出："我们真诚呼吁，世界各国弘扬和平、发展、公平、正义、民主、自由的全人类共同价值，促进各国人民相知相亲，尊重世界文明多样性，以文明交流超越文明隔阂、文明互鉴超越文明冲突、文明共存超越文明优越，共同应对各种全球性挑战。"②《习近平外交思想学习纲要》指出："大道不孤，天下一家。让和平的薪火代代相传，让发展的动力源源不断，让文明的光芒熠熠生辉，是各国人民的期待。要超越国家、民族、文化、意识形态界限，坚守和平、发展、公平、正义、民主、自由的全人类共同价值，推动构建人类命运共同体，实现共赢共享。"③

① 《始终弘扬全人类共同价值——共建美好世界的最大公约数》，载《人民日报》2023年3月24日，第1版。

② 习近平：《高举中国特色社会主义伟大旗帜　为全面建设社会主义现代化国家而团结奋斗——在中国共产党第二十次全国代表大会上的报告》，2022年10月16日。

③ 中共中央宣传部、中华人民共和国外交部编：《习近平外交思想学习纲要》，人民出版社、学习出版社2021年版，第51页。

第二十四条

条文内容

中华人民共和国坚持平等、互鉴、对话、包容的文明观，尊重文明多样性，推动不同文明交流对话。

条文释义

本条规定了我国认同的文明观，即坚持平等、互鉴、对话、包容，尊重文明多样性，推动不同文明交流对话。

多样性是人类文明的魅力所在，更是世界发展的活力和动力之源。当今世界有200多个国家和地区，2500多个民族和多种宗教。不同民族、不同文明多姿多彩、各有千秋，没有优劣之分，只有特色之别。每一种文明都扎根于自己的生存土壤，凝聚着一个国家、一个民族的智慧和精神追求。[①] 文明是平等的，人类文明因平等才有交流互鉴的前提。各种人类文明在价值上是平等的。要了解各种文明的真谛，必须秉持平

① 参见仲音：《弘扬平等、互鉴、对话、包容的文明观——推动文明交流互鉴②》，载《人民日报》2022年9月21日，第4版。

等、谦虚的态度。①

平等、互鉴、对话、包容的文明观强调不同文明之间应该平等相待、相互学习、进行对话,并包容不同文明的存在和发展。具体而言,平等,即认可各种文明之间的平等性,不论其发展程度、历史地位或规模大小。每个文明都有其独特的贡献和价值,应该在相互尊重的基础上平等相待,彼此平等交流。互鉴,即强调不同文明之间相互学习、借鉴的重要性。各个文明都有其独特的文化传统、历史积淀和智慧财富,通过互相交流,可以促进各种文明的共同繁荣与进步。对话,即提倡不同文明之间进行坦诚、开放的对话与交流。通过对话,可以增进相互了解、消除误解和疑虑,增进友谊,推动文明交流互鉴的进程。包容,即认识到世界上存在多种文明,各种文明都有其存在和发展的合理性,尊重并容纳不同文明的存在和发展,避免对其他文明的排斥和歧视。

坚持平等、互鉴、对话、包容的文明观对于构建一个和谐、包容、繁荣的世界具有重要的意义。平等、互鉴、对话、包容的文明观有助于打破文明间的藩篱和壁垒,促进各种文明之间的交流与互鉴。不同文明之间的相互学习和借鉴,有助于丰富各自的文化内涵,推动文明的进步和发展。同时,它倡导各种文明之间相互尊重、理解与包容。通过对话,可以增进不同文明之间的相互理解,建立起更加友好和谐的关系,有助于构建和谐稳定的世界秩序。在相互尊重和包容的基础上,各种文明可以共同发展、共同繁荣,从而为全球和平与发展作出积极贡献。

---

① 参见中共中央宣传部、中华人民共和国外交部编:《习近平外交思想学习纲要》,人民出版社、学习出版社 2021 年版,第 188 页。

弘扬平等、互鉴、对话、包容的文明观(节选)

仲 音

文明因交流而多彩,文明因互鉴而丰富,交流互鉴是文明发展的本质要求。各具特色的文学艺术,各成体系的思想创见,各不相同的制度模式,只有互通有无、取长补短才能获得共同发展。回望中华文明史,从历史上的佛教东传、“伊儒会通”,到近代以来的“西学东渐”、新文化运动、马克思主义和社会主义思想传入中国,再到改革开放以来全方位对外开放,中华文明在兼收并蓄中历久弥新。这生动说明,以海纳百川的宽广胸怀打破文化交往的壁垒,以兼收并蓄的态度汲取其他文明的养分,才能不断创造新的文明成果。

“一花独放不是春,百花齐放春满园。”每一种文明都是美的结晶,推动文明对话、人文交流,可以丰富人类文明的色彩,让各国人民享受更富内涵的精神生活、开创更有选择的未来。在希腊,参观雅典卫城博物馆,共赴“文明之约”;在埃及,漫步于卢克索神庙,回忆中埃文明交流往事;在墨西哥,参观奇琴伊察玛雅文明遗址,了解遗址保护和修复工作……习近平总书记在外交访问中秉持平等、谦虚的态度了解各种文明的真谛,处处展现对其他文明的尊重态度和对话诚意。推动不同文明交流对话,既能让本国文明充满勃勃生机,又可以为他国文明发展创造条件,让世界文明百花园群芳竞艳。

世界上最宽阔的是海洋,比海洋更宽阔的是天空,比天空更宽阔的是人的胸怀。对待不同文明,我们需要比海洋和天空更宽阔的胸怀。每一种文明都是独特的,一切文明成果都值得尊重,一切文明成果都要珍惜。人类文明因包容才有交流互鉴的动力。在对待文明发展进步问题上,生搬硬套、削足适履不仅是不可能的,而且是十分有害的。一些人抱持"文明冲突论""文明优越论",甚至想改造其他文明,不但不会促进人类文明进步,反而会留下无数混乱和动荡。相互尊重、和衷共济、和合共生才是人类文明发展的正确道路。

"与君远相知,不道云海深。"促进不同文明交流互鉴,中国是倡议者,更是行动者。坚持弘扬平等、互鉴、对话、包容的文明观,让文明交流互鉴成为增进各国人民友谊的桥梁、推动人类社会进步的动力、维护世界和平的纽带,必能推动各种文明在相遇相知、互学互鉴中绽放更夺目光彩。①

经典导读

《习近平外交思想学习纲要》指出:"坚持交流互鉴,建设一个开放包容的世界。文明的繁盛、人类的进步,离不开求同存异、开放包容,离不开文明交流、互学互鉴。历史呼唤着人类文明同放异彩,不同文明应该和谐共生、相得益彰,共同为人类发展提供精神力量。应坚持世界是丰富多彩的、文明是多样的理念,让人类创造的各种文明交相辉映,编织出斑斓绚丽的图画,共同消除现实生活中的文化壁垒,共同抵制妨碍人类心灵互动的观念纰缪,共同打破阻碍人类交往的精神隔阂,让各种文明和谐共存,让人人享有文化滋养。"②

① 仲音:《弘扬平等、互鉴、对话、包容的文明观——推动文明交流互鉴②》,载《人民日报》2022年9月21日,第4版。

② 中共中央宣传部、中华人民共和国外交部编:《习近平外交思想学习纲要》,人民出版社、学习出版社2021年版,第56页。

第二十五条

条文内容

中华人民共和国积极参与全球环境气候治理，加强绿色低碳国际合作，共谋全球生态文明建设，推动构建公平合理、合作共赢的全球环境气候治理体系。

条文释义

本条阐述了我国的全球生态文明观。

人类进入工业文明时代以来，在创造巨大物质财富的同时，也加速了对自然资源的攫取，打破了地球生态系统平衡，人与自然深层次矛盾日益显现。近年来，气候变化、生物多样性丧失、荒漠化加剧、极端气候事件频发，给人类生存和发展带来严峻挑战。作为全球生态文明建设的参与者、贡献者、引领者，中国坚定践行多边主义，努力推动构建公平合理、合作共赢的全球环境治理体系。①

① 参见中共中央宣传部、中华人民共和国外交部编：《习近平外交思想学习纲要》，人民出版社、学习出版社 2021 年版，第 157、159 页。

（一）全球环境气候治理与全球生态环境建设

全球环境气候治理是指在全球范围内对环境和气候变化问题进行管理和治理，通过国家间合作与协调，应对环境污染和资源枯竭等挑战，确保人类和生物多样性的可持续发展，保护地球生态环境。其主要包括制定并实施减缓气候变化的政策措施，建立国际环境法律框架，推动各国开展跨国合作与协调等内容。

全球生态环境建设是指在全球范围内对自然生态系统和环境进行保护、恢复和可持续利用的过程，旨在实现人与自然的和谐共生，保护地球生态系统的完整性、稳定性和功能性，确保全球环境的健康与可持续发展，其主要包括保护全球生态系统、保护濒危物种、合理利用和管理全球自然资源、减少和防止全球环境污染等。

党的十八大以来，我国把生态文明建设作为关系中华民族永续发展的根本大计，开展了一系列开创性工作。① 中国为《巴黎协定》的达成和快速生效做出历史性贡献；率先发布《中国落实 2030 年可持续发展议程国别方案》；全面履行《联合国气候变化框架公约》；提高国家自主贡献力度，将完成全球最高碳排放强度降幅，用全球历史上最短时间实现碳达峰到碳中和；成功举办《生物多样性公约》第十五次缔约方大会第一阶段会议、《湿地公约》第十四届缔约方大会，为“昆明—蒙特利尔全球生物多样性框架”的通过发挥引领作用；发起全球发展倡议，呼吁国际社会加快落实 2030 年可持续发展议程，推动实现更加强劲、绿色、健康的全球发展……站在对人类文明负责的高度，中国勇于担当，为人类可持

① 参见谢彬彬：《新华时评：全球环境治理参与者到引领者的重大转变》，载中国政府网 2023 年 7 月 20 日，https://www.gov.cn/yaowen/liebiao/202307/content_6893131.htm。

续发展不断贡献中国力量。①

我国推动构建全球环境气候治理体系，坚持公平合理、合作共赢的原则。“公平合理”，即坚持共同但有区别的责任原则，这关乎全球应对气候变化的未来。发达国家和发展中国家在造成气候变化上的历史责任不同，发展需求和能力也存在差异，因此用统一尺度来限制排放是不适当的，也是不公平的。国际社会要充分肯定发展中国家应对气候变化所作贡献，充分重视发展中国家的特殊困难和关切。发达国家应该展现更大雄心和行动，同时切实帮助发展中国家提高应对气候变化的能力和韧性，为发展中国家提供资金、技术、能力建设等方面支持。②“合作共赢”，即积极参与全球环境气候治理的相关行动，并加强国际合作。作为负责任的大国，中国实施一系列应对气候变化的战略、措施和行动，积极参与全球气候治理。中国以最大努力提高应对气候变化力度，以大国担当为全球应对气候变化做出积极贡献。③

共谋全球生态文明建设之路（人民观点）——新时代推进美丽中国建设的根本遵循⑤（节选）

人民日报评论部

保护生态环境，应对气候变化，维护能源资源安全，是全球面临的共同挑战。党的十八大以来，习近平总书记着眼于人类可持续发展，提出

① 参见谢彬彬：《新华时评：全球环境治理参与者到引领者的重大转变》，载中国政府网 2023 年 7 月 20 日，https://www.gov.cn/yaowen/liebiao/202307/content_6893131.htm。

② 参见《习近平出席领导人气候峰会并发表重要讲话》，载《人民日报》2021 年 4 月 23 日，第 1 版。

③ 参见和音：《构建公平合理、合作共赢的全球气候治理体系》，载《人民日报》2021 年 10 月 31 日，第 3 版。

一系列重要倡议和主张。指出“保持良好生态环境是各国人民的共同心愿”,强调“面对生态环境挑战,人类是一荣俱荣、一损俱损的命运共同体,没有哪个国家能独善其身”,主张“国际社会应该携手同行,共谋全球生态文明建设之路”……习近平生态文明思想就共同构建地球生命共同体、清洁美丽世界提出中国方案、贡献中国智慧,彰显中国特色、战略眼光和世界价值。

…………

人类只有一个地球,人类也只有一个共同的未来。面对生态环境挑战,中国有主张也有担当,贡献成功经验也提供公共产品,得到了国际社会广泛肯定,也为世界注入了信心和力量。新征程上,进一步理解和把握习近平生态文明思想蕴含的天下情怀和大国担当,秉持人类命运共同体理念,深度参与全球生态环境治理,为全球提供更多公共产品,凝聚全球环境治理合力,定能为共建清洁美丽世界作出更大贡献,推动全球生态文明之路越走越宽广。①

(二)绿色低碳国际合作

绿色低碳是一种旨在实现经济社会发展过程中的资源高效利用、环境友好和碳排放减少的发展理念和行动指导。其强调通过采用清洁能源、推广节能减排技术、优化资源利用方式等手段,实现经济繁荣与生态环境保护的双赢。

绿色低碳是我国参与全球环境气候治理和全球生态环境建设的重要内容。同时,作为发展中国家,我国不仅着力推动自身经济社会发展绿色转型,也积极为全球低碳转型提供助力。我国向世界承诺力争于

---

① 《共谋全球生态文明建设之路(人民观点)——新时代推进美丽中国建设的根本遵循⑤》,载《人民日报》2022年10月10日,第15版。

2030 年前实现碳达峰、努力争取 2060 年前实现碳中和，以“碳达峰碳中和”目标为牵引推动绿色转型，以更加积极的姿态开展绿色发展双多边国际合作，推动构建公平合理、合作共赢的全球环境治理体系，为全球可持续发展贡献智慧和力量。①

关联立法

《环境保护法》

第 1 条　为保护和改善环境，防治污染和其他公害，保障公众健康，推进生态文明建设，促进经济社会可持续发展，制定本法。

第 4 条　保护环境是国家的基本国策。

国家采取有利于节约和循环利用资源、保护和改善环境、促进人与自然和谐的经济、技术政策和措施，使经济社会发展与环境保护相协调。

经典导读

习近平总书记指出：“中国坚持创新、协调、绿色、开放、共享的新发展理念，全面加强生态环境保护工作，积极参与全球生态文明建设合作。中国持续深化环境司法改革创新，积累了生态环境司法保护的有益经

① 参见《新时代的中国绿色发展》，载中国政府网，https://www.gov.cn/zhengce/2023-01/19/content_5737923.htm。

验。中国愿同世界各国、国际组织携手合作，共同推进全球生态环境治理。"①《习近平外交思想学习纲要》指出："作为全球生态文明建设的参与者、贡献者、引领者，中国坚定践行多边主义，努力推动构建公平合理、合作共赢的全球环境治理体系。中方秉持'授人以渔'理念，通过多种形式的南南务实合作，尽己所能帮助发展中国家提高应对气候变化能力。从非洲的气候遥感卫星，到东南亚的低碳示范区，再到小岛国的节能灯，中国应对气候变化南南合作成果看得见、摸得着、有实效。中方还将生态文明领域合作作为共建'一带一路'重点内容，发起了系列绿色行动倡议，采取绿色基建、绿色能源、绿色交通、绿色金融等一系列举措，持续造福参与共建'一带一路'的各国人民。"②

第二十六条

条文内容

中华人民共和国坚持推进高水平对外开放，发展对外贸易，积极促进和依法保护外商投资，鼓励开展对外投资等对外经济合作，推动共建

① 《习近平向世界环境司法大会致贺信》，载中国政府网，https://www.gov.cn/xinwen/2021－05/26/content_5612800.htm。

② 中共中央宣传部、中华人民共和国外交部编：《习近平外交思想学习纲要》，人民出版社、学习出版社2021年版，第159～160页。

"一带一路"高质量发展,维护多边贸易体制,反对单边主义和保护主义,推动建设开放型世界经济。

条文释义

本条阐述了我国坚持推进高水平对外开放的基本态度。对外开放是我国的基本国策。开放带来进步,封闭必然落后。中国开放的大门不会关闭,只会越开越大。[①]

(一)坚持推进高水平对外开放

高水平对外开放是我国破解发展问题的重要动力。党的二十大强调,"中国坚持对外开放的基本国策,坚定奉行互利共赢的开放战略"。习近平总书记也强调:"开放带来进步,封闭必然落后"[②]"开放是当代中国的鲜明标识"[③]"对外开放是中国发展的关键一招""开放是国家繁荣发展的必由之路"。[④] 我国不断提高开放水平,以开放促改革促发展促创新,释放新的改革红利,推动高质量发展。

---

① 参见中共中央宣传部、中华人民共和国外交部编:《习近平外交思想学习纲要》,人民出版社、学习出版社 2021 年版,第 100 页。

② 《中共中央关于党的百年奋斗重大成就和历史经验的决议》(2021 年 11 月 11 日中国共产党第十九届中央委员会第六次全体会议通过),载《人民日报》2021 年 11 月 17 日,第 1 版。

③ 习近平:《让开放的春风温暖世界——在第四届中国国际进口博览会开幕式上的主旨演讲》,2021 年 11 月 4 日。

④ 李伟红:《习近平会见出席"全球首席执行官委员会"特别圆桌峰会外方代表并座谈》,载《人民日报》2018 年 6 月 22 日,第 1 版。

“十四五”规划开启高水平对外开放 中国为世界带来新机遇(节选)

顾学明

(一)更加自主的开放

自主性是更高水平对外开放基本要求。过去中国开放主要是遵守既有国际规则的“履约式”开放,相对被动。“十四五”时期,中国开放的主动性、自主性更强,将更加契合中国经济发展实际需要。一方面,将更加主动地扩大开放,利用自贸区(港)、服务业扩大开放综合试点等自主开放平台,先行先试高水平对外开放措施。另一方面,将配合我国实现经济发展需求,更多从提高经济发展质量,满足人民美好需要的角度出发,综合考虑开放的进度和程度。

(二)系统集成的开放

系统集成是高水平对外开放的本质要求。“十四五”时期,中国将通过提升开放的系统集成水平,切实凝聚合力,促进高质量发展。一是统筹各产业开放,推动制造业全面开放的同时,重点扩大和深化服务业对外开放。二是统筹各环节开放,加强研发、生产、物流、营销等产业链上下游协同开放。三是统筹各区域开放,深化沿海开放的同时,推动内陆和沿边地区从开放的洼地变为开放的高地。四是统筹国内外市场开放,促进国内市场和国际市场更好联通,促进内外贸一体化发展、引进外资和对外投资协调发展。

(三)包容并蓄的开放

包容并蓄是高水平对外开放的时代要求。“十四五”时期,中国不断优化和创新开放模式,推动各国开放合作实现互利共赢。实施互利共赢开放合作模式。推动各国在与中国开放合作过程中都能发挥比较优势，找到各自在产业链价值链中的合理定位，促进经济全球化朝着更加开放、包容、普惠、平衡、共赢的方向发展。同时，在重要议题领域积极贡献中国智慧和中国方案。加强对碳排放等全球共性问题的研究，推动对外开放由谋求经济效益向谋求经济发展、绿色生态、公正合理转变，构建可持续的开放新模式。在数字贸易等国际规则尚未形成共识的领域，主动参与新议题谈判，提出代表广大国家诉求的合作方案。

（四）安全稳定的开放

安全稳定是高水平对外开放的必然要求。“十四五”时期将坚持总体国家安全观，坚持扩大开放与安全发展有机结合。一方面，深刻认识扩大开放中面临的新问题新挑战，加强事中事后监管，完善外商投资国家安全审查、反垄断审查等制度，防范化解重大风险，健全开放型经济安全保障体系。另一方面，以打造公开、透明、可预期的营商环境为着力点，持续深化“放管服”改革，健全服务体系，进一步提高对外开放政策的稳定性、透明度和可预见性，为各国企业在中国投资提供良好稳定环境。①

（二）发展对外贸易

对外贸易亦称作“进出口贸易”，是指一个国家（地区）与另一个国家（地区）之间的商品和劳务的交换。这种贸易由进口和出口两个部分组成。对运进商品或劳务的国家（地区）来说，就是进口；对运出商品或劳务的国家（地区）来说，就是出口。对外贸易是促进经济增长的重要引擎之一。通过出口产品和服务，国家可以获得外汇收入，推动国内生产和就业。对外贸易能够使国家进入全球市场，降低对单一市场的依

① 顾学明：《“十四五”规划开启高水平对外开放　中国为世界带来新机遇》，载《外交》2021 年第 2 期。

赖,从而减轻国内经济波动的压力。对外贸易还有助于提高国家的国际竞争力,促进国家间的经济合作和交往。

党的十八大以来,我国成为 140 多个国家和地区的主要贸易伙伴,货物贸易总额居世界第一。未来,我国将继续坚持发展对外贸易,构建面向全球的高标准自由贸易区网络,加快推进自由贸易试验区、海南自由贸易港建设,共建"一带一路"成为深受欢迎的国际公共产品和国际合作平台。①

(三)积极促进和依法保护外商投资,鼓励开展对外投资等对外经济合作

投资是实现资本形成的关键途径。通过投资,资金被用于购买生产性资产,如机器、设备、技术、人力资源等,从而提高生产力水平。我国积极促进和依法保护外商投资和鼓励开展对外投资。

1. 积极促进和依法保护外商投资

外商投资不仅是中国经济增长和结构优化的重要动力,而且对中国的技术进步、产业升级、就业增加、贸易平衡和国际竞争力的提升都产生显著的积极影响。外商投资为我国经济的增长提供了重要支持,对我国的技术进步和创新能力提升起到了积极的推动作用,对我国的贸易平衡和国际竞争力的提升也具有重要意义。因此,积极促进和依法保护外商投资是中国经济持续健康发展的必然选择。

党的十九大作出了"推动形成全面开放新格局"的决策部署,要求**"实行高水平的贸易和投资自由化便利化政策,全面实行准入前国民待遇加负面清单管理制度,大幅度放宽市场准入,扩大服务业对外开放,保**

① 参见王文涛:《以党的二十大精神为指引　推进高水平对外开放》,载《求是》2023 年第 2 期。

护外商投资合法权益”①。在此维度上，2020年《外商投资法》的实施具有里程碑式意义。这是我国历史上第一部全面系统的外资立法，是贯彻落实中央扩大对外开放、促进外商投资决策部署的重要举措。②《外商投资法》确立了外商投资促进制度，建立了准入前国民待遇和负面清单制度，提高了外商投资政策的透明度，保障了外商投资企业平等参与市场竞争，加强了外商投资服务，并依法依规鼓励和引导外商投资。同时，《外商投资法》确立了外商投资保护制度，加强了对外商投资企业的产权保护，强化了对涉及外商投资的规范性文件制定的约束，促使地方人民政府守约践诺，并完善了外商投资企业投诉工作机制。除此之外，《外商投资法》还确立了外商投资管理制度，规定了外商投资负面清单管理制度，明确了外商投资项目的核准、备案制度，建立了外商投资信息报告制度，并确立了外商投资安全审查制度。③

2. 鼓励开展对外投资

对外投资是我国企业“走出去”的重要形式。改革开放以来，我国企业的境外投资、对外承包工程、劳务合作、设立境外研发机构、进行跨国并购等有了很大发展。实施“走出去”战略，鼓励和规范我国企业对外投资，积极参与经济全球化，有利于发挥我国比较优势，在更大范围、更宽领域、更深层次上提高开放型经济水平，利用好国际国内两个市场、两种资源，使我国经济深度融入世界经济。

---

① 习近平：《决胜全面建成小康社会　夺取新时代中国特色社会主义伟大胜利——在中国共产党第十九次全国代表大会上的报告》，2017年10月18日。

② 参见陈升：《外商投资法实施条例，让外商“定心”》，载中国政府网，https://www.gov.cn/zhengce/2019-12/14/content_5461203.htm。

③ 参见张西峰：《〈外商投资法〉的亮点与意义》，载《宁波经济（财经观点）》2019年第4期。

（四）推动共建“一带一路”高质量发展

“一带一路”是习近平总书记于2013年9月提出的“丝绸之路经济带”和同年10月提出的“21世纪海上丝绸之路”的统称，是中国为推动经济全球化深入发展而提出的国际区域经济合作新模式；其核心目标是促进经济要素有序自由流动、资源高效配置和市场深度融合，推动开展更大范围、更高水平、更深层次的区域合作，共同打造开放、包容、均衡、普惠的区域经济合作架构。[①] 一路走来，“一带一路”从中国倡议走向国际实践，从理念转化为行动，从愿景转变为现实，成为深受欢迎的国际公共产品和国际合作平台，给相关国家带来实实在在的利益，也为推进经济全球化健康发展、破解全球发展难题和完善全球治理体系做出积极贡献，开辟了人类共同实现现代化的新路径，推动构建人类命运共同体落地生根。[②]

党的二十大报告强调：“**推动共建‘一带一路’高质量发展。**”[③]这对我国发展“一带一路”提出了更高要求。在第二届“一带一路”国际合作高峰论坛开幕式上，习近平总书记阐释了“一带一路”高质量发展的前进方向：秉持共商共建共享原则；坚持开放、绿色、廉洁理念；努力实现高标准、惠民生、可持续目标；构建全球互联互通伙伴关系，实现共同发展繁荣。[④]

---

① 参见刘卫东：《“一带一路”战略的科学内涵与科学问题》，载《地理科学进展》2015年第5期。

② 参见国务院新闻办公室：《共建“一带一路”：构建人类命运共同体的重大实践》，载外交部官网，https://www.mfa.gov.cn/wjb_673085/zfxxgk_674865/gknrlb/tywj/zcwj/202310/t20231010_11158751.shtml。

③ 习近平：《高举中国特色社会主义伟大旗帜 为全面建设社会主义现代化国家而团结奋斗——在中国共产党第二十次全国代表大会上的报告（2022年10月16日）》，人民出版社2022年版，第33页。

④ 参见习近平：《齐心开创共建“一带一路”美好未来——在第二届“一带一路”国际合作高峰论坛开幕式上的主旨演讲》，人民出版社2019年版，第3～4页。

共建“一带一路”：构建人类命运共同体的重大实践（节选）

国务院新闻办公室

从长远来看，世界多极化的趋势没有变，经济全球化的大方向没有变，和平、发展、合作、共赢的时代潮流没有变，各国人民追求美好生活的愿望没有变，广大发展中国家整体崛起的势头没有变，中国作为最大发展中国家的地位和责任没有变。尽管共建“一带一路”面临一些困难和挑战，但只要各国都能从自身长远利益出发、从人类整体利益出发，共同管控风险、应对挑战、推进合作，共建“一带一路”的未来就充满希望。

作为负责任的发展中大国，中国将继续把共建“一带一路”作为对外开放和对外合作的管总规划，作为中国与世界实现开放共赢路径的顶层设计，实施更大范围、更宽领域、更深层次的对外开放，稳步扩大规则、规制、管理、标准等制度型开放，建设更高水平开放型经济新体制，在开放中实现高质量发展，以中国新发展为世界提供新机遇。中国愿加大对全球发展合作的资源投入，尽己所能支持和帮助发展中国家加快发展，提升新兴市场国家和发展中国家在全球治理中的话语权，为促进世界各国共同发展作出积极贡献。中国真诚欢迎更多国家和国际组织加入共建“一带一路”大家庭，乐见一切真正帮助发展中国家建设基础设施、促进共同发展的倡议，共同促进世界互联互通和全球可持续发展。

在高质量共建“一带一路”的道路上，每一个共建国家都是平等的参与者、贡献者、受益者。中国愿与各方一道，坚定信心、保持定力，继续本着共商、共建、共享的原则，推进共建“一带一路”国际合作，巩固合作基础，拓展合作领域，做优合作项目，共创发展新机遇、共谋发展新动能、共拓发展新空间、共享发展新成果，建设更加紧密的卫生合作伙伴关系、互联互通伙伴关系、绿色发展伙伴关系、开放包容伙伴关系、创新合作伙伴关系、廉洁共建伙伴关系，推动共建“一带一路”高质量发展，为构建人类命运共同体注入新的强大动力。①

(五)维护多边贸易体制，反对单边主义和保护主义，推动建设开放型世界经济

多边贸易体制指的是由多个国家参与、建立在共识基础上的全球性贸易体制。这个体制的核心是通过谈判、协商和共识，促进各成员国之间的贸易自由化、公平竞争和经济合作。

多边贸易体制的形成历经了漫长的过程。第二次世界大战后，国家之间在经济上的相互依赖关系愈来愈明显。国际政治上的和平与安全，国际经济上的复兴与发展，二者紧密地联系在一起，为多边贸易体制的产生和发展奠定了基础。进入21世纪，经济全球化面临的挑战日益突出。在经济全球化不断深化的进程中，以“多哈发展议程”为主题的多边贸易谈判陷入僵局，广大发展中国家期盼多边贸易体制更加公平、民主、透明和更加符合它们的利益。②

当前，经济全球化遭遇逆流，单边主义、保护主义抬头，多边贸易体制挫折不断。贸易保护主义致使国家间贸易冲突频发，世界贸易组织争端解决机构遭受挫折。一些国家和地区开始更加重视区域贸易协定，反过来更加削弱多边贸易体制的地位。面对种种困难，中国作为多边贸易体制的支持者、维护者。将“维护多边贸易体制，反对单边主义和保护主

① 国务院新闻办公室：《共建“一带一路”：构建人类命运共同体的重大实践》，载外交部官网，https://www.mfa.gov.cn/wjb_673085/zfxxgk_674865/gknrlb/tywj/zcwj/202310/t20231010_11158751.shtml。

② 参见梁西原著主编、王献枢副主编、曾令良修订主编：《国际法》(第3版)，武汉大学出版社2011年版，第370页。

义，推动建设开放型世界经济”的表述载入《对外关系法》，彰显了我国坚定维护多边贸易体制的决心与意志，并愿意积极参与其中，共同应对全球经济面临的挑战。

关联立法

《对外贸易法》

第1条　为了扩大对外开放，发展对外贸易，维护对外贸易秩序，保护对外贸易经营者的合法权益，促进社会主义市场经济的健康发展，制定本法。

《外商投资法》

第1条　为了进一步扩大对外开放，积极促进外商投资，保护外商投资合法权益，规范外商投资管理，推动形成全面开放新格局，促进社会主义市场经济健康发展，根据宪法，制定本法。

经典导读

就“一带一路”与高水平对外开放，《习近平外交思想学习纲要》指出：“对外开放是我国的基本国策。开放带来进步，封闭必然落后。中国开放的大门不会关闭，只会越开越大。近年来，习近平总书记在博鳌亚洲论坛年会、中国国际进口博览会以及二十国集团领导人峰会等国内外一系列重要场合发表演讲，全面阐释中国对外开放政策，强调我们将坚持以开放促改革、促发展、促创新，持续推进更高水平的对外开放。‘十四五'规划和二〇三五年远景目标纲要指出,坚持实施更大范围、更宽领域、更深层次对外开放,依托我国超大规模市场优势,促进国际合作,实现互利共赢,推动共建'一带一路'行稳致远。"①

就推进"一带一路"国际合作和构建开放型世界经济,《习近平外交思想学习纲要》指出:"习近平总书记指出,世界经济的大海,你要还是不要,都在那儿,是回避不了的。想人为切断各国经济的资金流、技术流、产品流、产业流、人员流,让世界经济的大海退回到一个一个孤立的小湖泊、小河流,是不可能的,也是不符合历史潮流的。当前,经济全球化遭遇逆流,单边主义、保护主义抬头,我们决不能被逆风和回头浪所阻,要站在历史正确的一边,坚定不移扩大对外开放。以更加开放的心态和举措,共同把全球市场的蛋糕做大、把全球共享的机制做实、把全球合作的方式做活,共同把经济全球化动力搞得越大越好、阻力搞得越小越好。坚持'拉手'而不是'松手',坚持'拆墙'而不是'筑墙',坚决反对保护主义、单边主义。搞保护主义如同把自己关进黑屋子,看似躲过了风吹雨打,但也隔绝了阳光和空气,打贸易战的结果只能是两败俱伤。我们要致力于推进合作共赢的共同开放、合作共担的共同开放、合作共治的共同开放。要坚持多边贸易体制的核心价值和基本原则,积极支持和参与世界贸易组织改革,共同构建更高水平的国际经贸规则,促进贸易和投资自由化便利化。"②

---

① 中共中央宣传部、中华人民共和国外交部编:《习近平外交思想学习纲要》,人民出版社、学习出版社 2021 年版,第 100~101 页。

② 中共中央宣传部、中华人民共和国外交部编:《习近平外交思想学习纲要》,人民出版社、学习出版社 2021 年版,第 103~104 页。

第二十七条

条文内容

中华人民共和国通过经济、技术、物资、人才、管理等方式开展对外援助，促进发展中国家经济发展和社会进步，增强其自主可持续发展能力，推动国际发展合作。

中华人民共和国开展国际人道主义合作和援助，加强防灾减灾救灾国际合作，协助有关国家应对人道主义紧急状况。

中华人民共和国开展对外援助坚持尊重他国主权，不干涉他国内政，不附加任何政治条件。

条文释义

本条规定了我国对外援助的开展与国际人道主义合作和援助的开展。

对外援助是指使用政府对外援助资金向受援方提供经济、技术、物资、人才、管理等支持的活动。对外援助具有重要的经济、政治和社会意义，有助于促进全球合作、减缓贫困、推动可持续发展和维护国际和平。

同时，对外援助是大国外交的重要手段，是国家对外交流与经济合作的重要组成部分。

国际人道主义合作和援助是指国际社会在面对突发性灾难和人道主义危机时，通过国际组织、国家政府、非政府组织等渠道，为受灾地区和受灾人群提供援助和支持的一种合作行动。人道主义是以人为本理念的重要体现。面对人道主义危机，各国应该弘扬人道、博爱、奉献的精神，为身陷困境的无辜百姓送去关爱，送去希望。一方面，国际人道主义合作和援助包括紧急救援行动，如派遣医疗队，提供食品、饮水、床铺等生活必需品，以及搜救被困人员，等等；另一方面，国际社会提供长期的人道主义援助，包括重建受灾地区的基础设施、提供医疗服务、改善教育条件、恢复生计等。

我国是一个发展中国家，我国的对外援助致力于帮助受援方减轻与消除贫困，改善受援方民生和生态环境，促进受援方经济发展和社会进步，增强受援方自主可持续发展能力，巩固和发展与受援方的友好合作关系。就援助的形式而言，我国的对外援助以提供双边援助为主，同时在力所能及的前提下支持和参与联合国等多边机构的发展援助工作，并本着开放的态度同多边组织和其他国家在发展援助领域积极开展交流，探讨务实合作。

（一）我国开展对外援助的基本原则

我国是世界上最大的发展中国家，人口多、底子薄、经济发展不平衡。发展仍然是中国长期面临的艰巨任务，这决定了我国的对外援助属于南南合作范畴，对外援助的受援方主要包括与我国已经建立外交关系且有接受援助需要的发展中国家,以及以发展中国家为主的国际组织。① 但是在人道主义援助等紧急或者特殊情况下,发达国家或者与我国无外交关系的发展中国家也可以作为受援方。我国开展对外援助坚持如下几方面的原则:第一,坚持帮助受援国提高自主发展能力。第二,坚持不附带任何政治条件。第三,坚持平等互利、共同发展。第四,坚持量力而行、尽力而为。第五,坚持与时俱进、改革创新。② 上述原则最终转化为2021年施行的《对外援助管理办法》第5条的内容;其中,“尊重他国主权,不干涉他国内政,不附加任何政治条件”被纳入《对外关系法》。

(二)我国开展对外援助的基本情况

新中国成立以来,本着“筑巢引凤”“授人以渔”理念,我国力所能及地向广大发展中国家提供真诚无私的援助,给予大量物质支持、技术支持、人员支持、智力支持,帮助发展中国家实现经济独立自主和多元化发展。③ 我国在开展双边援助的同时,与部分国际多边组织和国家在能力建设、培训和基础设施建设方面开展了充分发挥各自优势的三边合作和区域合作,并取得积极成果。

国家国际发展合作署与《对外援助管理办法》

2018年3月,十三届全国人大一次会议表决通过了《关于国务院机

① 参见国务院新闻办公室:《中国的对外援助》,载中国政府网,https://www.gov.cn/zwgk/2011-04/21/content_1850553.htm。

② 参见国务院新闻办公室:《中国的对外援助》,载中国政府网,https://www.gov.cn/zwgk/2011-04/21/content_1850553.htm。

③ 参见中共中央宣传部、中华人民共和国外交部编:《习近平外交思想学习纲要》,人民出版社、学习出版社2021年版,第114页。

构改革方案的决定》。方案提出将商务部对外援助工作有关职责、外交部对外援助协调等职责整合，组建国家国际发展合作署，作为国务院直属机构。国家国际发展合作署履行拟订对外援助战略方针、规划、政策，统筹协调援外重大问题并提出建议，推进援外方式改革，编制对外援助方案和计划，确定对外援助项目并监督评估实施情况等职责。援外的具体执行工作仍由相关部门按分工承担。国家国际发展合作署的成立，标志着中国发展新阶段背景下，将对外援助提升至更高层级的外交布局。这是加强对外援助整体战略谋划，优化援助方式的具体表现，也是中国外交迈入"强起来"阶段的一个伟大实践，更是展现新时期中国大国责任和担当的一张名片。①

2021年，国家国际发展合作署、外交部、商务部联合发布了部门规章《对外援助管理办法》，自其施行之日起，商务部于2014年发布的《对外援助管理办法(试行)》同时废止。《对外援助管理办法》主要规定了如下内容：

第一，明确对外援助的概念、援助目标和援助原则。规定国际发展合作署、外交部、商务部等援外执行部门、驻外使领馆(团)等单位在对外援助管理中的职责和分工。加强援外标识管理等。

第二，规范对外援助政策规划的管理。明确由国际发展合作署会同有关部门拟订对外援助的战略方针和中长期政策规划、制定国别援助政策、拟订对外援助总体方案和年度计划等。建立对外援助项目储备制度，搜集、审核和确定具体国别的储备项目，实行动态管理。

第三，明确援助资金分为无偿援助、无息贷款和优惠贷款三种类型

① 参见王欲然:《国家国际发展合作署今日成立　展现中国担当的新名片》，载人民网，http://world.people.com.cn/n1/2018/0418/c1002-29934894.html。

及各自主要用途。以项目援助为主,人道主义援助等特殊情况下可提供现汇援助。规定了援外项目的八种主要类型,成套项目、物资项目、技术援助项目等。援外项目除中方负责实施外,还可以采用中外合作实施、外方自主实施、与第三方合作实施等方式。

第四,规范对外援助项目立项原则和程序。国际发展合作署组织项目前期论证,按程序批准立项,并对外商签立项协议等。人道主义灾难发生后,国际发展合作署会同有关部门拟订紧急援助方案并办理立项。

第五,规范对外援助实施管理。国际发展合作署根据现行部门分工统筹安排援外执行部门组织实施项目。援外执行部门依据立项批准内容组织项目实施,选定实施主体,负责项目安全、质量、进度等。项目实施主体不得将所承担的任务转包或违法分包。明确援外人员待遇保障等。

第六,规定国际发展合作署会同援外执行部门建立援外项目监督制度和评估制度。完善实施主体诚信评价体系、项目信息报送、援外统计管理等。

第七,规定对外援助项目实施主体、相关部门工作人员的法律责任。对外军事援助,按照国家和军队有关规定执行。①

---

① 参见国家国际发展合作署:《关于〈对外援助管理办法〉的政策解读》,载国家国际发展合作署官网,http://www.cidca.gov.cn/2021-08/31/c1211351316.htm。

关联立法

《对外援助管理办法》

第1条　为了加强对外援助的战略谋划和统筹协调，规范对外援助管理，提升对外援助效果，依据有关法律、行政法规制定本办法。

第2条　本办法所称对外援助是指使用政府对外援助资金向受援方提供经济、技术、物资、人才、管理等支持的活动。

第3条　对外援助的受援方主要包括与中华人民共和国已经建立外交关系且有接受援助需要的发展中国家，以及以发展中国家为主的国际组织。

在人道主义援助等紧急或者特殊情况下，发达国家或者与中华人民共和国无外交关系的发展中国家也可以作为受援方。

第4条　对外援助致力于帮助受援方减轻与消除贫困，改善受援方民生和生态环境，促进受援方经济发展和社会进步，增强受援方自主可持续发展能力，巩固和发展与受援方的友好合作关系，促进高质量共建"一带一路"，推动构建新型国际关系，推动构建人类命运共同体。

第5条　对外援助应当坚持正确义利观和真实亲诚理念，相互尊重，平等相待，合作共赢；尊重受援国主权，不干涉他国内政，不附加任何政治条件；量力而行，尽力而为，重信守诺，善始善终；因国施策，共商共建，形式多样，注重实效。

经典导读

就我国的对外援助,《习近平外交思想学习纲要》指出:"中国在消除自身贫困的同时,积极开展南南合作,在力所能及范围内向其他发展中国家提供不附加任何政治条件的援助,支持和帮助广大发展中国家,特别是最不发达国家消除贫困。习近平总书记强调,加强同发展中国家和国际机构在减贫领域的交流合作是我国对外开放大局的重要组成部分。习近平总书记向国际社会介绍中国减贫事业的发展和经验,提出着力加快全球减贫进程,着力加强减贫发展合作,着力实现多元自主可持续发展,着力改善国际发展环境等重要倡议,为全球减贫事业注入动力……我国在对外援助中始终注重分享中国发展、改革开放的政策经验,传授和转让实用技术,帮助发展中国家消除贫困,提升自主和可持续发展能力。"①

---

① 中共中央宣传部、中华人民共和国外交部编:《习近平外交思想学习纲要》,人民出版社、学习出版社2021年版,第83~84页。

第二十八条

条文内容

中华人民共和国根据发展对外关系的需要，开展教育、科技、文化、卫生、体育、社会、生态、军事、安全、法治等领域交流合作。

条文释义

本条阐明了我国在各领域积极开展国际交流合作的态度，包括教育、科技、文化、卫生、体育、社会、生态、军事、安全、法治等方面。

积极开展教育领域的国际交流合作有利于推动全球教育事业的发展。通过国际教育交流，各国可以分享教育资源和经验，促进教育质量的提升和推动教育创新。国际教育交流可以促进跨文化交流与理解，培养学生的国际视野和跨文化沟通能力，有助于打破文化隔阂，增进世界各国之间的友谊与合作。此外，国际教育交流还可以促进人才培养和人力资源的国际化，为各国经济社会发展提供更多的人才支持。

在科技领域积极开展国际交流合作对于推动科技创新和全球科技

发展至关重要。国际科技交流可以促进科技资源的共享与合作,加速科技成果的转化和应用,推动全球科技创新的进程,推动科技前沿领域的发展,为全球科技创新注入更多的活力和动力。

积极开展国际文化交流合作可以增进世界各国之间的相互了解、尊重和友谊。国际文化交流可以促进文化多样性的保护和传承,使世界各国的文化传统得到更好的传播和传承,可以增进不同国家和民族之间的相互了解与尊重,减少误解。此外,国际文化交流还有助于拓展文化产业和文化市场,促进文化产品的国际流通和交流,推动文化产业的繁荣和发展。

在卫生领域积极开展国际交流合作有利于应对全球公共卫生挑战。国际卫生交流可以促进疾病防控和医疗资源的共享与合作,加强国际疫情监测和应对能力,有效防范和控制跨国传染病的扩散。通过国际卫生交流合作,可以促进医学研究和科研成果的共享与交流,加速新药研发和医疗技术的创新,提高全球卫生服务水平和医疗保障水平。此外,国际卫生交流合作还可以促进医学人才培养和医疗资源的流动,为各国卫生事业的发展提供更多的人才支持和技术支持。

积极开展国际体育交流合作可以促进世界各国体育事业的发展和人民的健康。国际体育交流可以促进体育资源的共享与合作,加强国际体育赛事和活动的互动与交流。通过国际体育交流,可以增进各国人民之间的友谊和理解,促进国际体育文化的传播和交流,推动世界体育事业的繁荣和发展。

在社会领域积极开展国际交流合作对于促进世界各国社会发展和增进人民福祉具有重要意义。国际社会交流可以促进社会资源的共享与合作,加强各国社会政策和社会治理经验的交流与借鉴,推动社会发展的创新和进步,也可以增进各国人民之间的相互了解和沟通,促进社会文化的多样性和包容性。

在生态领域积极开展国际交流合作有利于保护全球生态环境和推动可持续发展。国际生态交流可以促进生态资源的共享与保护，加强各国生态环境治理和生态文明建设的合作与协调，推动全球生态环境的改善和保护，增进各国对生态文明的认识和理解，推动全球绿色发展和生态文明建设。此外，国际生态交流还有助于促进生态科技的创新和应用，推动全球生态产业的发展和绿色经济的繁荣，实现人与自然和谐共生的目标。

在军事领域积极开展国际交流合作对于维护世界和平与安全具有重要意义。国际军事交流可以促进军事资源的共享与合作，加强各国军队之间的交流与互信，增进各国军事力量之间的理解与尊重，推动国际军事安全合作和防务合作的深入发展。通过国际军事交流，可以增强各国军队的战备能力和应对能力，提高全球军事安全的整体水平，有效应对各种国际和地区安全挑战和威胁。此外，国际军事交流还有助于促进军事文化的传播与交流，加强军事人员的专业技能培训和交流学习，推动国际军事合作的不断深化和拓展。

在安全领域积极开展国际交流合作有助于维护世界和平与稳定。国际安全交流可以促进安全资源的共享与合作，提高各国对于国际安全形势的认识和应对能力，有效应对国际安全威胁和挑战。通过国际安全交流，可以推动国际安全合作机制的完善，加强国际社会的安全治理和危机管理能力。

在法治领域积极开展国际交流合作有利于推进国际法治建设和促进国际社会的公平正义。国际法治交流可以促进法治资源的共享与合作，加强各国之间的法律制度和文化的交流，推动全球法治体系的完善和发展。同时，通过国际法治交流，可以增进各国对于法治理念的认同和尊重，促进国际社会法治观念的普及和传播，提升全球公民的法治意识和法律素养。此外，国际法治交流还有助于促进国际法律文书的制定和执行，推动国际社会的公平正义，维护全球法治秩序。

关联立法

《教育法》

第67条　国家鼓励开展教育对外交流与合作，支持学校及其他教育机构引进优质教育资源，依法开展中外合作办学，发展国际教育服务，培养国际化人才。

教育对外交流与合作坚持独立自主、平等互利、相互尊重的原则，不得违反中国法律，不得损害国家主权、安全和社会公共利益。

《科学技术进步法》

第79条　国家促进开放包容、互惠共享的国际科学技术合作与交流，支撑构建人类命运共同体。

《公共文化服务保障法》

第12条　国家鼓励和支持在公共文化服务领域开展国际合作与交流。

《基本医疗卫生与健康促进法》

第14条　国家鼓励和支持医疗卫生与健康促进领域的对外交流合作。

开展医疗卫生与健康促进对外交流合作活动，应当遵守法律、法规，维护国家主权、安全和社会公共利益。

《体育法》

第61条 国家鼓励、支持体育组织依照法律法规和章程开展体育活动,推动体育事业发展。

国家鼓励体育组织积极参加国际体育交流合作,参与国际体育运动规则的制定。

《陆地国界法》

第56条 国务院有关部门可以与陆地邻国相关部门在口岸建设和管理、自然资源利用、生态环境保护、疫情防控、应急管理等领域开展合作,建立相互通报、信息共享、技术与人才交流等合作机制。

边境省、自治区的县级以上各级人民政府可以在国家有关主管部门指导下,参与相关合作机制,承担具体合作工作。

《国防法》

第9条 中华人民共和国积极推进国际军事交流与合作,维护世界和平,反对侵略扩张行为。

《网络安全法》

第7条 国家积极开展网络空间治理、网络技术研发和标准制定、打击网络违法犯罪等方面的国际交流与合作,推动构建和平、安全、开放、合作的网络空间,建立多边、民主、透明的网络治理体系。

《核安全法》

第13条 国家组织开展与核安全有关的国际交流与合作,完善核安全国际合作机制,防范和应对核恐怖主义威胁,履行中华人民共和国缔结或者参加的国际公约所规定的义务。

《数据安全法》

第 11 条　国家积极开展数据安全治理、数据开发利用等领域的国际交流与合作,参与数据安全相关国际规则和标准的制定,促进数据跨境安全、自由流动。

经典导读

《习近平外交思想学习纲要》指出:“要坚持合作共赢,推动建立以合作共赢为核心的新型国际关系,坚持互利共赢的开放战略,把合作共赢理念体现到政治、经济、安全、文化等对外合作的方方面面。”①“二十一世纪是合作的世纪。心胸有多宽,合作舞台就有多广。要维护发展机遇和发展空间,推动高质量共建‘一带一路’,坚持引进来和走出去并重,同各国广泛开展经贸、金融、能源、科技、军事、教育、人文、政党、地方、青年等各领域交流合作,努力形成深度交融的互利合作网络。”②

---

① 中共中央宣传部、中华人民共和国外交部编:《习近平外交思想学习纲要》,人民出版社、学习出版社 2021 年版,第 35 页。

② 中共中央宣传部、中华人民共和国外交部编:《习近平外交思想学习纲要》,人民出版社、学习出版社 2021 年版,第 37 页。

第五章

对外关系的制度

第二十九条

条文内容

国家统筹推进国内法治和涉外法治,加强涉外领域立法,加强涉外法治体系建设。

条文释义

本条阐明了我国统筹推进国内法治和涉外法治的原则,并突出强调加强涉外领域立法和涉外法治体系建设的重要性。

(一)统筹推进国内法治和涉外法治

法治是国家核心竞争力的重要内容。统筹中华民族伟大复兴战略全局和世界百年未有之大变局,必须坚持统筹推进国内法治和涉外法治。我国已经进入了实现中华民族伟大复兴的关键时期。中国与世界的关系在发生深刻变化,我国同国际社会的互联互动也已变得空前紧密。因此,我国谋划改革发展,必须统筹考虑和综合运用国际国内两个市场、国际国内两种资源、国际国内两类规则。① 要坚持从我国实际出发,坚定不移走自己的路,同时要树立世界眼光,更好把国内发展与对外开放统一起来,把中国发展与世界发展联系起来,把中国人民利益同各国人民共同利益结合起来。② 此即"统筹推进国内法治和涉外法治"的产生背景。

统筹推进国内法治和涉外法治是《对外关系法》立法的出发点和落脚点。回溯历史,统筹兼顾的工作方法贯穿新中国成立以来的发展历程,被广泛应用于政治、经济、外交等领域,③是我国治国理政的重要历史经验。在"百年未有之大变局"背景下,首倡于中央全面依法治国工作会议的统筹推进国内法治和涉外法治成为我国提高对外工作法治化水平的逻辑起点,被写入党的二十大报告。④

习近平总书记指出,统筹推进国内法治和涉外法治是"**全面依法治**

---

① 参见中共中央宣传部、中央全面依法治国委员会办公室编:《习近平法治思想学习纲要》,人民出版社、学习出版社 2021 年版,第 117 页。

② 参见中共中央宣传部、中央全面依法治国委员会办公室编:《习近平法治思想学习纲要》,人民出版社、学习出版社 2021 年版,第 117 ~ 118 页。

③ 参见毛泽东:《论十大关系》,载《毛泽东文集》(第 7 卷),人民出版社 1999 年版,第 186 页("统筹兼顾,各得其所。这是我们历来的方针。");参见邓小平:《坚持四项基本原则》,载《邓小平文选》(第 2 卷),人民出版社 1994 年版,第 175 页("我们必须按照统筹兼顾的原则来调节各种利益的相互关系。");参见江泽民:《在庆祝中国共产党成立八十周年大会上的讲话(2001 年 7 月 1 日)》,载《江泽民文选》(第 3 卷),人民出版社 2006 年版,第 279 ~ 280 页("我们所有的政策措施和工作,都应该正确反映并有利于妥善处理各种利益关系,都应认真考虑和兼顾不同阶层、不同方面群众的利益。");参见胡锦涛:《高举中国特色社会主义伟大旗帜,为夺取全面建设小康社会新胜利而奋斗》,载《胡锦涛文选》(第 2 卷),人民出版社 2016 年版,第 623 页("科学发展观……根本方法是统筹兼顾。");参见习近平:《高举中国特色社会主义伟大旗帜　为全面建设社会主义现代化国家而团结奋斗——在中国共产党第二十次全国代表大会上的报告》,人民出版社 2022 年版,第 2 页("党中央统筹中华民族伟大复兴战略全局和世界百年未有之大变局……以奋发有为的精神把新时代中国特色社会主义不断推向前进。")。

④ 参见习近平:《高举中国特色社会主义伟大旗帜　为全面建设社会主义现代化国家而团结奋斗——在中国共产党第二十次全国代表大会上的报告》,人民出版社 2022 年版,第 41 页。

国的迫切任务”,其具有两方面的内涵:一方面,要统筹考虑和综合运用国际国内两个市场、两种资源、两类规则,提高“内外联动性”,另一方面,要加快涉外法治工作战略布局,提高涉外法治工作水平。[①] 前者强调国内法治和涉外法治的系统化、协调化发展,促进国内法治与涉外法治的通盘筹划、统一部署、均衡兼顾、协同发展;[②]后者突出完善涉外法治体系建设,加快补短板、强弱项。作为我国外交大政方针和理念实践的系统集成,[③]《对外关系法》被视作贯彻统筹推进国内法治和涉外法治要求的重要抓手。一方面,“统筹”通过本条的内容转化为国家意志;另一方面,《对外关系法》及其立法过程切实贯彻了“统筹”的两方面内涵。[④]

(二)加强涉外领域立法,加强涉外法治体系建设

面对加速演进的世界百年未有之大变局,加强涉外领域立法、完善涉外法律体系是统筹推进国内法治和涉外法治、塑造我国国际竞争优势的必然要求,是坚持和完善中国特色社会主义法治体系、推进国家治理体系和治理能力现代化的重要举措。[⑤] 从现实来看,我国在世界经济和全球治理中的分量迅速上升,但涉外法治工作仍有薄弱环节,一些法律法规比较原则、笼统,我国法域外适用的法律体系还不够健全,涉外执法

---

① 参见中共中央宣传部、中央全面依法治国委员会办公室编:《习近平法治思想学习纲要》,人民出版社、学习出版社 2021 年版,第 117 ~ 122 页。

② 参见黄进:《论统筹推进国内法治和涉外法治》,载《中国社会科学》2022 年第 12 期。

③ 参见王毅:《贯彻对外关系法,为新时代中国特色大国外交提供坚强法治保障》,载《人民日报》2023 年 6 月 29 日,第 6 版。

④ 参见范子豪:《〈对外关系法〉“统筹”意涵的展开——以“分配功能”理论为视角》,载《武大国际法评论》2023 年第 4 期。

⑤ 参见徐伟功:《加强涉外领域立法 完善涉外法律体系》,载《人民日报》2023 年 10 月 26 日,第 13 版。

司法的水平还有待提高。[1] 本条规定从立法层面对加强涉外领域立法，加强涉外法治体系建设作出了规定。2014 年 10 月，党的十八届四中全会首次明确提出，要“**适应对外开放不断深化，完善涉外法律法规体系**”。2019 年 10 月，党的十九届四中全会提出，建设更高水平开放型经济新体制，完善涉外经贸法律和规则体系。2021 年 11 月，党的十九届六中全会通过的《中共中央关于党的百年奋斗重大成就和历史经验的决议》明确强调“**加强重点领域、新兴领域、涉外领域立法**”。[2] 这一表述最终被写入党的二十大报告。

《对外关系法》同样是加强涉外领域立法，加强涉外法治体系建设的成果。历史上，受迫于外国干涉，我国涉外立法长期坚持“急用先行”原则，[3]强调其“工具箱”价值。此种立法模式凸显问题导向，提高斗争的针对性、及时性，维护了我国的主权、安全和发展利益，却难免使涉外立法呈现出“分散化”的特征。[4] 这一方面体现为在面对各类打压措施时，我国“一事一议、见招拆招”的策略导致涉外法治斗争的整体性亟待提升；另一方面体现为涉外立法，尤其是针对法理上高度相似的“长臂管辖”、外国法不当适用、经济制裁、出口管制等干涉行为，在措辞、规范的层级、机制职能方面需要不断健全。为解决此类问题，《对外关系法》就“对外关系各领域工作作出根本性、原则性规定，为其他涉外法律提供授

---

① 参见中共中央宣传部、中央全面依法治国委员会办公室编：《习近平法治思想学习纲要》，人民出版社、学习出版社 2021 年版，第 118 页。

② 参见莫纪宏、徐梓文：《为涉外法治提供坚实立法保障》，载《光明日报》2022 年 4 月 1 日，第 11 版。

③ 参见何其生：《大国博弈与对外关系的法治化》，载《中国社会科学报》2023 年 1 月 13 日，第 A04 版。

④ 参见何其生：《大国博弈与对外关系的法治化》，载《中国社会科学报》2023 年 1 月 13 日，第 A04 版。

权、指引和衔接”[①],为涉外法治建设提供系统完备的指引;同时划定对外关系的职权,[②]加强涉外领域立法及其实施、适用,[③]并明确条约和协定在国内的适用,[④]协调“中国法的外向化”和“国际法的内向化”。[⑤] 由此,作为我国发展对外关系“提纲挈领”的基础性、综合性法律,《对外关系法》落实了“统筹推进国内法治和涉外法治”的要求,加强了涉外领域立法的整体性与协调性。[⑥]

涉外领域立法与涉外法治体系建设是一个有机联系的整体。具体而言,涉外领域立法是涉外法治的基础,更是实现统筹推进国内法治和涉外法治的关键前提。[⑦] 党的十八大以来,国家安全领域、对外经贸领域、反外国制裁和“长臂管辖”等涉外法律斗争领域的立法工作明显加强,立法成果十分丰硕,弥补了我国涉外立法中长期存在的短板。[⑧] 诸多领域国内立法中的涉外条款仍在不断增加并日趋完善,立法规制的重点更加突出、科学性更强,极大丰富了中国为维护自身合法权益开展国际斗争的法律“工具箱”,为推进高水平对外开放奠定了更为坚实的法律基础。[⑨] 涉外法治建设,体现在运用法治思维和法治方式处理各类涉

---

① 王毅:《贯彻对外关系法,为新时代中国特色大国外交提供坚强法治保障》,载《人民日报》2023 年 6 月 29 日,第 6 版。

② 参见《对外关系法》第 9 条至第 16 条的规定。

③ 参见《对外关系法》第 29 条、第 32 条的规定。

④ 参见《对外关系法》第 30 条、第 31 条的规定。

⑤ 参见何其生:《大国博弈与对外关系的法治化》,载《中国社会科学报》2023 年 1 月 13 日,第 A04 版。

⑥ 参见范子豪:《〈对外关系法〉“统筹”意涵的展开——以“分配功能”理论为视角》,载《武大国际法评论》2023 年第 4 期。

⑦ 参见张龑:《涉外法治的概念与体系》,载《中国法学》2022 年第 2 期。

⑧ 参见黄进、鲁洋:《习近平法治思想的国际法治意涵》,载《政法论坛》2021 年第 3 期。

⑨ 参见刘敬东:《加强涉外领域立法的理论思考与建议》,载《国际法研究》2023 年第 2 期。

外事务上，具体包括立法、执法、司法、守法和法律服务等多个环节。在涉外法治建设中，涉外立法工作具有基础性作用，通过加快形成系统完备的涉外法律法规体系，为其他各项涉外法治工作提供依据。①

经典导读

2020年11月，习近平总书记在中央全面依法治国工作会议上指出："要坚持统筹推进国内法治和涉外法治。要加快涉外法治工作战略布局，协调推进国内治理和国际治理，更好维护国家主权、安全、发展利益。要强化法治思维，运用法治方式，有效应对挑战、防范风险，综合利用立法、执法、司法等手段开展斗争，坚决维护国家主权、尊严和核心利益。"②

《习近平法治思想学习纲要》指出："要把法治应对摆在更加突出的位置，提高涉外工作法治化水平。在对外斗争中，我们要拿起法律武器，占领法治制高点，敢于向破坏者、搅局者说不。坚持用规则说话，靠规则行事，维护我国政治安全、经济安全，维护我国企业和公民合法权益。司法、外交、商务、援外等部门要加强协调和配合，及时了解掌握最新情况，从法治上有效应对各种国际摩擦纠纷。针对有的西方国家打着'法治'幌子的霸权行径，要加强反制理论和实践研究，建立阻断机制，以法律的形式明确我国不接受任何国家的'长臂管辖'。加快推进我国法域外适用的法律体系建设，为我国涉外执法、司法活动提供法律依据。加强国

① 参见全国人大常委会法制工作委员会研究室：《加强涉外领域立法　加快构建系统完备、衔接配套的涉外法律规范体系》，载中国人大网，http://www.npc.gov.cn/c2/c30834/202205/t20220530_317906.html。

② 《习近平在中央全面依法治国工作会议上发表重要讲话》，载中国政府网，https://www.gov.cn/xinwen/2020-11/17/content_5562085.htm?eqid=807742a900002d2800000003646eb956。

际法研究。

“要加快形成系统完备的涉外法律法规体系，提升涉外执法司法效能。适应高水平对外开放工作的需要，完善涉外法律和规则体系，不断补齐短板……”①

第三十条

条文内容

国家依照宪法和法律缔结或者参加条约和协定，善意履行有关条约和协定规定的义务。

国家缔结或者参加的条约和协定不得同宪法相抵触。

条文释义

国际条约是国际法主体（国家、国际组织等）之间以国际法为准则

① 中共中央宣传部、中央全面依法治国委员会办公室编：《习近平法治思想学习纲要》，人民出版社、学习出版社2021年版，第120～121页。

而缔结的确立其权利和义务的书面协议。①《维也纳条约法公约》第2条中规定，“称‘条约’者，谓国家间所缔结而以国际法为准之国际书面协定，不论其载于一项单独文书或两项以上相互有关之文书内，亦不论其特定名称如何”②。国际条约制度的核心目的在于条约规定的义务得以履行，条约能在缔约国间得到较好的实施和适用。

条约是国际法的组成部分，“国际法”在本法中出现了4次，分别为第19条国际法治、第32条中国法的域外实施和适用、第33条反制和限制措施、第34条建立和发展外交关系。“条约”一词在本法中出现11次，分布在第10条、第12条、第30条、第31条、第34条、第36条、第39条；“协定”一词同样出现11次，和“条约”并列分布在上述7条之中。就其内容而言，主要涉及：(1)依法缔约原则，涉及第10条、第12条、第30条；(2)善意履约原则，即第30条，另外，还包括依约采取变更或者终止外交、领事关系等必要外交行动(第34条)、依约处理外国国家及国际组织的特权与豁免(第36条)、依约开展执法和司法合作(第39条)；(3)条约地位中的宪法至上原则，即第30条；(4)条约的实施和适用，即第31条，该条既有国家采取适当措施实施和适用条约和协定的一般性规则，也包含了保护国家利益的公共秩序原则。本条主要规定了三个条约和协定相关的原则：一是依法缔约原则；二是善意履约原则；三是条约地位中的宪法至上原则，即国家缔结或者参加的条约和协定不得同宪法

---

① 条约(treaty)即国际条约(international treaty)，广义的条约包括名称各异的条约，而狭义的条约仅指以“条约”为命名的条约。条约常见的名称有：条约(treaty)、公约(convention)、议定书(protocol)、协定(agreement)、宪章(charter)、章程(constitution)、盟约(pact)、规约(statute)。

② 1986年《关于国家和国际组织间或国际组织相互间条约法的维也纳公约》第2条中指出，“条约”是指：(1)一个或更多国家和一个或更多国际组织间，或(2)国际组织相互间，以书面缔结并受国际法支配的国际协议，不论其载于一项单独的文书或两项或更多有关的文书内，也不论其特定的名称为何。

相抵触。

(一)依法缔约原则

关于缔约权的问题,《对外关系法》重述了《宪法》和《缔结条约程序法》的规定。一是全国人大及其常委会在缔结条约方面的职权。本法第10条规定,“全国人民代表大会及其常务委员会批准和废除同外国缔结的条约和重要协定”。二是国务院对外缔约的职权。本法第12条规定:“国务院管理对外事务,同外国缔结条约和协定……”

由对应条文的分析可见,我国《宪法》已经就对外缔约的职权划分作出了原则性规定,而《缔结条约程序法》进一步细化了具体的程序规则。在此基础上,本条第1款规定了“国家依照宪法和法律缔结或者参加条约和协定”的依法缔约原则;其中“宪法和法律”指向《宪法》和《缔结条约程序法》的有关规定。因此,这一规定具有“指引性条款”的属性,为对外缔结或参加条约和协定提供了法律依据。

(二)善意履约原则

本条规定了“善意履行有关条约和协定规定的义务”,是我国第一次规定善意履约的义务。善意履约是“条约必须遵守”的古老国际法原则的体现,该原则可溯源到“约定必守”(*pacta sunt servanda*)原则。国际法上的条约必须遵守原则,是指条约缔结后,各方必须按照条约的规定,行使自己的权利、履行自己的义务。在国际社会中,由于没有凌驾于各国之上的强制执行机关,如果国家不遵循该原则,其缔结的条约可能被恣意破坏,正常的国际关系就无法维持和发展,国际法也就难以存在;此外,如果缔约国不遵守业已签订并生效的条约,其背约行为可能作为一种“先例”而被其他国家效仿,从而其国家利益也会受到损害,这种基于相互的利害关系是条约必须遵守原则的社会心理基础和道德源泉。[①]为此,国际法确立了“条约必须遵守”“善意履行条约义务”的基本原则。[②] 1969 年《维也纳条约法公约》第 26 条规定,“凡有效之条约对其各当事国有拘束力,必须由各该国善意履行”,第 27 条进一步规定,“一当事国不得援引其国内法规定为理由而不履行条约”;《联合国宪章》序言部分要求各会员国“尊重由条约与国际法其他渊源而起之义务”。因此,许多国家的宪法纷纷规定遵守“公认的国际法原则或准则”或《联合国宪章》所确立的宗旨和原则,[③]以及善意履行“国际法律义务”。我国《对外关系法》关于善意履约原则的规定有其积极意义。

国际条约和协定是国际社会共同遵守的规则。我国是一个负责任的大国,坚持条约必须信守的国际法原则,对于我国缔结或者参加的国际条约和协定,一直善意履行条约和协定规定的义务,履行联合国安全理事会常任理事国责任,维护联合国安全理事会的权威与地位。改革开放以来,我国全面融入国际体系,积极参与国际事务,缔结或者参加了两万多个国际条约和协定,对于缔结或者参加的国际条约和协定,我国一直坚守诚信,善意履行条约义务,坚定维护以国际法为基础的国际秩序。[④]

规定善意履约原则具有重要的意义。首先,规定善意履约能够体现

---

① 参见曾令良、饶戈平主编:《国际法》,法律出版社 2005 年版,第 245 页。

② “公认的国际法原则或准则”一般被称为“国际法的基本原则”。我国学者通常认为,国际法的基本原则是指那些被各国公认、具有普遍意义、适用于国际法的一切效力范围、构成国际法基础的基本原则。参见王铁崖主编:《国际法》,法律出版社 1995 年版,第 46 页。有的外国学者认为“基本原则在整个国际立法体系中处于最高的位置。它们构成了最高的法律标准”。参见[意]安东尼奥·卡塞斯:《国际法》,蔡从燕等译,法律出版社 2009 年版,第 65 页。

③ 参见戴瑞君:《国际条约在中国法律体系中的地位》,中国社会科学出版社 2020 年版,第 28~30、49~50、66~67、91~92 页。相关讨论亦可参见王勇:《条约在中国适用之基本理论问题研究》,北京大学出版社 2007 年版,第 101~102 页。

④ 参见《全国人大常委会法工委负责人就对外关系法答记者问》,载中国人大网,http://www.npc.gov.cn/npc/c2/c30834/202306/t20230630_430377.html。

负责任大国的形象与担当，引领国际社会形成良好的国际秩序。[①] 2021年《中国联合国合作立场文件》指出："50年来，中国不断推动国际法治建设。中国加入几乎所有普遍性政府间国际组织，参加了600多项国际公约及修正案，善意履行条约义务，切实兑现国际承诺，坚定维护以国际法为基础的国际秩序。"[②]中国的善意履约无疑能发挥引领性的作用。其次，规定善意履约有助于统筹国内和国际两类规则。随着综合国力的提升，我国同国际社会的互联互动也已变得空前紧密，对世界的影响从未像今天这样全面、深刻。习近平总书记指出："我们谋划改革发展，必须统筹考虑和综合运用国际国内两个市场、国际国内两种资源、国际国内两类规则。"[③]因此，应坚持统筹推进国内法治和涉外法治，以更加积极的姿态参与国际事务，共同应对全球性挑战；而只有在善意履约原则的指导下，国际条约的"内向化"才能够顺利进行，国内和国际规则才能得到更好的统筹。最后，规定善意履约有助于条约在国内的实施和适用。法律的生命在于付诸实施。善意履约就意味着不能采取双重标准，更不能合则用、不合则弃。对同一性质的安全问题，特别是反恐、难民、疫情等问题，不能根据本国眼前利益对别国采取截然相反的态度。要不断完善相关国际规则，确保国际秩序公正合理、人类社会公平正义。[④]

本条"善意履行有关条约和协定规定的义务"至少包含如下内容：一是在国际社会中，法律应该是共同的准绳，没有只适用他人、不适用自

---

① 参见《全国人大常委会法工委负责人就对外关系法答记者问》，载中国人大网，http://www.npc.gov.cn/npc/c2/c30834/202306/t20230630_430377.html。

② 《中国联合国合作立场文件（全文）》，载中国政府网，https://www.gov.cn/xinwen/2021-10/22/content_5644384.htm。

③ 中共中央宣传部、中央全面依法治国委员会办公室编：《习近平法治思想学习纲要》，人民出版社、学习出版社2021年版，第117页。

④ 参见中共中央宣传部、中央全面依法治国委员会办公室编：《习近平法治思想学习纲要》，人民出版社、学习出版社2021年版，第122~123页。

己的法律,也没有只适用自己、不适用他人的法律。各国都有责任维护国际法治权威,依法行使权利,善意履行义务。① 二是享受权利和履行义务一致,即中国致力于稳定国际秩序,大力倡导国际关系民主化法治化,②坚持各国平等参与决策、享受权利、履行义务,促进国际法统一适用,反对双重标准和例外主义。三是善意履行条约义务,并不否认中国根据条约所享有的权利,具体体现为如下条文:

第一,本法第 34 条第 2 款规定:"**中华人民共和国根据缔结或者参加的条约和协定、国际法基本原则和国际关系基本准则,有权采取变更或者终止外交、领事关系等必要外交行动。**""终止外交、领事关系等必要外交行动"这一表述系首次出现在基础性法律的正式条文中。1961 年《维也纳外交关系公约》第 45 条规定了遇两国断绝外交关系,或遇使馆长期或暂时撤退时派遣国和接受国的权利和义务;1963 年《维也纳领事关系公约》第一章第二节专门规定了"领事职务之终了"。我国分别于 1975 年、1979 年加入这两项公约,《对外关系法》第 34 条为我国行使两公约项下的有关权力提供了国内法依据。

第二,本法第 36 条规定:"**中华人民共和国依据有关法律和缔结或者参加的条约和协定,给予外国外交机构、外国国家官员、国际组织及其官员相应的特权与豁免。中华人民共和国依据有关法律和缔结或者参加的条约和协定,给予外国国家及其财产豁免。**"本条关于外国国家豁免的规定分别与 1986 年的《外交特权与豁免条例》及 1990 年的《领事特权与豁免条例》以及 2023 年的《外国国家豁免法》相衔接,也与《联合国特权和豁免公约》《联合国专门机构特权与豁免公约》对接,为外国的外交

① 参见中共中央宣传部、中央全面依法治国委员会办公室编:《习近平法治思想学习纲要》,人民出版社、学习出版社 2021 年版,第 126 页。

② 参见杨洁篪:《推动构建人类命运共同体(认真学习宣传贯彻党的二十大精神)》,载《人民日报》2022 年 11 月 22 日,第 6 版。

特权与豁免、领事特权与豁免以及国家豁免提供法律保障，有助于我国发展与其他各国的关系，创造开放包容的国际合作环境。

第三，本法第39条第2款规定："中华人民共和国根据缔结或者参加的条约和协定，或者按照平等互惠原则，同外国、国际组织在执法、司法领域开展国际合作。"我国既有法律中有不少类似的规定。《反洗钱法》第27条规定："中华人民共和国根据缔结或者参加的国际条约，或者按照平等互惠原则，开展反洗钱国际合作。"《反恐怖主义法》第68条规定："中华人民共和国根据缔结或者参加的国际条约，或者按照平等互惠原则，与其他国家、地区、国际组织开展反恐怖主义合作。"《反有组织犯罪法》第54条也规定："中华人民共和国根据缔结或者参加的国际条约，或者按照平等互惠原则，与其他国家、地区、国际组织开展反有组织犯罪合作。"《对外关系法》的表述采取总括性的"执法、司法领域"的措辞，而不限于特定某个领域，有利于把执法司法合作纳入双边多边关系建设，提升涉外执法司法效能，维护国家主权、安全、发展利益。

（三）条约和协定在我国的地位

条约和协定在我国的地位是我国如何定位国际法与国内法关系的直接体现。在国际法和国内法的关系上，有一元论和二元论的主张。其中一元论又可以进一步划分为"国内法优先说"①和"国际法优先说"②；

---

① 参见[意]安东尼奥·卡塞斯：《国际法》，蔡从燕等译，法律出版社2009年版，第284～285页。该理论由德国学者J. J. Moster提出，后德国的国际法学者，诸如C. Bergbohm、A. Zorn和M. Wenzel进一步发展了该理论。根据该理论，国内法把国际法律规则囊括其中，并且优先于国际法律规则。据此，严格意义上的国际法是不存在的，因为它是由国际共同体不同成员的"国家对外的法律"组成的。国际法并不是由具有拘束力的行为规范构成的体系，而是一套行为指南，只要强国认为国际法违背了它的利益，其规范价值就不复存在。

② 参见[美]汉斯·凯尔森：《国际法原理》，王铁崖译，华夏出版社1989年版，第339～348页。

而"国际法优先说"认为,构成法律体系的法律规范效力等级有高低之分,国内法从国际法规范中获得效力;国际法律秩序决定各国国内法律秩序属地、属人和属事的效力范围,从而使多国共存成为可能。二元论则认为国内法与国际法是两个形式上相互独立的平行的法律体系,二者在主体、法律渊源、调整的法律关系等方面均有不同。一元论与二元论都是学者为了解释国家所采取的不同方法而提出的理论,[①]但在实践中,没有一个国家在国内法律制度中声明其奉行"二元论"或"一元论",[②]而是直接就条约与国内法的关系作出具体规定。

关于国内法与国际法的位阶关系,据统计,在国际社会中有如下几种:[③]一是条约低于宪法但高于普通法律。此为不少国家的立法模式,体现了国际法优先原则。[④] 例如,《联邦德国基本法》第 25 条规定:"**国际法之一般规则构成联邦法律之一部分。其效力高于法律,并对联邦领土内居民直接产生权利义务。**"二是条约低于宪法,但与国内法的位阶不明。有些国家根据宪法对条约进行合宪性审查;有些则规定条约是国家法律体系的组成部分,但不得与宪法相抵触,如吉尔吉斯斯坦和不丹的宪法。三是条约的法律地位等同于国内法。例如,《大韩民国宪法》第 6 条第 1 款规定:"**根据宪法经适当缔结和公布的条约,以及得到普遍承认的国际法规则与大韩民国的国内法具有同等效力。**"《美利坚合众国联邦宪法》第 6 条规定:"**本宪法及依本宪法所制定之合众国法律以及合众**

---

① 参见[英]安托尼·奥斯特:《现代条约法与实践》,江国青译,中国人民大学出版社 2005 年版,第 143 页。

② 参见戴瑞君:《国际条约在中国法律体系中的地位》,中国社会科学出版社 2020 年版,第 8 ~ 16 页。

③ 参见戴瑞君:《国际条约在中国法律体系中的地位》,中国社会科学出版社 2020 年版,第 70 ~ 98 页。

④ 参见戴瑞君:《国际条约在中国法律体系中的地位》,中国社会科学出版社 2020 年版,第 54 页;王勇:《条约在中国适用之基本理论问题研究》,北京大学出版社 2007 年版,第 114 页。

国已经缔结及将要缔结之一切条约,皆为全国之最高法律。每个州的法官都应受其约束,任何一州宪法或法律中的任何内容与之抵触时,均不得有违这一规定。”美国虽然认可二者的同等地位,但适用“后法优于先法”的原则。① 另外,还有一些比较少见的做法,如规定条约有条件地优于宪法,赋予人权条约等同于宪法的地位,或赋予不同条约不同的效力等级。

2020年《俄罗斯联邦宪法修正案》的规定在国内备受关注。该修正案第79条中增加了“根据俄罗斯联邦参与的国际条约规定、通过政府间机构所作出的决定与《俄罗斯联邦宪法》相抵触时,在俄罗斯联邦不具有可执行性”的条款,同时又增加了“俄罗斯联邦将采取措施,维护和加强国际和平与安全,确保世界各国和人民和平共处,并防止干涉国家内政”的规定。这两项规定明确了条约在俄罗斯的效力受制于宪法。尽管这些规定的制定背景有着俄罗斯所面临的特殊问题,但也体现了俄罗斯在宪法层面对西方利用条约和国际司法机构对其进行遏制和打压做出的制度性回应。

我国在不断受到美国等西方国家制裁、打压的背景下,规定“国家缔结或者参加的条约和协定不得同宪法相抵触”,以维护国家的核心利益。为完善我国的条约和协定实施和适用制度,《对外关系法》特别规定了条约在我国的地位,其体现在两个方面:一是本条第1款规定,“国家依照宪法和法律缔结或者参加条约和协定”;二是本条第2款规定,“国家缔结或者参加的条约和协定不得同宪法相抵触”。“不得同宪法相抵

---

① 在美国,除特别情况需要借助国内立法给予完全的效力外,条约的规定可直接在法院自动执行,不过只限于“自动执行”的条约。所谓“自动执行”和“非自动执行”条约的区别在于:前者是指那些本身规定已经十分清楚明确,以至于法院可以直接适用的条约;后者是指那些只规定一般性义务,只有政府部门承担政策性的义务,而法院难以直接适用的条约。See Foster v. Neilson, 27 U. S. 253, 7 L. Ed. 415, 2 Pet. 253, 1829 U. S. LEXIS 405.

触”的表述来自《宪法》第5条第3款：“**一切法律、行政法规和地方性法规都不得同宪法相抵触**。”“依法缔约”和“宪法至上”原则体现了条约和协定在中国的地位。我国坚持以宪法为最高法律规范，完善以宪法为核心的中国特色社会主义法律体系。① 在此背景下，强调条约和协定不得同宪法相抵触得到了广泛认可。同时，除宪法外，就条约和协定与我国其他法律的关系问题，结合法律规定和实践做法，可以发现如下特点。一是条约和协定的缔结、批准和废除，在《宪法》《对外关系法》《缔结条约程序法》中反复重述，一方面肯定了国家在缔约权的法律规制方面已经形成基本的范式和内容，另一方面体现了我国在条约缔结上的严肃性。因此，一是善意履约要求中国在加入国际条约时，要使国内法的规定与条约保持一致。如果不一致，则需要修改旧法或规定新法，使之与条约一致。这一规定暗示了条约的相对优先性。二是民商事领域的条约在中国具有直接适用性：不管是已失效的《民法通则》第142条，还是《海商法》《民用航空法》等现行有效的法律，都规定了条约优先适用模式。尽管不能断然得出所有领域条约都优先于中国法律的结论，但尚未发现条约地位低于中国法律的情形。②

关联立法

《宪法》

第67条　全国人民代表大会常务委员会行使下列职权：

---

① 参见中共中央宣传部、中央全面依法治国委员会办公室编：《习近平法治思想学习纲要》，人民出版社、学习出版社2021年版，第81页。

② 参见戴瑞君：《国际条约在中国法律体系中的地位》，中国社会科学出版社2020年版，第118～167页。

…………

（十五）决定同外国缔结的条约和重要协定的批准和废除；

…………

第89条　国务院行使下列职权：

…………

（九）管理对外事务，同外国缔结条约和协定；

…………

《缔结条约程序法》

第1条　根据中华人民共和国宪法，制定本法。

第2条　本法适用于中华人民共和国同外国缔结的双边和多边条约、协定和其他具有条约、协定性质的文件。

第3条　中华人民共和国国务院，即中央人民政府，同外国缔结条约和协定。

中华人民共和国全国人民代表大会常务委员会决定同外国缔结的条约和重要协定的批准和废除。

中华人民共和国主席根据全国人民代表大会常务委员会的决定，批准和废除同外国缔结的条约和重要协定。

中华人民共和国外交部在国务院领导下管理同外国缔结条约和协定的具体事务。

第4条　中华人民共和国以下列名义同外国缔结条约和协定：

（一）中华人民共和国；

（二）中华人民共和国政府；

（三）中华人民共和国政府部门。

《维也纳条约法公约》

第一编　导　　言

第1条　本公约之范围

本公约适用于国家间之条约。

第2条　用语

一、就适用本公约而言：

(甲)称“条约”者，谓国家间所缔结而以国际法为准之国际书面协定，不论其载于一项单独文书或两项以上相互有关之文书内，亦不论其特定名称如何；

(乙)称“批准”，“接受”，“赞同”及“加入”者，各依本义指一国据以在国际上确定其同意受条约拘束之国际行为；

(丙)称“全权证书”者，谓一国主管当局所颁发，指派一人或数人代表该国谈判，议定或认证条约约文，表示该国同意受条约拘束，或完成有关条约之任何其他行为之文件；

(丁)称“保留”者，谓一国于签署，批准、接受、赞同或加入条约时所做之片面声明，不论措辞或名称如何，其目的在摒除或更改条约中若干规定对该国适用时之法律效果；

(戊)称“谈判国”者，谓参与草拟及议定条约约文之国家；

(己)称“缔约国”者，谓不问条约已未生效，同意受条约拘束之国家；

(庚)称“当事国”者，谓同意承受条约拘束及条约对其有效之国家；

(辛)称“第三国”者，谓非条约当事国之国家；

(壬)称“国际组织”者，谓政府间之组织。

二、第一项关于本公约内各项用语之规定不妨碍此等用语，在任何国家国内法上之使用或所具有之意义。

第3条　不属本公约范围之国际协定

本公约不适用于国家与其他国际法主体间所缔结之国际协定或此种其他国际法主体间之国际协定或非书面国际协定,此一事实并不影响:

(甲)此类协定之法律效力;

(乙)本公约所载任何规则之依照国际法而毋须基于本公约原应适用于此类协定者,对于此类协定之适用;

(丙)本公约之适用于国家间以亦有其他国际法主体为其当事者之国际协定为根据之彼此关系。

第4条　本公约不溯既往

以不妨碍本公约所载任何规则之依国际法而毋须基于本公约原应适用于条约者之适用为限,本公约仅对各国于本公约对各该国生效后所缔约之条约适用之。

第5条　组成国际组织之条约及在一国际组织内议定之条约

本公约适用于为一国际组织组织约章之任何条约及在一国际组织内议定之任何条约,但对该组织任何有关规则并无妨碍。

第二编　条约之缔结及生效

第一节　条约之缔结

第6条　国家缔结条约之能力

每一国家皆有缔结条约之能力。

第7条　全权证书

一、任一人员如有下列情况之一,视为代表一国议定或认证条约约文或表示该国承受条约拘束之同意:

(甲)出具适当之全权证书;或

(乙)由于有关国家之惯例或由于其他情况可见其此等国家之意思系认为该人员为此事代表该国而可免除全权证书。

二、下列人员由于所任职务毋须出具全权证书，视为代表其国家：

(甲)国家元首，政府首长及外交部长，为实施关于缔结条约之一切行为；

(乙)使馆馆长，为议定派遣国与驻在国间条约约文；

(丙)国家派往国际会议或派驻国际组织或该国际组织一机关之代表，为议定在该会议，组织或机关内议定之条约约文。

第8条　未经授权所实施行为之事后确认

关于缔结条约之行为系依第七条不能视为经授权为此事代表一国之人员所实施者，非经该国事后确认，不发生法律效果。

第9条　约文之议定

一、除依第二项之规定外，议定条约约文应以所有参加草拟约文国家之同意为之。

二、国际会议议定条约之约文应以出席及参加表决国家三分之二多数之表决为之，但此等国家以同样多数决定适用另一规则者不在此限。

第10条　约文之认证

条约约文依下列方法确定为作准定本：

(甲)依约文所载或经参加草拟约文国家协议之程序；或

(乙)倘无此项程序，由此等国家代表在条约约文上，或在载有约文之会议最后文件上签署，作待核准之签署或草签。

第11条　表示同意承受条约拘束之方式

一国承受条约拘束之同意得以签署、交换构成条约之文书，批准、接受、赞同或加入，或任何其他同意之方式表示之。

第12条　以签署表示承受条约拘束之同意

一、遇有下列情形之一，一国承受条约拘束之同意，以该国代表之签署表示之：

(甲)条约规定签署有此效果；

(乙)另经确定谈判国协议签署有此效果;或

(丙)该国使签署有此效果之意思可见诸其代表所奉全权证书或已于谈判时有些表示。

二、就适用第一项而言:

(甲)倘经确定谈判国有此协议,约文之草签构成条约之签署;

(乙)代表对条约作待核准之签署,倘经其本国确认,即构成条约之正式签署。

第13条　以交换构成条约之文书表示承受条约拘束之同意

遇有下列情形之一,国家同意承受由彼此间交换之文书构成之条约拘束,以此种交换表示之:

(甲)文书规定此种交换有此效果;或

(乙)另经确定此等国家协议文书之交换有此效果。

第14条　以批准接受或赞同表示承受条约拘束之同意

一、遇有下列情形之一,一国承受条约拘束之同意,以批准表示之:

(甲)条约规定以批准方式表示同意;

(乙)另经确定谈判国协议需要批准;

(丙)该国代表已对条约作须经批准之签署;或

(丁)该国对条约作须经批准之签署之意思可见诸其代表所奉之全权证书,或已于谈判时有此表示。

二、一国承受条约拘束之同意以接受或赞同方式表示者,其条件与适用于批准者同。

第15条　以加入表示承受条约拘束之同意

遇有下列情形之一,一国承受条约拘束之同意以加入表示之:

(甲)条约规定该国得以加入方式表示此种同意;

(乙)另经确定谈判国协议该国得以加入方式表示此种同意;

(丙)全体当事国嗣后协议该国得以加入方式表示此种同意。

第16条　批准书、接受书、赞同书或加入书之交换或交存

除条约另有规定外，批准书、接受书、赞同书或加入书依下列方式确定一国承受条约拘束之同意：

（甲）由缔约国互相交换；

（乙）将文书交存保管机关；或

（丙）如经协议，通知缔约国或保管机关。

第17条　同意承受条约一部分之拘束及不同规定之选择

一、以不妨碍第十九条至第二十三条为限，一国同意承受条约一部分之拘束，仅于条约许可或其他缔约国同意时有效。

二、一国同意承受许可选择不同规定之条约之拘束，仅于指明其所同意之规定时有效。

第18条　不得在条约生效前妨碍其目的及宗旨之义务

一国负有义务不得采取任何足以妨碍条约目的及宗旨之行动：

（甲）如该国已签署条约或已交换构成条约之文书而须经批准。接受或赞同，但尚未明白表示不欲成为条约当事国之意思；或

（乙）如该国业已表示同意承受条约之拘束，而条约尚未生效，且条约之生效不稽延过久。

第二节　保　　留

第19条　提具保留

一国得于签署、批准、接受、赞同或加入条约时，提具保留，但有下列情形之一者不在此限：

（甲）该项保留为条约所禁止者；

（乙）条约仅准许特定之保留而有关之保留不在其内者；或

（丙）凡不属（甲）及（乙）两款所称之情形，该项保留与条约目的及宗旨不合者。

第20条 接受及反对保留

一、凡为条约明示准许之保留,无须其他缔约国事后予以接受,但条约规定须如此办理者,不在此限。

二、倘自谈判国之有限数目及条约之目的与宗旨,可见在全体当事国间适用全部条约为每一当事国同意承受条约拘束之必要条件时,保留须经全体当事国接受。

三、倘条约为国际组织之组织约章,除条约另有规定外,保留须经该组织主管机关接受。

四、凡不属以上各项所称之情形,除条约另有规定外:

(甲)保留经另一缔约国接受,就该另一缔约国而言,保留国即成为条约之当事国,但须条约对各该国均已生效;

(乙)保留经另一缔约国反对,则条约在反对国与保留国间并不因此而不生效力,但反对国确切表示相反之意思者不在此限;

(丙)表示一国同意承受条约拘束而附以保留之行为,一俟至少有另一缔约国接受保留,即发生效力。

五、就适用第二项与第四项而言,除条约另有规定外,倘一国在接获关于保留之通知后十二个月期间届满时或至其表示同意承受条约拘束之日为止,两者中以较后之日期为准,迄未对保留提出反对,此项保留即视为业经该国接受。

第21条 保留及对保留提出之反对之法律效果

一、依照第十九条、第二十条及第二十三条对另一当事国成立之保留:

(甲)对保留国而言,其与该另一当事国之关系上照保留之范围修改保留所关涉及条约规定;及

(乙)对该另一当事国而言,其与保留国之关系上照同一范围修改此等规定。

二、此项保留在条约其他当事国相互间不修改条约之规定。

三、倘反对保留之国家未反对条约在其本国与保留国间生效，此项保留所关涉之规定在保留之范围内于该两国间不适用之。

第22条　撤回保留及撤回对保留提出之反对

一、除条约另有规定外，保留得随时撤回，无须经业已接受保留之国家同意。

二、除条约另有规定外，对保留提出之反对得随时撤回。

三、除条约另有规定或另经协议外：

（甲）保留之撤回，在对另一缔约国关系上，自该国收到撤回保留之通知之时起方始发生效力；

（乙）对保留提出之反对之撤回，自提出保留之国家收到撤回反对之通知时起方始发生效力。

第23条　关于保留之程序

一、保留、明示接受保留及反对保留，均必须以书面提具并致送缔约国及有权成为条约当事国之其他国家。

二、保留系在签署须经批准、接受或赞同之条约时提具者，必须由保留国在表示同意承受条约拘束时正式确认。遇此情形，此项保留应视为在其确认之日提出。

三、明示接受保留或反对保留系在确认保留前提出者，其本身无须经过确认。

四、撤回保留或撤回对保留提出之反对，必须以书面为之。

经典导读

《习近平法治思想学习纲要》指出："要牢牢抓住推动构建人类命运

共同体这条主线，不断丰富和完善新时代中国国际法理论体系，以建设性态度积极参与国际规则制定，推动国际法治朝着更加公正合理方向发展。”①“要高度重视履行同各国达成的多边和双边经贸协议，加强法治政府、诚信政府建设。建立有约束的国际协议履约执行机制，按照扩大开放的需要修改完善法律法规，在行政许可、市场监管等方面规范各级政府行为，清理废除妨碍公平竞争、扭曲市场的不合理规定、补贴和做法，公平对待所有企业和经营者，完善市场化、法治化、便利化的营商环境。”②

第三十一条

条文内容

国家采取适当措施实施和适用条约和协定。

条约和协定的实施和适用不得损害国家主权、安全和社会公共利益。

---

① 中共中央宣传部、中央全面依法治国委员会办公室编：《习近平法治思想学习纲要》，人民出版社、学习出版社 2021 年版，第 119 页。

② 中共中央宣传部、中央全面依法治国委员会办公室编：《习近平法治思想学习纲要》，人民出版社、学习出版社 2021 年版，第 121 页。

条文释义

本条规定了国家采取适当措施实施和适用参加或缔结的条约和协定,同时强调了在实施和适用条约和协定时,不能损害国家的主权、安全和社会公共利益。

我国缔结了大量的多边和双边条约。根据外交部条约法律司的统计,新中国成立至 2021 年年初,中国已缔结近 600 项多边条约,超过 25,000 项双边条约。[①] 1991 年至 2018 年年初,中国共加入 200 余项多边条约,缔结 15,000 余项双边条约,年均缔结约 600 项双边条约。[②] 鉴于此,本条规定具有特殊的重要意义。

(一)条约和协定在我国的实施和适用

条约和协定的适用是指缔约国按照法定程序将条约具体应用于现实生活,使条约和协定的条款得以实现的活动。目前,条约和协定在我国的适用尚存在立法空白。《民法通则》(已失效)第 142 条规定:“**中华人民共和国缔结或者参加的国际条约同中华人民共和国的民事法律有不同规定的,适用国际条约的规定,但中华人民共和国声明保留的条款除外。**”(该内容常被称为“国际条约优先原则”[③],下文从条约和协定适用的角度称之为“条约优先适用模式”。)尽管在近 40 年的实践中并无任何负

---

① 参见中华人民共和国外交部条约法律司编著:《中国国际法实践案例选编》,世界知识出版社 2018 年版,第 81 页;《中国联合国合作立场文件(全文)》,载中国政府网,https://www.gov.cn/xinwen/2021-10/22/content_5644384.htm。

② 参见中华人民共和国外交部条约法律司编著:《中国国际法实践案例选编》,世界知识出版社 2018 年版,第 83 页。

③ 黄进主编:《国际私法》(第 3 版),法律出版社 2005 年版,第 58 页。

面影响,但《民法通则》被废止后该款内容未在《民法典》中得以延续。

条约和协定在国内的适用存在三种方式:直接适用、间接适用、兼具直接适用和间接适用的混合适用。直接适用是指一国法律适用的专门机构,即司法或行政机关,将条约和协定作为法律渊源,并以适用国内法的方式直接适用条约。间接适用是指一国将条约转化为国内法,司法或行政机关只能适用由立法机关转化后的国内法律,而不能直接适用条约和协定,当事主体也不能直接援引条约的规定作为处理问题的法律依据。[①] 条约和协定的间接适用即转化为国内法的适用,相对稳妥,并能够有效解决与国内法的差异。但考虑到我国所签订和加入的条约和协定繁多而立法机关的立法数量有限,完全间接适用也是不现实的。故我国目前兼具直接适用、间接适用与混合适用三种方式。

1. 直接适用

改革开放后,我国日渐重视国际法律渊源的作用,不仅允许直接适用条约和协定作为法院裁判的依据,而且在国内法与条约有不同规定的时候,强调直接适用条约和协定。对比数据,新中国成立至 2021 年,中国已缔结近 600 项多边条约,超过 25,000 项双边条约;而截至 2025 年 1 月 1 日,我国现行有效的法律共计 305 件。[②] 可以看出,我国绝大部分条约没有经过转化,具有直接适用的性质。具体而言,条约的直接适用存在以下四种模式。

一是"条约直接适用模式"。条约直接适用模式是指,对属于条约适用范围的事项直接适用条约,无须考虑国内法的规定,更无须比较条约同中国法律的异同。例如,《国防法》第 70 条规定:"**中华人民共和国**

---

① 参见王勇:《条约在中国适用之基本理论问题研究》,北京大学出版社 2007 年版,第 138 ~ 139 页。

② 参见《现行有效法律目录(305 件)》(截至 2025 年 1 月 1 日按法律部门分类),载中国人大网,http://www.npc.gov.cn/npc/c2/c30834/202412/t20241231_442184.html。

在对外军事关系中遵守同外国、国际组织缔结或者参加的有关条约和协定。”《对外贸易法》第6条规定：“中华人民共和国在对外贸易方面根据所缔结或者参加的国际条约、协定，给予其他缔约方、参加方最惠国待遇、国民待遇等待遇，或者根据互惠、对等原则给予对方最惠国待遇、国民待遇等待遇。”

需要注意的是，我国在缔结或参加了相关条约或协定，而相关领域无国内法规定时，条约或协定通常会被直接适用。例如，我国1988年加入《联合国国际货物销售合同公约》，当时的相关国内法只有1985年的《涉外经济合同法》(已失效)，且和公约规定不同之处甚多。而1987年原对外经济贸易部《关于执行联合国国际货物销售合同公约应注意的几个问题》(外经贸法〔1987〕第22号)中明确指出：“自1988年1月1日起，我各公司与上述国家(匈牙利除外)的公司达成的货物买卖合同如不另做法律选择，则合同规定事项将自动适用公约的有关规定，发生纠纷或诉讼亦得依据公约处理。”时至今日，我国依旧在某些领域存在此类情形。例如，我国加入了1951年《关于难民地位的公约》和1967年《关于难民地位的议定书》，由于我国国内法没有关于难民地位的规定，此类公约主要是直接适用；又如，1993年《跨国收养方面保护儿童及合作公约》目前尚未发现国内进行转化的立法，故其具有直接适用的性质。对于此类领域，人民法院审理涉外民商事案件时可以考虑条约的直接适用，即涉及中华人民共和国缔结或参加的条约和协定的，应当适用条约和协定的规定，但被适用的条约和协定通常应该是可以“自动执行”的条约。①

二是“条约优先适用模式”。该规定源自1985年《涉外经济合同

---

① 自动执行的条约是指条约经国内接受后，无须再用国内立法予以补充规定，即由国内司法或行政机关予以适用的一类条约；非自动执行的条约是指条约经国内接受后，尚须再用国内立法予以补充规定，才能由国内司法或行政机关予以适用的一类条约。参见李浩培：《条约法概论》，法律出版社2003年版，第319页。

法》(已失效)第6条规定:“**中华人民共和国缔结或者参加的与合同有关的国际条约同中华人民共和国法律有不同规定的,适用该国际条约的规定。但是,中华人民共和国声明保留的条款除外。**”我国《民法通则》(已失效)第142条第2款规定:“**中华人民共和国缔结或者参加的国际条约同中华人民共和国的民事法律有不同规定的,适用国际条约的规定,但中华人民共和国声明保留的条款除外。**”此规定强调了国际条约在涉外审判中的优先适用性。之后,该规定成为我国民商事法律处理中国法律与条约规定不一致的立法范式:我国《票据法》第95条、《海商法》第268条、《民用航空法》第184条、《民事诉讼法》第271条均采纳了相同的表述。在涉外案件的处理中,条约和协定优先适用模式不仅适用于程序法和民事领域,还适用于刑事、经济、行政、治安等案件及死亡事件。① 在裁判文书上,最高人民法院也强调可以援引条约或协议作为裁判依据,②并优先适用。例如,最高人民法院《关于审理和执行涉外民商事案件应当注意的几个问题的通知》(2008年调整)③中明确指出:“**对我国参加的国际公约,除我国声明保留的条款外,应予优先适用,同时可**

① 外交部、最高人民法院、最高人民检察院、公安部、国家安全部、司法部《关于处理涉外案件若干问题的规定》(外发〔1995〕17号)中明确规定:“处理涉外案件,在对等互惠原则的基础上,严格履行我国所承担的国际条约义务。当国内法或者我内部规定同我国所承担的国际条约义务发生冲突时,应当适用国际条约的有关规定(我国声明保留的条款除外)。各主管部门不应当以国内法或者内部规定为由拒绝履行我国所承担的国际条约规定的义务。”该规定中的“涉外案件”是指在我国境内发生的涉及外国、外国人(自然人及法人)的刑事、民事、经济、行政、治安等案件及死亡事件。

② 2000年最高人民法院《关于充分发挥审判职能作用为经济发展提供司法保障和法律服务的意见》(法发〔2000〕6号)第“四、(二)”部分指出:“我国政府参加或承认的国际性法律规范,除声明保留的内容之外,无论是多边的还是双边的条约或协议,都是人民法院审理相关涉外案件的法律依据。”

③ 2000年4月17日法〔2000〕51号发布,根据2008年12月16日法释〔2008〕18号最高人民法院《关于调整司法解释等文件中引用〈中华人民共和国民事诉讼法〉条文序号的决定》调整。

以参照国际惯例。”

条约优先适用模式的核心前提在于我国缔结或者参加的条约同我国法律有不同规定。如果条约同我国法律都有规定且规定相同，是适用条约还是国内法，该模式对此保持沉默。尽管规定相同的适用结果是一样的，但如果条约是强制性的，则无疑要适用条约和协定；如果条约是任意性的，则仍旧是以条约自动适用为主，当事人选择适用为例外。[①] 因此，“条约优先适用模式”在于强调条约的适用顺序，在涉外案件有条约适用的情况下，法院不可能也不必去比较条约与中国法的差异；就适用方式而言，其仍是条约的直接适用模式，只是比直接适用模式更加强调条约协定的优先适用性。[②]

三是“条约与国内法选择适用模式”。在民事诉讼的公证、认证领域，《民事诉讼法》第275条规定：“在中华人民共和国领域内没有住所的外国人、无国籍人、外国企业和组织委托中华人民共和国律师或者其他人代理诉讼，从中华人民共和国领域外寄交或者托交的授权委托书，应当经所在国公证机关证明，并经中华人民共和国驻该国使领馆认证，或者履行中华人民共和国与该所在国订立的有关条约中规定的证明手续后，才具有效力。”[③]在该规定中，条约中规定的证明手续只是当事人可以选择的方式之一，因此，条约的适用是可选择的。在国际投资领域，我国目前与外国订立了大量的双边投资协定。这些投资协定大部分可

① 例如，2021年最高人民法院《全国法院涉外商事海事审判工作座谈会会议纪要》第19条规定：“营业地位于《联合国国际货物销售合同公约》不同缔约国的当事人缔结的国际货物销售合同应当自动适用该公约的规定，但当事人明确约定排除适用该公约的除外。人民法院应当在法庭辩论终结前向当事人询问关于适用该公约的具体意见。”

② 相关实证分析参见何其生：《国际私法》，北京大学出版社2023年版，第244～254页。

③ 类似规定还有《教育法》第70条：“中国对境外教育机构颁发的学位证书、学历证书及其他学业证书的承认，依照中华人民共和国缔结或者加入的国际条约办理，或者按照国家有关规定办理。”

以直接适用，而很少转化为国内立法；不过《外商投资法》第 4 条第 4 款规定：“中华人民共和国缔结或者参加的国际条约、协定对外国投资者准入待遇有更优惠规定的，可以按照相关规定执行。”“可以”一词表明《外商投资法》允许选择适用国际条约，但从约定必守的角度看，其更可能是授权条款，而非选择适用条款。

四是“条约与国内法重叠适用模式”。1998 年《专属经济区和大陆架法》第 5 条第 1 款规定：“任何国际组织、外国的组织或者个人进入中华人民共和国的专属经济区从事渔业活动，必须经中华人民共和国主管机关批准，并遵守中华人民共和国的法律、法规及中华人民共和国与有关国家签订的条约、协定。”2000 年《引渡法》第 16 条至第 26 条在对引渡请求进行审查、作出裁定上，也要求重叠适用条约和《引渡法》。

综合考虑以上四种条约直接适用模式，可以发现如下特点：一是在任何一种模式中，尚无条约低于国内法的适用方式。二是条约优先适用模式和条约直接适用模式，实际上都是条约在我国国内的直接适用。条约优先适用模式的不同之处在于需比较国内法与条约规定的差异，实践中很少发生，其更多的是强调在中国法与条约都有规定时优先适用条约作为裁判依据。三是条约与国内法选择适用模式更多聚焦于授权领域，如公证和认证事项，赋予当事人更多的选择权，是一种赋权条款。至于条约与国内法重叠适用模式，则多适用于严控或慎重处理的领域，如在我国专属经济区从事渔业活动，或引渡请求的审查和裁定。

2. 间接适用

条约转化通常会伴随相关的国内立法，司法或行政机关适用由立法机关转化后的国内法律，因此对应间接适用方式。条约转化可以分为两类：一是事前转化，即批准或加入某条约之前先进行国内立法，以满足条约的要求，便于实施条约，或者对国内法进行修改，以尽量避免国内法与条约发生冲突。例如，中国于 1995 年颁布了《民用航空法》，其中有关民用航空器权利的规定与1948年《国际承认航空器权利公约》的内容完全一致;鉴于我国已具备实施该公约的条件,全国人大常委会于1999年作出了加入该公约的决定。二是事后转化,即先批准或加入条约,再进行国内立法。例如,中国分别于1975年和1979年加入《维也纳外交关系公约》《维也纳领事关系公约》,这两部公约当时均是直接在国内适用。此后中国分别于1986年、1990年制定了《外交特权与豁免条例》和《领事特权与豁免条例》,两部条例总体上与公约一致,仅对个别条款作了变通规定。

间接适用最为典型的是国际贸易行政案件。2002年,最高人民法院《关于审理国际贸易行政案件若干问题的规定》第7条规定:“……人民法院审理国际贸易行政案件,应当依据中华人民共和国法律、行政法规以及地方立法机关在法定立法权限范围内制定的有关或者影响国际贸易的地方性法规……”因国际贸易行政案件所涉世界贸易组织下的国际协定通常已经转化为国内法,故该规定要求法院适用中国国内法。另外,在中外边界管理、依据条约对外国人著作权的保护、依据条约申请商标国际注册、中国禁止或限制贸易的野生动物名录等方面,由于需要国内立法协助,亦采用间接适用方式。[①] 总体而言,纯粹的间接适用通常是对条约的具体落实,所涉领域比较狭窄,且有不少是和直接适用相结合的混合适用方式。

3. 混合适用

有些条约转化为国内法后,在立法中又规定了直接适用的条款,因此兼有直接适用与间接适用的模式。此种情形又可以分为两类:一是规定条约优先适用,如前述1995年《民用航空法》吸收了《国际承认航空

① 参见戴瑞君:《国际条约在中国法律体系中的地位》,中国社会科学出版社2020年版,第124页。

器权利公约》的内容，但该法第 184 条第 1 款依旧赋予了条约优先适用性。二是条约“另有规定”的直接适用模式，如根据《维也纳外交关系公约》《维也纳领事关系公约》，中国分别制定了《外交特权与豁免条例》和《领事特权与豁免条例》进行转化，但两部条例均规定了有关条约“另有规定”按条约规定办理。又如，《外交特权与豁免条例》第 27 条规定：“中国缔结或者参加的国际条约另有规定的，按照国际条约的规定办理，但中国声明保留的条款除外。中国与外国签订的外交特权与豁免协议另有规定的，按照协议的规定执行。”①因此，即使是在条约已经转化为国内法的情况下，条约如果另有规定依旧可以直接适用。

知识产权领域是混合适用的一个特殊的领域。首先，该领域依然以条约优先适用为基本原则。关于知识产权公约如何实施，1998 年最高人民法院《关于全国部分法院知识产权审判工作座谈会纪要》（法〔1998〕65 号）中指出：“人民法院在审理涉外知识产权民事纠纷案件中，应当严格按照我国法律、法规的有关规定办理。我国缔结或者参加的国际条约同我国法律有不同规定的，应当优先适用国际条约的规定，但我国声明保留的条款除外……”由此可见，知识产权领域的民商事纠纷，相关条约不仅直接适用，而且具有优先适用的效力。其次，2012 年最高人民法院《关于适用〈中华人民共和国涉外民事关系法律适用法〉若干问题的解释（一）》②第 4 条规定，涉外民事关系的法律适用涉及适用国际条约的，人民法院应当根据《民法通则》第 142 条第 2 款等法律规定予以适用，“但知识产权领域的国际条约已经转化或者需要转化为国内法律的除外”。此规定一方面强调了知识产权领域国际条约优先适用，另一方面规定了已经转化或需要转化为国内法律的国际条约不能直接适用。

---

① 类似规定亦可参见《领事特权与豁免条例》第 27 条。

② 该司法解释已于 2020 年修正，文中 2012 年解释中的第 4 条已删除。

总体而言，对知识产权领域条约的适用，可以保留已有的实践，采纳直接适用和间接适用相结合的方法，即以条约的直接适用为主，但在“知识产权领域的国际条约已经转化或者需要转化为国内法律”的情况下，辅以适用国内法。

（二）条约和协定适用的“适当措施”

多年来，每当我国拟缔结或参加双多边条约和协定时，通常都会深入分析对我国的利弊，经过严格的缔约和审批程序，以防范风险。① 但国际条约的制定和实施，涉及国际政治、外交和法律等领域的复杂博弈。由于一些国际条约的条款具有牵制性和模糊性，加上国际组织存在扩权倾向，国际法律秩序存在一定的不稳定性和不确定性，增加了我国国家

---

① 2022 年《缔结条约管理办法》对此进行了专门性规定，具体可参见如下一些条款：

第 8 条规定：“条约内容涉及政治、外交、经济、社会、安全等领域重大国家利益的，应当将条约草案及条约草案涉及的重大问题按照有关规定报告党中央。”

第 13 条规定：“条约签署前，国务院有关部门法制机构应当从法律角度对条约进行审查。

以中华人民共和国名义或者中华人民共和国政府名义签署，且根据缔约程序法或者有关规定应当报请国务院审核并建议提请全国人民代表大会常务委员会决定批准或者加入，或者报请国务院核准、决定加入或者接受的条约，内容与中华人民共和国法律、行政法规或者与中华人民共和国依据其他条约承担的国际义务不一致的，国务院有关部门应当在条约签署前不少于 30 个工作日征求司法部的意见。”

第 14 条规定：“下列情形，国务院有关部门应当在签署条约的请示中予以说明：

（一）拟签署的条约内容与中华人民共和国法律、行政法规或者与中华人民共和国依据其他条约承担的国际义务是否一致；有不一致的，应当提出解决方案；根据本办法第十三条规定应当征求司法部意见的，还应当附司法部的意见；

（二）拟签署的条约是否需要征询香港特别行政区政府、澳门特别行政区政府的意见以及征询意见的情况；

（三）拟签署的条约属于多边条约的，是否需要作出声明或者保留以及声明或者保留的内容。”

第 24 条规定：“根据本办法第十六条、第十七条、第十八条、第十九条规定报请国务院审核并建议提请全国人民代表大会常务委员会决定批准或者加入，或者报请国务院核准、决定加入或者接受的条约由司法部审查，提出法律意见。”

利益面临的风险。具体来说,一是国际条约是国家间博弈和妥协的产物,为了实现缔约的主要目标,尽量减少谈判的难度和阻力,往往会在一些细节问题上作模糊处理,这可能为条约生效后的国际法律纠纷埋下隐患。二是一些国家或国际组织以"违反"国际法为借口,将之作为打压遏制中国的主要手段。例如,国际人权公约履约监督机构无视我国人权事业的发展,长期对我国人权问题作出负面评价。西方国家表面上以中国违反人权条约为借口,实质是钳制中国崛起甚至是分裂中国,条约成为它们打压中国的"外衣"。

从上述分析可以看出,条约和协定在我国有直接适用、间接适用和混合适用三种方式。虽然间接适用最为安全,但条约数量巨大,全部间接适用既不现实也不必要。对于直接适用方式来说,最大的风险点在于条约和协定与国内法不一致,可能损害国家主权、安全和国内的社会公共利益。为此,应考虑如下措施,以落实《对外关系法》"国家采取适当措施实施和适用条约和协定"的规定。

首先,应健全国际条约和协定的缔约审核程序,并建立谈判、签署和审核全流程的风险防控制度。一是政治审核。审核我国所签订的所有条约和协定是否均维护我国政治制度、国家主权、领土完整、一个中国原则等。二是外交政策审核。审核条约和协定是否与我国外交政策一致,例如,是否符合我国对人权、国家领土边界及争端解决等重大问题的立场。三是法律审核。审核条约和协定是否与我国国内法一致,是否有利于推进我国在该领域的对外合作。全流程的风险防控制度有利于完善我国缔结或参加的条约和协定的缔约审核程序,化解风险存量,避免风险增量。

其次,完善民商事条约和协定的国内适用制度。国际条约和协定数量众多,条约类型不同,风险点也有所差异。总体来说,民商事条约和协定风险相对较小,主要集中于是否有主权豁免条款以及外国行为是否违反我国社会公共利益等领域。改革开放以来的实践证明,民商事和经贸领域的国际条约和协定为中国营造了良好的营商环境,有力推动了我国贸易强国的发展。但《民法典》生效后,《民法通则》施行了30多年的国际条约和协定优先适用制度被废除,造成了法律缺位,需要制定相关的规则,统一对此类条约的适用作出规定。考虑到民商事领域条约和协定的适用通常涉及涉外民事争议的处理,无疑属于《涉外民事关系法律适用法》的领域,因此,修改《涉外民事关系法律适用法》,增加条约和协定适用的条款应该是解决这一问题的最佳方案。[①] 具体而言,主要立法方式应该是条约和协定直接适用模式,强制性条约更应如此。在具体的立法规定上,考虑到传统规定范式即"条约优先适用模式"可能带来的误解,可以考虑规定直接适用的方式,即人民法院审理涉外民商事案件,涉及中国缔结或参加的国际条约和协定的,应当按照条约和协定的规定予以适用,但中国声明保留的除外。

再次,在风险较高的领域可考虑"一事一议"的特别机制。相对而言,领土争端、人权、劳工、环境等领域的国际条约和协定,对国家主权安全和社会公共利益等往往影响较大,可采取"一事一议"的做法,在全国人大常委会批准缔结或者加入国际条约和协定时,可以对其适用范围和适用条件作出具体规定。

最后,建立"条约适用损害国家主权、安全和社会公共利益"("公共秩序条款")适用的指导性案例库。条约和协定的实施不得违反公共秩序的规定多见于国际民事诉讼程序。例如,《民事诉讼法》第293条规定:"根据中华人民共和国缔结或者参加的国际条约,或者按照互惠原则,人民法院和外国法院可以相互请求,代为送达文书、调查取证以及进

① 参见何其生:《国际惯例适用规则的立法范式研究——以我国司法实践为出发点》,载《法学研究》2023年第6期。

行其他诉讼行为。外国法院请求协助的事项有损于中华人民共和国的主权、安全或者社会公共利益的,人民法院不予执行。”此外,《民事诉讼法》先后在第280条、第282条、第299条、第300条等规定了“主权、安全或者社会公共利益”或类似的兜底条款。实际上,中国已经参加的国际民事诉讼领域的国际公约中有不少亦含有公共秩序保留条款,如1958年《承认及执行外国仲裁裁决公约》(第5条第2款)等。[①] 因此,从某种程度上可以说,民事诉讼程序领域规定了条约和协定直接适用模式,而且在与国内法有不同规定的情况下条约和协定具有优先效力,但依然不能突破《民事诉讼法》所规定的“主权、安全或者社会公共利益”。近年来,“主权、安全或者社会公共利益”的规定不断向其他领域扩张,如《网络安全法》第1条、《基本医疗卫生与健康促进法》第14条、《教育法》第67条等。《对外关系法》第31条第2款规定,条约和协定的实施和适用不得损害国家主权、安全和社会公共利益。由于《对外关系法》是一部基础性法律,此规定意味着所有条约和协定的实施和适用都不得损害中国的公共秩序,极大地扩张了公共秩序适用的范围。由于中国缔结和参加国际条约时已经考虑了国内法与条约的一致性,因适用条约而损害国内公共秩序的情况比较少见,其更多的是一种安全阀的功能。考虑到公共秩序条款适用的严肃性和谨慎性,中国应建立并公开指导性案例库,逐渐明确条约适用违反我国公共秩序的情形。

在《对外关系法》起草早期,关于条约和协定地位和适用的规定曾有六种方案,可划分为如下四类:一是一般性规定,即条约与中国法律有

---

① 再如,1965年《关于向国外送达民事或商事司法文书和司法外文书公约》第13条第1款规定:“如果送达请求书符合本公约的规定,则文书发往国只在其认为执行请求将损害其主权或安全时才可拒绝执行。”根据1970年《关于从国外调取民事或商事证据的公约》第12条的规定,被请求国认为,请求书的执行将会损害其主权和安全,可以拒绝执行请求书。

不同规定的,适用条约的规定,但中国声明保留的条款除外。二是根据条约的性质,对于民商事领域的条约,借鉴1986年《民法通则》(已失效)第142条规定的条约优先适用模式;对于其他领域的条约暂不规定。三是根据批准条约机构的性质,全国人大批准的条约等同于我国的法律,国务院核准的条约相当于行政法规。① 四是根据缔约的名义,以国家名义缔结的条约相当于全国人大及其常委会制定的法律,以政府名义缔结的条约相当于国务院制定的行政法规,以政府部门名义缔结的条约相当于部门规章。② 经多次讨论,形成了目前《对外关系法》第31条的规定。作为一部基础性、综合性的法律,"采取适当措施"的措辞是一项原则性、授权性立法规定,但其为未来条约和协定在我国国内法律体系中的履行方式以及适用条约的具体措施提供了法律依据。当前,国际竞争越来越体现为制度、规则、法律之争。中国特色社会主义法治体系建设,既包括建设完备的国内法律规范体系,也包括履行我国参加和批准的国际公约、条约和协定,全面加强涉外执法司法工作。③ 提高国际法在全球治理中的地位和作用,确保国际规则有效遵守和实施,④是构建人类命运共同体的重要法治保障。《对外关系法》为条约和协定的缔结与适用提供了基础性的法律依据,但只是进行了原则性的规定,留下许多空间有待未来通过法律或司法解释进行回应。

---

① 学术讨论,参见吴慧:《国际条约在我国国内法上的地位及与国内法冲突的预防和解决》,载《国际关系学院学报》2000年第2期。

② 学术讨论,参见车丕照:《论条约在我国的适用》,载《法学杂志》2005年第3期。

③ 参见周强:《在习近平法治思想指引下 奋力推进新时代司法为民公正司法》,载《求是》2022年第4期。

④ 参见中共中央宣传部、中央全面依法治国委员会办公室编:《习近平法治思想学习纲要》,人民出版社、学习出版社2021年版,第126页。

关联立法

《票据法》

第 95 条 中华人民共和国缔结或者参加的国际条约同本法有不同规定的,适用国际条约的规定。但是,中华人民共和国声明保留的条款除外。

本法和中华人民共和国缔结或者参加的国际条约没有规定的,可以适用国际惯例。

《海商法》

第 268 条 中华人民共和国缔结或者参加的国际条约同本法有不同规定的,适用国际条约的规定;但是,中华人民共和国声明保留的条款除外。

中华人民共和国法律和中华人民共和国缔结或者参加的国际条约没有规定的,可以适用国际惯例。

《民用航空法》

第 184 条 中华人民共和国缔结或者参加的国际条约同本法有不同规定的,适用国际条约的规定;但是,中华人民共和国声明保留的条款除外。

中华人民共和国法律和中华人民共和国缔结或者参加的国际条约没有规定的,可以适用国际惯例。

《民事诉讼法》

第271条　中华人民共和国缔结或者参加的国际条约同本法有不同规定的,适用该国际条约的规定,但中华人民共和国声明保留的条款除外。

《维也纳条约法公约》

第三编　条约之遵守、适用及解释

第一节　条约之遵守

第26条　条约必须遵守

凡有效之条约对其各当事国有拘束力,必须由各该国善意履行。

第27条　国内法与条约之遵守

一当事国不得援引其国内法规定为理由而不履行条约。此项规则不妨碍第四十六条。

第二节　条约之适用

第28条　条约不溯既往

除条约表示不同意思,或另经确定外,关于条约对一当事国生效之日以前所发生之任何行为或事实或已不存在之任何情势,条约之规定不对该当事国发生拘束力。

第29条　条约之领土范围

除条约表示不同意思,或另经确定外,条约对每一当事国之拘束力及于其全部领土。

第30条　关于同一事项先后所订条约之适用

一、以不违反联合国宪章第一百零三条为限,就同一事项先后所订条约当事国之权利与义务应依下列各项确定之。

二、遇条约订明须不违反先订或后订条约或不得视为与先订或后订条约不合时,该先订或后订条约之规定应居优先。

三、遇先订条约全体当事国亦为后订条约当事国但不依第五十九条终止或停止施行先订条约时,先订条约仅于其规定与后订条约规定相合之范围内适用之。

四、遇后订条约之当事国不包括先订条约之全体当事国时:

(甲)在同为两条约之当事国间,适用第三项之同一规则;

(乙)在为两条约之当事国与仅为其中一条约之当事国间彼此之权利与义务依两国均为当事国之条约定之。

五、第四项不妨碍第四十一条或依第六十条终止或停止施行条约之任何问题,或一国因缔结或适用一条约而其规定与该国依另一条约对另一国之义务不合所生之任何责任问题。

第三节　条约之解释

第31条　解释之通则

一、条约应依其用语按其上下文并参照条约之目的及宗旨所具有之通常意义,善意解释之。

二、就解释条约而言,上下文除指连同弁言及附件在内之约文外,并应包括:

(甲)全体当事国间因缔结条约所订与条约有关之任何协定;

(乙)一个以上当事国因缔结条约所订并经其他当事国接受为条约有关文书之任何文书。

三、应与上下文一并考虑者尚有:

(甲)当事国嗣后所订关于条约之解释或其规定之适用之任何协定;

(乙)嗣后在条约适用方面确定各当事国对条约解释之协定之任何惯例;

(丙)适用于当事国间关系之任何有关国际法规则。

四、倘经确定当事国有此原意，条约用语应使其具有特殊意义。

第32条　解释之补充资料

为证实由适用第三十一条所得之意义起见，或遇依第三十一条作解释而：

(甲)意义仍属不明或难解；或

(乙)所获结果显属荒谬或不合理时，为确定其意义起见，得使用解释之补充资料，包括条约之准备工作及缔约之情况在内。

第33条　以两种以上文字认证之条约之解释

一、条约约文经以两种以上文字认证作准者，除依条约之规定或当事国之协议遇意义分歧时应以某种约文为根据外，每种文字之约文应同一作准。

二、以认证作准文字以外之他种文字作成之条约译本，仅于条约有此规定或当事国有此协议时，始得视为作准约文。

三、条约用语推定在各作准约文内意义相同。

四、除依第一项应以某种约文为根据之情形外，倘比较作准约文后发现意义有差别而非适用第三十一条及第三十二条所能消除时，应采用顾及条约目的及宗旨之最能调和各约文之意义。

第四节　条约与第三国

第34条　关于第三国之通则

条约非经第三国同意，不为该国创设义务或权利。

第35条　为第三国规定义务之条约

如条约当事国有意以条约之一项规定作为确立一项义务之方法，且该项义务经一第三国以书面明示接受，则该第三国即因此项规定而负有义务。

第36条　为第三国规定权利之条约

一、如条约当事国有意以条约之一项规定对一第三国或其所属一组国家或所有国家给予一项权利，而该第三国对此表示同意，则该第三国即因此项规定而享有该项权利。该第三国倘无相反之表示,应推定其表示同意,但条约另有规定者不在此限。

二、依第一项行使权利之国家应遵守条约所规定或依照条约所确定之条件行使该项权利。

第37条 取消或变更第三国之义务或权利

一、依照第三十五条使第三国担负义务时,该项义务必须经条约各当事国与该第三国之同意,方得取消或变更,但经确定其另有协议者不在此限。

二、依照第三十六条使第三国享有权利时,倘经确定原意为非经该第三国同意不得取消或变更该项权利,当事国不得取消或变更之。

第38条 条约所载规则由于国际习惯而成为对第三国有拘束力

第三十四条至第三十七条之规定不妨碍条约所载规则成为对第三国有拘束力之公认国际法习惯规则。

经典导读

《习近平法治思想学习纲要》指出:“要高度重视履行同各国达成的多边和双边经贸协议,加强法治政府、诚信政府建设。建立有约束的国际协议履约执行机制,按照扩大开放的需要修改完善法律法规,在行政许可、市场监管等方面规范各级政府行为,清理废除妨碍公平竞争、扭曲市场的不合理规定、补贴和做法,公平对待所有企业和经营者,完善市场化、法治化、便利化的营商环境。”①

① 中共中央宣传部、中央全面依法治国委员会办公室编:《习近平法治思想学习纲要》,人民出版社、学习出版社2021年版,第121页。

第三十二条

条文内容

国家在遵守国际法基本原则和国际关系基本准则的基础上，加强涉外领域法律法规的实施和适用，并依法采取执法、司法等措施，维护国家主权、安全、发展利益，保护中国公民、组织合法权益。

条文释义

本条阐明了我国在遵守国际法基本原则和国际关系基本准则的基础上，加快推进我国法域外适用的法律体系建设，并提升涉外执法、司法效能，目的是维护国家主权、安全、发展利益，保护中国公民、组织合法权益。

（一）涉外领域法律法规的实施和适用

加强涉外领域法律法规的实施和适用，即推进我国法的域外适用。国内法域外适用，是指本国针对位于或发生在本国管辖领域之外的人、物或行为适用本国法律规则的过程，既包括国内法院实施司法管辖的行为,也包括国内行政机关适用和执行国内法的行为。[①] 法的适用是法律效力的一种实现形式。[②] 传统上,无论是中文的"适用"还是英文中的"apply",均与司法机关对应,都是描述司法机关依据法定职权和法定程序,具体应用法律处理案件的专门活动。[③] 然而,作为一种动态式的描述,脱胎于我国话语的"中国法域外适用"中"适用"的范畴显然更为宽泛。一方面,这体现在适用的主体维度上:有学者认为,国内法域外适用不仅涉及司法机关,还包括执法(行政)机关,[④]甚至延展至立法机关;[⑤]还有学者直接将"国家"作为国内法域外适用的主体,而不再区分具体的机关,[⑥]我国一些立法也体现了类似逻辑。[⑦] 另一方面,在法律产生效力的方式维度上,与主体维度相对应,国内法的域外适用不仅包括司法机关援用法律进行审判活动,也包括执法机关执行法律的活动,以及立

---

① 参见廖诗评:《国内法域外适用及其应对——以美国法域外适用措施为例》,载《环球法律评论》2019年第3期。

② 参见汤诤:《域外管辖的边界与冲突研究》,武汉大学出版社2023年版,第21页;廖诗评:《国内法域外适用及其应对——以美国法域外适用措施为例》,载《环球法律评论》2019年第3期。

③ 参见张文显主编:《法理学》(第5版),高等教育出版社2018年版,第250页。See The American Law Institute, *Restatement of the Law Fourth the Foreign Relations Law of the United States*, American Law Institute Publishers, 2018, pp. 139 – 140.

④ 参见廖诗评:《国内法域外适用及其应对——以美国法域外适用措施为例》,载《环球法律评论》2019年第3期。

⑤ 参见汤诤:《域外管辖的边界与冲突研究》,武汉大学出版社2023年版,第21页。("法的域外适用……可以指国内法被立法机关赋予管治外国行为的效力,要求适用于域外行为,类似于域外立法……")

⑥ 参见范子豪:《〈对外关系法〉"统筹"意涵的展开——以"分配功能"理论为视角》,载《武大国际法评论》2023年第4期;傅攀峰:《2022年中国法域外适用的立法现状及其完善》,载莫纪宏、田禾主编:《中国法治发展报告No.20(2022)》,社会科学文献出版社2022年版。

⑦ 《阻断外国法律与措施不当域外适用办法》第2条规定:"本办法适用于外国法律与措施的域外适用违反国际法和国际关系基本准则,不当禁止或者限制中国公民、法人或者其他组织与第三国(地区)及其公民、法人或者其他组织进行正常的经贸及相关活动的情形。"

法机关赋予法律效力的活动。

国内法的域外适用通常具备以下四项特征:(1)适用法律的主体是主权国家;(2)所适用的是本国国内法;(3)规制的对象是外国实体;(4)造成了实际的拘束效果。2019年2月25日,中央全面依法治国委员会第二次会议指出,“**要加快推进我国法域外适用的法律体系建设**”①。中国法域外适用的防御功能是防范风险的“先手”,也是应对、化解风险挑战的“高招”,彰显了“坚持以国家核心利益为底线维护国家主权、安全、发展利益”②的坚定决心。中国法域外适用的积极探索也取得了成效,提升了我国法律制度的影响力和竞争力。

加强涉外领域法律法规的实施和适用主要有两个层次的目的:

一是维护国家主权、安全、发展利益。我国现阶段已经初步形成了国家安全法律体系,包括《国家安全法》《反恐怖主义法》《国家情报法》《香港特别行政区维护国家安全法》等法律和《反间谍法实施细则》《反间谍安全防范工作规定》等配套的行政法规、部门规章。③ 其中,《国家安全法》和《香港特别行政区维护国家安全法》域外效力条款的设计成为维护我国主权、安全的重要环节。例如,《国家安全法》第18条中“**实施联合国维和、国际救援、海上护航和维护国家海外利益的军事行动**”的表述即其域外效力的体现。《香港特别行政区维护国家安全法》的域外效力则分为三个维度:首先,基于犯罪行为效果的延展;其次,基于特殊动产和特别行政区属人的延展;最后,基于保护香港特别行政区的延展。

二是保护中国公民、组织合法权益。中国法的域外适用从实体和程

① 《习近平主持召开中央全面依法治国委员会第二次会议并发表重要讲话》,载中国政府网,http://www.gov.cn/xinwen/2019-02/25/content_5368422.htm。

② 中共中央党史和文献研究院编:《习近平关于中国特色大国外交论述摘编》,中央文献出版社2020年版,第253页。

③ 参见黄进主编:《中国涉外法治蓝皮书》,法律出版社2022年版,第4~5页。

序两个维度进行了适度扩张。一方面是我国实体法的域外效力扩张，主要体现在经济法领域。伴随经济全球化的加深，人、物的跨国流动和行为的效果延展越发明显，法律制度也正逐渐走出严格属地主义的桎梏，基于“联系”和“效果”扩张规制效力，这是当前国际社会的共识。我国目前最具代表性的尝试体现在《反垄断法》《证券法》等经济管制立法和《网络安全法》《数据安全法》等数据立法中。具体而言，《反垄断法》《证券法》的域外适用主要体现为“效果原则”的应用，这契合了垄断行为与证券交易行为效果跨国延伸的特性。在数据立法领域，《网络安全法》主要从两个方面规制行为效果：一是对来源于我国境外的法律、行政法规禁止发布或者传输的信息进行管控；二是对境外的机构、组织、个人从事攻击、侵入、干扰、破坏等危害我国关键信息基础设施的活动依法进行惩治。《数据安全法》则以保护原则拓展了自身的域外效力。另一方面是我国程序法的域外效力扩张。该领域的扩张集中体现于民事诉讼程序，有以下两点突出表现：第一，涉外民商事诉讼管辖权的扩张，突出体现为2023年《民事诉讼法》修正纳入“适当联系”的涉外案件管辖依据。该依据发源于我国司法实践，在康文森公司与中兴公司管辖权异议案①中，最高人民法院使用了“适当联系”的管辖连结因素，后又在华为公司与康文森公司标准必要专利许可纠纷案②、OPPO公司与夏普

① 参见中华人民共和国最高人民法院民事裁定书，(2019)最高法知民辖终157号。主要内容如下：判断被告在中国没有住所和办事机构的标准必要专利许可纠纷是否与中国存在适当联系，可以考虑许可标的的所在地、专利实施地、合同签订地、合同履行地等是否在中国境内。只要前述地点之一在中国境内，就应认为该案与中国存在适当联系，中国法院即具有管辖权。本案中，作为许可标的的标准必要专利为中国专利，中兴公司位于广东省深圳市，其在该地实施本案所涉标准必要专利。原审法院作为专利实施地法院，对本案具有管辖权。产品研发地、生产地属于专利实施地，原审法院以此确定本案管辖权，并无不当。

② 参见中华人民共和国最高人民法院民事裁定书，(2019)最高法知民终732、733、734号之二。

株式会社管辖权异议案[①]中加以确认。第二,“禁诉令”的签发。例如,在2020年的小米公司与交互数字公司标准必要专利许可费率争议案中,武汉市中级人民法院依据《民事诉讼法》第103条(彼时为2017年《民事诉讼法》第100条)规定的行为保全制度,禁止交互数字公司在全球范围内的法院请求裁定相关标准必要专利许可费率或许可费争议。[②]

(二)提升涉外执法、司法效能

本条中的“实施”和“适用”分别代表了中国法域外适用的执法维度和司法维度。只有在执法、司法层面产生实效,中国法域外适用才切实管用。

在执法层面,一方面,我国切实履行国际法义务,积极推进全球治理与法治合作,高度重视履行同各国达成的多边和双边经贸协议,加强法治政府、诚信政府建设,建立有约束的国际协议履约执行机制,按照扩大开放的需要修改完善法律法规,在行政许可、市场监管等方面规范各级政府行为,清理废除妨碍公平竞争、扭曲市场的不合理规定、补贴和做法,公平对待所有企业和经营者。[③] 另一方面,我国积极参与执法安全国际合作,共同打击暴力恐怖势力、民族分裂势力、宗教极端势力和贩毒

---

① 参见中华人民共和国最高人民法院民事裁定书,(2020)最高法知民辖终517号。在本案中,援用“适当联系”的范围被进一步扩展为:“针对在中国境内没有住所和代表机构的被告提起的涉外民事纠纷案件,中国法院是否具有管辖权,取决于该纠纷与中国是否存在适当联系。”

② 参见武汉市中级人民法院民事裁定书,(2020)鄂01知民初169号之一;武汉市中级人民法院民事裁定书,(2020)鄂01知民初169号之二。

③ 参见中共中央宣传部、中央全面依法治国委员会办公室编:《习近平法治思想学习纲要》,人民出版社、学习出版社2021年版,第121页。

走私、跨国有组织犯罪,[①]同时在反垄断、交通运输、生态环境保护等具有普遍关切的领域积极开展涉外执法合作。

在司法层面,人民法院在如下三个方面发挥其功能:第一,通过提升涉外审判水平,增强中国法的世界影响力和人民法院在全球争议解决市场的竞争力。根据相关资料,最高人民法院已与全球 140 多个国家和地区的司法机构建立友好交往关系,与外国司法机构、国际组织签署 70 多个合作协议或备忘录。[②] 我国就平行诉讼的处理、案件管辖的分配、司法判决与仲裁裁决的全球流通、海外追逃追赃、遣返、引渡和移管被判刑人等问题积极探索合作机制,提高司法效率。第二,积极参与司法性国际文书的制定与谈判,贡献中国经验与中国方案。迄今,在《选择法院协议公约》《承认与执行外国民商事判决公约》《联合国国际贸易法委员会跨国界破产示范法》等国际规范性文件和海牙国际私法会议"管辖权"项目、国际统一私法协会"有效执行的最佳实践"项目等文书谈判中,都有最高人民法院的参与和贡献。第三,推进司法协助工作。改革开放以来,随着我国对外民商事交往的增加,涉外司法协助工作也随之进步。截至 2023 年 10 月,我国已与 83 个国家缔结 171 项双边司法协助类条约,加入包含司法协助、引渡等内容的近 30 项国际公约,合作范围覆盖 130 多个国家。[③]

---

① 参见《中共中央关于全面推进依法治国若干重大问题的决定》,载中国人大网,http://www.npc.gov.cn/zgrdw/npc/zt/qt/sbjszqh/2014-10/29/content_1883449_7.htm。

② 参见周强:《最高人民法院关于人民法院涉外审判工作情况的报告——2022 年 10 月 28 日在第十三届全国人民代表大会常务委员会第三十七次会议上》,载中国人大网,http://www.npc.gov.cn/npc/c2/c30834/202210/t20221029_320037.html。

③ 参见《最高法:中国已与 83 个国家缔结 171 项双边司法协助类条约》,载人民网,http://society.people.com.cn/n1/2023/1027/c1008-40104642.html。

(三)涉外立法、涉外司法与涉外执法的关系

全球化时代,一国制定法律、适用法律和执行法律的举措都可能对国际社会造成影响;而涉外立法、涉外司法与涉外执法之间也会产生互动。如何综合发挥立法、执法、司法的协同作用,是加强涉外领域法律法规实施和适用必须回答的问题。该问题包含如下三个方面:涉外立法与涉外执法的互动;涉外立法与涉外司法的互动;涉外司法与涉外执法的互动。

第一,涉外立法与涉外执法之间的互动。涉外立法与涉外执法间的相互作用主要体现在法律制定到法律实施的效力实现过程中。一方面,习近平总书记指出,“**制度的生命力在于执行**”①。《反垄断法》《证券法》《网络安全法》《数据安全法》等均为其域外效力的实现确立了行政执法机制。近年来,涉外反垄断执法、涉外网络安全执法也取得了一定的积极成效。② 另一方面,外商投资准入前国民待遇、“负面清单”制度、自贸区与自贸港法治建设的推进也彰显了我国政府“**以法治的理念、法治的体制、法治的程序开展工作**”③,以及积极促进对外开放的坚定决心。

第二,涉外立法与涉外司法之间的互动。一方面,涉外立法与涉外司法之间的相互作用体现在司法机关通过在涉外诉讼中适用法律作出裁判,实现涉外立法的域外效力,进而实现依法惩处各类涉外刑事犯罪、平等保护中外当事人合法权益的目的。比如,在涉外刑事方面,人民法

---

① 习近平:《严格执法,公正司法》,载中共中央文献研究室编:《十八大以来重要文献选编》(上),中央文献出版社 2014 年版。

② 参见黄进主编:《中国涉外法治蓝皮书》,法律出版社 2022 年版,第 93 ~ 107 页。

③ 参见习近平:《加快建设社会主义法治国家》,载《求是》2015 年第 1 期。

院根据我国《刑法》属地管辖①、属人管辖②、保护管辖③和普遍管辖④原则,《刑事诉讼法》中关于外国人犯罪的相关规定⑤和《国际刑事司法协助法》等的域外效力相关规定,依法惩治各类涉外刑事犯罪。又如,在涉外民事方面,人民法院基于《民事诉讼法》第四编“涉外民事诉讼程序的特别规定”和《涉外民事关系法律适用法》等法律赋予的域外效力,充分发挥涉外商事海事审判职能作用。另一方面,涉外立法与涉外司法的相互作用体现在先进司法实践对于立法科学性的促进。比如,上文提到的“适当联系”管辖依据,正肇始于最高人民法院针对涉外案件的司法实践。这一因素在《反垄断法》《民事诉讼法》修改过程中被反复提及,其在保护我国当事人合法权益、提升我国涉外司法制度竞争力中发挥的重要作用得到了立法机关的肯定,并通过《民事诉讼法》的修正予以确认。

第三,涉外司法与涉外执法之间的互动。涉外司法与涉外执法之间的互动主要体现在二者作为法律实施方式的互补性上。在传统观点中,司法与执法作为法律效力实现的两种途径,一般被分开论述。但是在涉

---

① 《刑法》第6条规定:“凡在中华人民共和国领域内犯罪的,除法律有特别规定的以外,都适用本法。凡在中华人民共和国船舶或者航空器内犯罪的,也适用本法。犯罪的行为或者结果有一项发生在中华人民共和国领域内的,就认为是在中华人民共和国领域内犯罪。”

② 《刑法》第7条规定:“中华人民共和国公民在中华人民共和国领域外犯本法规定之罪的,适用本法,但是按本法规定的最高刑为三年以下有期徒刑的,可以不予追究。中华人民共和国国家工作人员和军人在中华人民共和国领域外犯本法规定之罪的,适用本法。”

③ 《刑法》第8条规定:“外国人在中华人民共和国领域外对中华人民共和国国家或者公民犯罪,而按本法规定的最低刑为三年以上有期徒刑的,可以适用本法,但是按照犯罪地的法律不受处罚的除外。”

④ 《刑法》第9条规定:“对于中华人民共和国缔结或者参加的国际条约所规定的罪行,中华人民共和国在所承担条约义务的范围内行使刑事管辖权的,适用本法。”

⑤ 《刑事诉讼法》第17条规定:“对于外国人犯罪应当追究刑事责任的,适用本法的规定。对于享有外交特权和豁免权的外国人犯罪应当追究刑事责任的,通过外交途径解决。”

外法治的实践中，诸如《反外国制裁法》《反垄断法》都同时提供了执法与司法救济途径。例如，《反外国制裁法》第4条、第5条、第6条确立了我国行政机关就反制外国制裁可以采取的行政执法措施；[①]同时其第12条第2款也赋予了我国公民、组织诉权，可以通过司法救济途径请求停止侵害、赔偿损失。[②] 中国法域外适用的体系构建应当关注涉外司法与涉外执法的互补性这一特征，为提升涉外执法、司法效能发挥重要作用。

关联立法

《香港特别行政区维护国家安全法》

第36条　任何人在香港特别行政区内实施本法规定的犯罪的，适用本法。犯罪的行为或者结果有一项发生在香港特别行政区内的，就认为是在香港特别行政区内犯罪。

在香港特别行政区注册的船舶或者航空器内实施本法规定的犯罪

① 《反外国制裁法》第4条规定："国务院有关部门可以决定将直接或者间接参与制定、决定、实施本法第三条规定的歧视性限制措施的个人、组织列入反制清单。"第5条规定："除根据本法第四条规定列入反制清单的个人、组织以外，国务院有关部门还可以决定对下列个人、组织采取反制措施：(一)列入反制清单个人的配偶和直系亲属；(二)列入反制清单组织的高级管理人员或者实际控制人；(三)由列入反制清单个人担任高级管理人员的组织；(四)由列入反制清单个人和组织实际控制或者参与设立、运营的组织。"第6条规定："国务院有关部门可以按照各自职责和任务分工，对本法第四条、第五条规定的个人、组织，根据实际情况决定采取下列一种或者几种措施：(一)不予签发签证、不准入境、注销签证或者驱逐出境；(二)查封、扣押、冻结在我国境内的动产、不动产和其他各类财产；(三)禁止或者限制我国境内的组织、个人与其进行有关交易、合作等活动；(四)其他必要措施。"

② 《反外国制裁法》第12条规定："任何组织和个人均不得执行或者协助执行外国国家对我国公民、组织采取的歧视性限制措施。组织和个人违反前款规定，侵害我国公民、组织合法权益的，我国公民、组织可以依法向人民法院提起诉讼，要求其停止侵害、赔偿损失。"

的，也适用本法。

第37条　香港特别行政区永久性居民或者在香港特别行政区成立的公司、团体等法人或者非法人组织在香港特别行政区以外实施本法规定的犯罪的，适用本法。

第38条　不具有香港特别行政区永久性居民身份的人在香港特别行政区以外针对香港特别行政区实施本法规定的犯罪的，适用本法。

《反垄断法》

第2条　中华人民共和国境内经济活动中的垄断行为，适用本法；中华人民共和国境外的垄断行为，对境内市场竞争产生排除、限制影响的，适用本法。

《证券法》

第2条　在中华人民共和国境内，股票、公司债券、存托凭证和国务院依法认定的其他证券的发行和交易，适用本法；本法未规定的，适用《中华人民共和国公司法》和其他法律、行政法规的规定。

政府债券、证券投资基金份额的上市交易，适用本法；其他法律、行政法规另有规定的，适用其规定。

资产支持证券、资产管理产品发行、交易的管理办法，由国务院依照本法的原则规定。

在中华人民共和国境外的证券发行和交易活动，扰乱中华人民共和国境内市场秩序，损害境内投资者合法权益的，依照本法有关规定处理并追究法律责任。

《网络安全法》

第50条　国家网信部门和有关部门依法履行网络信息安全监督管

理职责，发现法律、行政法规禁止发布或者传输的信息的，应当要求网络运营者停止传输，采取消除等处置措施，保存有关记录；对来源于中华人民共和国境外的上述信息，应当通知有关机构采取技术措施和其他必要措施阻断传播。

第75条　境外的机构、组织、个人从事攻击、侵入、干扰、破坏等危害中华人民共和国的关键信息基础设施的活动，造成严重后果的，依法追究法律责任；国务院公安部门和有关部门并可以决定对该机构、组织、个人采取冻结财产或者其他必要的制裁措施。

《数据安全法》

第2条　在中华人民共和国境内开展数据处理活动及其安全监管，适用本法。

在中华人民共和国境外开展数据处理活动，损害中华人民共和国国家安全、公共利益或者公民、组织合法权益的，依法追究法律责任。

《民事诉讼法》

第276条　因涉外民事纠纷，对在中华人民共和国领域内没有住所的被告提起除身份关系以外的诉讼，如果合同签订地、合同履行地、诉讼标的物所在地、可供扣押财产所在地、侵权行为地、代表机构住所地位于中华人民共和国领域内的，可以由合同签订地、合同履行地、诉讼标的物所在地、可供扣押财产所在地、侵权行为地、代表机构住所地人民法院管辖。

除前款规定外，涉外民事纠纷与中华人民共和国存在其他适当联系的，可以由人民法院管辖。

经典导读

《习近平法治思想学习纲要》指出:“当前,涉外法治工作水平与我国国际经济政治地位还不相匹配。我国在世界经济和全球治理中的分量迅速上升,我国是世界第二大经济体、最大货物出口国、第二大货物进口国、第二大对外直接投资国、最大外汇储备国、最大旅游市场,成为影响世界政治经济版图变化的一个主要因素。但我国涉外法治工作还存在不少薄弱环节,一些法律法规比较原则、笼统,我国法域外适用的法律体系还不够健全,涉外执法司法的水平还有待提高。”①

第三十三条

条文内容

对于违反国际法和国际关系基本准则,危害中华人民共和国主权、安全、发展利益的行为,中华人民共和国有权采取相应反制和限制措施。

---

① 中共中央宣传部、中央全面依法治国委员会办公室编:《习近平法治思想学习纲要》,人民出版社、学习出版社2021年版,第118页。

国务院及其部门制定必要的行政法规、部门规章，建立相应工作制度和机制，加强部门协同配合，确定和实施有关反制和限制措施。

依据本条第一款、第二款作出的决定为最终决定。

条文释义

本条规定了我国在面对违反国际法和国际关系基本准则，以及危害我国主权、安全和发展利益的行为时，有权采取相应的反制和限制措施。同时，国务院及其部门有权制定必要的行政法规、部门规章，建立相应的工作制度和机制，加强部门协同配合，确定和实施有关反制和限制措施。依据本条作出反制和限制措施的决定是最终决定。

(一)采取反制和限制措施的权力

反制和限制措施本质上属于单边制裁措施，但其具有防御性和被动性特征，因为其作出以外国违反国际法和国际关系基本准则对我国进行遏制、打压或对我国公民、组织采取歧视性限制措施为前提。有学者指出，习惯国际法认为，在满足一定条件时，国家采取单边制裁作为“反措施”(countermeasure)是符合国际法的。这可以为我国采取措施反制外国不正当干涉提供国际法层面的合法性。①

近年来，某些西方国家和组织出于政治操弄需要和意识形态偏见，利用涉疆、涉藏、涉港、涉台、涉海、涉疫等各种议题和借口，对中国内外政策和有关立法修法议程横加指责、抹黑、攻击，对中国发展进行歪曲、诋毁、遏制和打压，特别是违反国际法和国际关系基本准则，依据其本国

① 参见霍政欣：《〈反外国制裁法〉的国际法意涵》，载《比较法研究》2021年第4期。

法律对中国有关国家机关、组织和国家工作人员实施所谓“制裁”。[①] 为坚决维护国家主权、尊严和核心利益,反对西方霸权主义和强权政治,我国制定了一些法律,规定了类似的反制和限制措施。例如,《出口管制法》第48条规定:“任何国家或者地区滥用出口管制措施危害中华人民共和国国家安全和利益的,中华人民共和国可以根据实际情况对该国家或者地区对等采取措施。”2021年6月10日,十三届全国人大常委会第二十九次会议通过了《反外国制裁法》,为我国反制、限制违反国际法和国际关系基本准则,危害我国主权、安全、发展利益的行为奠定了法律基础。[②]

制裁示例如下。

外交部发言人宣布中方对蓬佩奥等人实施制裁

2021年1月21日

过去几年,美国一些反华政客出于一己政治私利和对华偏见仇恨,罔顾中美两国人民的利益,策划、推动实施了一系列疯狂的行径,严重干涉中国内政、损害了中国的利益、伤害了中国人民的感情,也严重破坏了中美关系。中国政府捍卫国家主权安全发展利益的决心坚定不移。中方决定对在涉华问题上严重侵犯中国主权、负有主要责任的28名人员实施制裁,包括特朗普政府中的蓬佩奥、纳瓦罗、奥布莱恩、史达伟、波廷杰、阿扎、克拉奇、克拉夫特以及博尔顿、班农等。这些人及其家属被禁止入境中国内地和香港、澳门,他们及其关联企业、机构也已被限制与中

---

① 《全国人大常委会法工委负责人就反外国制裁法答记者问》,载新华网,https://www.xinhuanet.com/politics/2021-06/10/c_1127551967.htm。

② 参见黄进主编:《中国涉外法治蓝皮书》,法律出版社2022年版,第29~30页。

国打交道、做生意。[①]

(二)反制和限制措施的配套机制

本条第2款强调了建立反制、限制措施的配套机制,可以分为两个层面:

第一,规则层面,即国务院及其部门制定必要的行政法规、部门规章。在此层面,我国反制裁、反干涉、反"长臂管辖"的"三反"立法取得了可观成果。比如,2020年9月,经国务院批准,商务部发布了《不可靠实体清单规定》;2021年1月商务部又发布了《阻断外国法律与措施不当域外适用办法》。《反外国制裁法》列举了三类主要反制措施:一是不予签发签证、不准入境、注销签证或者驱逐出境;二是查封、扣押、冻结在我国境内的动产、不动产和其他各类财产;三是禁止或者限制我国境内的组织、个人与其进行有关交易、合作等活动,并以"其他必要措施"兜底,[②]为我国依法反制外国制裁措施提供了有力的法律保障。

第二,建立相应工作制度和机制层面,加强部门协同配合,确定和实施有关反制和限制措施,这应当是《对外关系法》实施过程中着重解决的问题。

从司法层面来看,人民法院在审判实践中应该为"三反"案件确立一致的裁判标准。当前"三反"案件主要面临以下问题:一方面,一些案

---

① 《外交部发言人宣布中方对蓬佩奥等人实施制裁》,载外交部官网,https://www.fmprc.gov.cn/web/wjdt_674879/zcjd/202101/t20210121_7943959.shtml。

② 《反外国制裁法》第6条规定:"国务院有关部门可以按照各自职责和任务分工,对本法第四条、第五条规定的个人、组织,根据实际情况决定采取下列一种或者几种措施:(一)不予签发签证、不准入境、注销签证或者驱逐出境;(二)查封、扣押、冻结在我国境内的动产、不动产和其他各类财产;(三)禁止或者限制我国境内的组织、个人与其进行有关交易、合作等活动;(四)其他必要措施。"

件没有被认定为涉外案件；另一方面，人民法院通常将外国的制裁和干涉视作事实因素，忽略了制裁和干涉作为外国法不当适用所产生的影响。在审判实践中，至少有如下问题亟待澄清：一是外国制裁和干涉在我国是否有效；二是外国制裁和干涉能否作为外国强制性规范在人民法院审理案件时适用；三是当事人规避（或遵守）经济制裁的意思表示是否应当尊重。为了明确以上问题，首先，人民法院应当研究现有案例，并选取其中具有代表性的进行公开发布，统一性质认定、法律适用和裁判说理，组织专门的分析或研讨，鼓励学界加强研究。其次，最高人民法院应当定期、及时发布指导性案例。一方面，指导性案例可以统一法律适用和裁判尺度，为各级法院确立一致的标准，增强当事人的可预期性。另一方面，指导性案例有利于最高人民法院总结各级法院涉制裁案件的审判经验，并为立法的更新提供参考。另外，《反外国制裁法》的司法适用目前也需要统一、详细的规则。

从执法层面来看，我国接下来应当制定两本“说明书”，进一步增强执法实效。一是行政机关配套实施措施的“说明书”。行政机关如何执行《反外国制裁法》等法律法规的反制措施，仍存在权责不明、流程不清、沟通不畅的弊病。为此，我国应当制定“三反”执法的实操性规则，提升执法效能，进一步细化具体领域的执法规则、裁量标准和操作流程，做到步骤清楚、要求具体、期限明确、程序公正。二是行政机关内部信息沟通、报告与监督的“说明书”。当前涉外法治斗争中的执法很大程度上依靠行政机关“各自为政”，没有发挥相应协调机制的作用，未做到信息互通、决策共商、效果公开，因而降低了执法效率。尽管我国《反外国制裁法》与《阻断外国法律与措施不当域外适用办法》均要求成立专门的工作机制或协调机制，但目前这些机制还未完全发挥其作用。同时，涉外执法也缺乏公开报告机制，不利于实务界、学界对其的了解。为此，一方面，我国应建立多层次、跨部门的涉外执法、司法协同机制，整合涉外法治工作资源,促进执法部门之间、执法与司法部门之间的密切配合,提高整体效能。另一方面,我国应当进一步完善涉外法治斗争执法情况的报告制度,定期召开新闻发布会,扩大典型案例的汇编范围,出版相关的“白皮书”“蓝皮书”等。执法情况的公开与报告不仅可以监督执法机关审慎采取措施、自觉落实效果,也有利于促使中外当事人理解我国“三反”立法并自觉遵守,提高执法效率。

在此背景下,《对外关系法》结合现有“三反”立法,进一步明确了我国对于违反国际法和国际关系基本准则,危害我国主权、安全、发展利益的行为进行反制、限制的权力,并与现行立法保持一致,为反制、限制工作所依托的规则和机制作出说明。相比于2022年的草案,《对外关系法》将“采取必要反制和限制措施”修改为“采取相应反制和限制措施”,将“国家制定必要的法律”修改为“国务院及其部门制定必要的行政法规”,并补充了“依据本条第一款、第二款作出的决定为最终决定”。这与《反外国制裁法》第7条保持一致。当然,斗争的目的并非斗争本身,而是“调动一切积极因素,在斗争中争取团结,在斗争中谋求合作,在斗争中争取共赢”①。只有这样,我国才可以依靠斗争赢得未来。这是涉外斗争蕴含的核心价值追求。

关联立法

《反外国制裁法》

第3条　中华人民共和国反对霸权主义和强权政治,反对任何国家

① 中共中央宣传部、中华人民共和国外交部编:《习近平外交思想学习纲要》,人民出版社、学习出版社2021年版,第75页。

以任何借口、任何方式干涉中国内政。

外国国家违反国际法和国际关系基本准则,以各种借口或者依据其本国法律对我国进行遏制、打压,对我国公民、组织采取歧视性限制措施,干涉我国内政的,我国有权采取相应反制措施。

第4条　国务院有关部门可以决定将直接或者间接参与制定、决定、实施本法第三条规定的歧视性限制措施的个人、组织列入反制清单。

第5条　除根据本法第四条规定列入反制清单的个人、组织以外,国务院有关部门还可以决定对下列个人、组织采取反制措施:

(一)列入反制清单个人的配偶和直系亲属;

(二)列入反制清单组织的高级管理人员或者实际控制人;

(三)由列入反制清单个人担任高级管理人员的组织;

(四)由列入反制清单个人和组织实际控制或者参与设立、运营的组织。

第6条　国务院有关部门可以按照各自职责和任务分工,对本法第四条、第五条规定的个人、组织,根据实际情况决定采取下列一种或者几种措施:

(一)不予签发签证、不准入境、注销签证或者驱逐出境;

(二)查封、扣押、冻结在我国境内的动产、不动产和其他各类财产;

(三)禁止或者限制我国境内的组织、个人与其进行有关交易、合作等活动;

(四)其他必要措施。

第7条　国务院有关部门依据本法第四条至第六条规定作出的决定为最终决定。

《出口管制法》

第48条　任何国家或者地区滥用出口管制措施危害中华人民共和

国国家安全和利益的,中华人民共和国可以根据实际情况对该国家或者地区对等采取措施。

《阻断外国法律与措施不当域外适用办法》

第2条　本办法适用于外国法律与措施的域外适用违反国际法和国际关系基本准则,不当禁止或者限制中国公民、法人或者其他组织与第三国(地区)及其公民、法人或者其他组织进行正常的经贸及相关活动的情形。

第7条　工作机制经评估,确认有关外国法律与措施存在不当域外适用情形的,可以决定由国务院商务主管部门发布不得承认、不得执行、不得遵守有关外国法律与措施的禁令(以下简称禁令)。

工作机制可以根据实际情况,决定中止或者撤销禁令。

经典导读

2020年11月,习近平总书记在中央全面依法治国工作会议上发表重要讲话,强调指出:“要强化法治思维,运用法治方式,有效应对挑战、防范风险,综合利用立法、执法、司法等手段开展斗争,坚决维护国家主权、尊严和核心利益。”①《习近平法治思想学习纲要》指出:“面对新一轮对外开放,涉外法治工作必须加快战略布局,掌握主动权。习近平总书记强调:‘要加快涉外法治工作战略布局,协调推进国内治理和国际治理,更好维护国家主权、安全、发展利益。’必须强化法治思维,运用法治

① 《习近平在中央全面依法治国工作会议上发表重要讲话》,载中国政府网,https://www.gov.cn/xinwen/2020-11/17/content_5562085.htm?eqid=807742a900002d2800000003646eb956。

方式，有效应对挑战、防范风险，综合利用立法、执法、司法等手段开展斗争，坚决维护国家主权、尊严和核心利益。”①

第三十四条

条文内容

中华人民共和国在一个中国原则基础上，按照和平共处五项原则同世界各国建立和发展外交关系。

中华人民共和国根据缔结或者参加的条约和协定、国际法基本原则和国际关系基本准则，有权采取变更或者终止外交、领事关系等必要外交行动。

条文释义

本条明确了我国同别国建立、发展外交关系和变更、终止外交、领事关系的权力。一个中国原则是我国与外国建立、发展外交关系的基础，和平共处五项原则是我国与外国建立、发展外交关系的准则。当我国采

① 中共中央宣传部、中央全面依法治国委员会办公室编：《习近平法治思想学习纲要》，人民出版社、学习出版社2021年版，第119页。

取变更或者终止外交、领事关系等必要外交行动时，我国将根据缔结或者参加的条约和协定、国际法基本原则和国际关系基本准则进行必要外交行动。

（一）一个中国原则

一个中国原则，即坚持世界上只有一个中国，台湾是中国的一部分，中国的主权和领土完整不容分割的原则。新中国成立标志着中华民国结束了它的历史地位，中华人民共和国中央人民政府是代表中华人民共和国全国人民的唯一合法政府，中国的主权和固有领土疆域并未改变，中华人民共和国理所当然地完全享有和行使中国的主权，其中包括对台湾的主权。我国政府自新中国成立便致电联合国，声明：国民党当局“已丧失了代表中国人民的任何法律的与事实的根据”，完全无权代表中国。外国承认中华人民共和国政府是代表全中国的唯一合法政府，与台湾当局断绝或不建立外交关系，是新中国与外国建交的原则，并延续至今。时至今日，中国政府坚持一个中国原则的严正立场和合理主张，赢得了越来越多的国家和国际组织的理解和支持，一个中国原则为国际社会所普遍接受。台湾是中国的一部分、两岸同属一个中国的历史和法理事实，是任何人、任何势力都无法改变的。①

一个中国原则和和平共处五项原则是我国同世界各国建立、发展外交关系的前提。我国政府坚决捍卫一个中国原则，且在国际社会中坚持一个中国原则。《中华人民共和国国民经济和社会发展第十三个五年规划纲要》和《中华人民共和国国民经济和社会发展第十四个五年规划和2035 年远景目标纲要》都强调了坚持一个中国原则和“九二共识”，反对

---

① 参见国务院台湾事务办公室、国务院新闻办公室：《一个中国的原则与台湾问题》，载外交部官网，https://www.mfa.gov.cn/web/ziliao_674904/zt_674979/dnzt_674981/qtzt/twwt/twwtbps/202206/t20220606_10699030.html。

“台独”。《对外关系法》通过本条明确一个中国原则是我国同世界各国建立、发展外交关系的基础。凡是与中国建交的国家，都应互相尊重主权和领土完整，互不侵犯，互不干涉内政，平等互利，和平共处，坚持奉行一个中国原则。

（二）外交关系的建立、发展、变更和终止

国际法上的外交关系，主要是指国家为实现其对外政策，由外交机关通过访问、谈判、缔结条约、设立常驻代表机构、参加国际会议和国际组织等方式，在国际交往中形成的一种关系。① 从一国的外交政策来看，同何种国家、按照什么条件、采取什么方式建立外交关系和互设使馆，各国可以根据主权原则自行决定。实践当中，建立外交关系，首先需要国家相互承认对方的主权和合法性。一旦双方在外交上互相承认，通常便会相互建立使馆或者派遣外交使团。此时也通常标志着外交关系的建立。

建立外交关系后，双方国家应当不断努力维护和发展这些关系，包括通过外交谈判解决分歧，加强合作，以及在国际事务中相互支持和配合等。外交关系的发展也不仅限于政府间的联系，还包括民间的交流与合作。

外交关系的变更意味着国家之间外交关系发生变化或调整。具体而言，一个国家可能会改变其对另一个国家的外交承认，可能会调整其驻外使馆或外交使团的规模或地点，或者暂时关闭或撤回驻外使馆，也可能会重新谈判或终止现有的外交协定、条约或其他形式的协议等。同时，领土争端、经贸纠纷、人权问题等外交争端都有可能导致外交关系的变更。

---

① 参见周鲠生：《国际法》（下册），商务印书馆1981年版，第506页。

终止外交、领事关系是国家发展对外关系中固有的权力。一国终止与另一国的外交和领事关系通常发生在严重的国际争端、外交冲突、安全威胁或其他紧急情况下,比如,战争和冲突、领土争端或其他严重的外交纠纷等。需要特别注意的是:两国之间断绝外交关系并不必然断绝其领事关系。

我国坚持一个中国原则,按照和平共处五项原则,根据缔结或者参加的条约和协定、国际法基本原则和国际关系基本准则,同世界各国建立、发展外交关系。我国分别于1975年、1979年加入《维也纳外交关系公约》和《维也纳领事关系公约》。同时,我国与其他国家签订的领事协定、领事条约的最后,都会规定生效和终止条款。例如,1997年签订的《中华人民共和国政府和加拿大政府领事协定》第17条中规定:“本协定经缔约任何一方通过外交途径书面通知可以终止。协定的终止自该通知发出之日起六个月后生效。”

关联立法

《宪法》

序言(节选)

……中国坚持独立自主的对外政策,坚持互相尊重主权和领土完整、互不侵犯、互不干涉内政、平等互利、和平共处的五项原则,坚持和平发展道路,坚持互利共赢开放战略,发展同各国的外交关系和经济、文化交流,推动构建人类命运共同体;坚持反对帝国主义、霸权主义、殖民主义,加强同世界各国人民的团结,支持被压迫民族和发展中国家争取和维护民族独立、发展民族经济的正义斗争,为维护世界和平和促进人类进步事业而努力。

《反分裂国家法》

第5条　坚持一个中国原则，是实现祖国和平统一的基础。

以和平方式实现祖国统一，最符合台湾海峡两岸同胞的根本利益。国家以最大的诚意，尽最大的努力，实现和平统一。

国家和平统一后，台湾可以实行不同于大陆的制度，高度自治。

经典导读

《习近平外交思想学习纲要》指出："习近平总书记强调，世界上只有一个中国，坚持一个中国原则是公认的国际关系准则，是国际社会普遍共识。国际社会广泛理解和支持中国人民反对'台独'分裂活动、争取完成国家统一的正义事业。台湾问题是中国的内政，事关中国核心利益和中国人民民族感情，不容任何外来干涉。坚持一个中国原则，两岸关系就能改善和发展，台湾同胞就能受益。背离一个中国原则，就会导致两岸关系紧张动荡，损害台湾同胞切身利益。"①

① 中共中央宣传部、中华人民共和国外交部编：《习近平外交思想学习纲要》，人民出版社、学习出版社2021年版，第67页。

第三十五条

条文内容

国家采取措施执行联合国安全理事会根据联合国宪章第七章作出的具有约束力的制裁决议和相关措施。

对前款所述制裁决议和措施的执行，由外交部发出通知并予公告。国家有关部门和省、自治区、直辖市人民政府在各自职权范围内采取措施予以执行。

在中国境内的组织和个人应当遵守外交部公告内容和各部门、各地区有关措施，不得从事违反上述制裁决议和措施的行为。

条文释义

本条规定了中国对联合国安全理事会制裁决议和相关措施的执行机制。外交部负责发布通知并予公告，国家各部门和地方人民政府在各自职权范围内负责执行相应措施。同时，要求中国境内的组织和个人必须遵守外交部公告和各部门、地区的相关措施，禁止从事违反制裁决议和措施的行为。

(一)联合国制裁措施

联合国制裁措施,指联合国安全理事会依据《联合国宪章》第七章所采取的强制性措施。《联合国宪章》第七章“对于和平之威胁、和平之破坏及侵略行为之应付办法”主要规定了在发生威胁和平、破坏和平或者侵略行为时联合国为了维持或恢复国际和平及安全所可以采取的措施,其核心为《联合国宪章》第39条的规定:“安全理事会应断定任何和平之威胁、和平之破坏或侵略行为之是否存在,并应作成建议或抉择依第四十一条及第四十二条规定之办法,以维持或恢复国际和平及安全。”其中,《联合国宪章》第41条所规定的办法即除武力以外的办法,包括经济关系、铁路、海运、航空、邮、电、无线电及其他交通工具的局部或全部停止,以及外交关系的断绝;第42条所规定的办法则更进一步,即第41条的办法无法达到效果时,可以采取必要的空海陆军行动,以维持或恢复国际和平及安全。

作为集体安全机制的重要内容,联合国制裁措施一直是国际法强制执行的有力保障,应当得到各会员国的实施和遵守。[①] 依据《联合国宪章》第25条的规定,联合国安全理事会决议对会员国具有约束力,所有会员国都有义务按照规定执行联合国安全理事会的决定。目前,世界各国在面对联合国制裁机制的执行时,有的国家会通过框架性授权立法确立国内执行总机制,进而以个别行政命令的形式在国内执行。例如,1945年《美国联合国参与法》(United Nations Participation Act of 1945)规定,为了遵守、执行联合国的相关法案,美国总统可以通过颁布法令、规章等方式禁止美国人或非美国人与朝鲜进行交易,违反的人轻则施之

① 参见吴燕妮、刘筱萌:《联合国制裁措施国内执行的法律框架及实践困境》,载《华南理工大学学报(社会科学版)》2014年第4期。

罚款,重则处以监禁。① 也有国家会通过援引既有法律规定执行全部制裁措施,并不进行框架性授权立法,也不制定特别法。② 因此,本条第1款明确我国应当采取措施执行联合国制裁措施,第3款明确了联合国制裁措施在我国境内的约束力,任何在中国境内的组织和个人均不得从事违反上述制裁决议和措施的行为。

(二)我国执行联合国制裁措施的机制

我国执行联合国安全理事会制裁决议的实践与其他会员国的执行实践既有相似之处,也有根植于本国法治环境的独特之处。在各类敏感物项和技术及所有军品的出口管制、经济制裁等领域,与其他会员国援引国内既有法律规定的国家实践相似,我国采取援引有关国内既有法律法规的方式来执行有关制裁决议。具体而言,我国执行联合国多边制裁决议可分为两步:一是外交部通知,二是有关部门执行。在不存在可以直接适用的国内法的情况下,我国一般通过外交部以行政函件方式通知国务院各部门,进而将制定具体措施的权力交由各具体行政部门负责。在外交部印发相应的通知函件之后,我国各有关部门通常会就外交部通

---

① See United Nations Participation Act of 1945, Pub. L. No. 79 - 264. 该法第5条规定,不论其他法律的规定,当联合国安全理事会根据《联合国宪章》第41条作出决定,要求美国根据决定采取措施时,总统可以在必要范围内采取措施,通过其指定的代表依据其命令、规则和指令,全面或者部分地调查、管理或者禁止经济关系,即在任何外国或国民或个人与美国或任何受美国管辖的个人或者包括任何受美国管辖的财产之间的,涉及铁路、海洋、航空、邮政、电报、无线电和其他通信方式的经济关系。

② 例如,1957年3月25日,法国、联邦德国、意大利、荷兰、比利时和卢森堡六国首脑及外长在罗马签署了《欧洲经济共同体条约》与《欧洲原子能联营条约》,统称为《罗马条约》。《罗马条约》第223条、第224条肯定成员国为履行《联合国宪章》义务而发动对外制裁的权力,成员国可以在适当减损共同体单一市场利益的前提下,发动制裁以捍卫国际安全与和平。之后,《欧洲联盟运行条约》第4编对"限制性措施"成为欧盟制裁的专门性规定,其第215条第2款规定,"……(欧盟)理事会可根据第1款规定的程序,通过针对自然人或法人以及团体或非国家实体的限制性措施"。

知文件继续逐级转发。①

在接到外交部的通报后，有关部门可以通过以下三种途径执行联合国安理会的制裁决议：第一，如无须进一步制定实施细则，部门可直接依据外交部通报执行，或根据外交部通知发布进一步通知来执行；第二，如确有必要细化措施，有关部门可依据外交部发布的通知或现行国内法律，另行以工作文件或部门规范性文件的形式发布具体的制裁执行规定；第三，若制裁决议所设义务在国内尚无法律依据，并且属于全国人大及其常委会的专属立法事项，则可在上述措施同步推进的同时，由全国人大及其常委会依照法定程序尽快制定相应的法律。②

商务部、外交部、国家原子能机构、海关总署公告
(2016 年第 13 号)
关于向伊朗出口核两用品及相关技术有关规定的公告

为执行联合国安理会(以下简称安理会)第 2231 号决议，自 2016 年 1 月 16 日起，安理会第 1696、1737、1747、1803、1835、1929、2224 号决议有关禁止向伊朗出口核两用品的制裁措施终止，但在伊朗核问题《联合全面行动计划》生效 10 年内，涉伊朗核两用品和相关技术出口需由安理会逐案审批。经国务院批准，现就对伊朗出口核两用品及相关技术的有关规定公告如下：

一、根据《中华人民共和国核两用品及相关技术出口管制条例》和《两用物项和技术进出口许可证管理办法》，出口经营者应按有关法规

① 参见刘筱萌：《联合国制裁措施的国内执行研究》，武汉大学 2012 年博士学位论文，第 118 ~ 128 页。

② 参见黄瑶、庄瑞银：《中国执行联合国安理会制裁决议的现状与前景》，载《现代国际关系》2018 年第 4 期。

规章的规定向商务部提交申请材料,包括填写并提交安理会发布的《对伊朗出口核两用品和技术申请表》(中英文版)和伊朗官方出具的《最终用户和最终用途证明》(英文版,中文翻译件由出口经营者提供)。

二、商务部会同有关部门对申请进行审查通过后,经外交渠道向安理会递交申请,由安理会进行审核。根据安理会审核意见,商务部作出许可或不许可的决定。对于批准的申请,由商务部发放两用物项和技术出口许可证。提请安理会审核所用时间不计算在《中华人民共和国核两用品及相关技术出口管制条例》规定的时限内。

三、出口经营者应当向海关交验两用物项和技术出口许可证,按规定办理海关报关手续。同时,应当在发运前10日内向商务部提交《对伊朗出口核两用品和技术运输信息表》。

四、出口经营者应接受国家核两用品及相关技术出口管制主管部门的监督,未经同意,不得擅自向第三方披露有关申请和审核信息。

本公告自发布之日起执行。

附件:对伊朗出口核两用品和技术提交联合国审核有关材料

中华人民共和国商务部

中华人民共和国外交部

国家原子能机构

中华人民共和国海关总署

2016年4月1日

附件

对伊朗出口核两用品和技术提交联合国审核有关材料

1.《对伊朗出口核两用品和技术申请表》(中文版下载链接:http://www.un.org/zh/sc/2231/restrictions-nuclear.shtml;英文版下载链接:

http://www.un.org/en/sc/2231/restrictions-nuclear.shtml)

2.《最终用户和最终用途证明》(中文版下载链接:http://www.un.org/zh/sc/2231/restrictions-nuclear.shtml;英文版下载链接:http://www.un.org/en/sc/2231/restrictions-nuclear.shtml)

3.《对伊朗出口核两用品和技术运输信息表》(下载链接:http://exctrl.mofcom.gov.cn/biaoge.shtml)

就具体事例而言,2000 年以来,我国外交部、交通运输部等各部门多次根据《联合国宪章》第七章采取强制性行动。2001 年,外交部根据联合国安全理事会第 1343 号决议,对利比里亚实施武器禁运、未加工钻石禁运和旅行限制等制裁措施;同年,外交部根据联合国安全理事会第 1373 号决议,迅速采取有效措施,防止和制止资助恐怖主义行为;2004 年,外交部根据联合国安全理事会第 1526 号决议,改进对本·拉登、"基地"组织和塔利班成员,以及联合国安全理事会 1267 制裁委员会"综合清单"所列实体和个人的制裁措施;2008 年,交通运输部根据联合国安全理事会第 1844、1857、1864 号决议,加强对索马里的制裁措施,对利比里亚实施的武器禁运和旅行限制制裁措施延长 12 个月。延长对刚果民主共和国的有关武器禁运、航空禁飞、个人旅行限制和资产冻结等制裁措施;2017 年,中国人民银行为落实外交部关于执行联合国安全理事会根据《联合国宪章》第七章第 41 条通过的制裁决议的通知,发布中国人民银行《关于落实执行联合国安理会相关决议的通知》(银发〔2017〕187 号),通知各级金融机构和特定非金融机构收到转发外交部关于执行联合国安全理事会相关决议的通知后,应当立即将决议名单所列个人、实体信息要素输入相关业务系统,开展回溯性审查。

基于上述实践,《对外关系法》首次以法律形式明确了联合国制裁措施在我国的法律效力及其执行机制。这体现在两个方面:第一,将我国过去执行联合国制裁决议和相关措施的机制通过法律予以固定，即本条第2款所规定的内容。第二，在中国境内的组织和个人应当遵守外交部公告内容和各部门、各地区有关措施，具有不得从事违反上述制裁决议和措施行为的义务。[①]

关联立法

《联合国宪章》

第七章　对于和平之威胁、和平之破坏及侵略行为之应付办法

第39条　安全理事会应断定任何和平之威胁、和平之破坏或侵略行为之是否存在，并应作成建议或抉择依第四十一条及第四十二条规定之办法，以维持或恢复国际和平及安全。

第40条　为防止情势之恶化，安全理事会在依第三十九条规定作成建议或决定办法以前，得促请关系当事国遵行安全理事会所认为必要或合宜之临时办法。此项临时办法并不妨碍关系当事国之权利、要求或立场。安全理事会对于不遵行此项临时办法之情形，应予适当注意。

第41条　安全理事会得决定所应采武力以外之办法，以实施其决议，并得促请联合国会员国执行此项办法。此项办法得包括经济关系、铁路、海运、航空、邮、电、无线电及其他交通工具之局部或全部停止，以及外交关系之断绝。

第42条　安全理事会如认第四十一条所规定之办法为不足或已经证明为不足时，得采取必要之空海陆军行动，以维持或恢复国际和平及

---

① 参见王毅：《贯彻对外关系法，为新时代中国特色大国外交提供坚强法治保障》，载《人民日报》2023年6月29日，第6版。

安全。此项行动得包括联合国会员国之空海陆军示威、封锁及其他军事举动。

第43条 一、联合国各会员国为求对于维持国际和平及安全有所贡献起见，担任于安全理事会发令时，并依特别协定，供给为维持国际和平及安全所必需之军队、协助及便利，包括过境权。

二、此项特别协定应规定军队之数目及种类，其准备程度及一般驻扎地点，以及所供便利及协助之性质。

三、此项特别协定应以安全理事会之主动，尽速议订。此项协定应由安全理事会与会员国或由安全理事会与若干会员国之集团缔结之，并由签字国各依其宪法程序批准之。

第44条 安全理事会决定使用武力时，于要求非安全理事会会员国依第四十三条供给军队以履行其义务之前，如经该会员国请求，应请其遣派代表，参加安全理事会关于使用其军事部队之决议。

第45条 为使联合国能采取紧急军事办法起见，会员国应将其本国空军部队为国际共同执行行动随时供给调遣。此项部队之实力与准备之程度，及其共同行动之计划，应由安全理事会以军事参谋团之协助，在第四十三条所指之特别协定范围内决定之。

第46条 武力使用之计划应由安全理事会以军事参谋团之协助决定之。

第47条 一、兹设立军事参谋团，以便对于安全理事会维持国际和平及安全之军事需要问题，对于受该会所支配军队之使用及统率问题，对于军备之管制及可能之军缩问题，向该会贡献意见并予以协助。

二、军事参谋团应由安全理事会各常任理事国之参谋总长或其代表组织之。联合国任何会员国在该团未有常任代表者，如于该团责任之履行在效率上必需该国参加其工作时，应由该团邀请参加。

三、军事参谋团在安全理事会权力之下，对于受该会所支配之任何军队,负战略上之指挥责任;关于该项军队之统率问题,应待以后处理。

四、军事参谋团,经安全理事会之授权,并与区域内有关机关商议后、得设立区域分团。

第48条　一、执行安全理事会为维持国际和平及安全之决议所必要之行动,应由联合国全体会员国或由若干会员国担任之,一依安全理事会之决定。

二、此项决议应由联合国会员国以其直接行动及经其加入为会员之有关国际机关之行动履行之。

第49条　联合国会员国应通力合作,彼此协助,以执行安全理事会所决定之办法。

第50条　安全理事会对于任何国家采取防止或执行办法时,其他国家,不论其是否为联合国会员国,遇有因此项办法之执行而引起之特殊经济问题者,应有权与安全理事会会商解决此项问题。

第51条　联合国任何会员国受武力攻击时,在安全理事会采取必要办法,以维持国际和平及安全以前,本宪章不得认为禁止行使单独或集体自卫之自然权利。会员国因行使此项自卫权而采取之办法,应立向安全理事会报告,此项办法于任何方面不得影响该会按照本宪章随时采取其所认为必要行动之权责,以维持或恢复国际和平及安全。

经典导读

《习近平外交思想学习纲要》指出:“中国始终做国际秩序的维护者,坚持走合作发展的道路,维护以联合国为核心的国际体系、以国际法为基础的国际秩序……中国坚决支持和维护多边主义。多边主义是维护和平、促进发展的有效路径。世界要公道,不要霸道。世界前途命运应该由各国共同掌握,不能把一个或几个国家制定的规则强加于人,也不能由个别国家的单边主义给整个世界‘带节奏’。中国始终坚定奉行多边主义,敦促各国切实遵守共同制定的国际规则,坚持大小国家一律平等,大家的事大家商量着办,反对霸权主义和强权政治。随着中国持续发展,中国支持多边主义的力度也将越来越大。”①《习近平法治思想学习纲要》指出:“中国是联合国创始会员国,是第一个在联合国宪章上签字的国家。我们要坚定维护以联合国为核心的国际体系,坚定维护以国际法为基础的国际秩序,为运用法治思维和法治方式推动构建人类命运共同体贡献中国智慧和中国方案。”②

第三十六条

条文内容

中华人民共和国依据有关法律和缔结或者参加的条约和协定,给予外国外交机构、外国国家官员、国际组织及其官员相应的特权与豁免。

中华人民共和国依据有关法律和缔结或者参加的条约和协定,给予

---

① 中共中央宣传部、中华人民共和国外交部编:《习近平外交思想学习纲要》,人民出版社、学习出版社 2021 年版,第 46 页。

② 中共中央宣传部、中央全面依法治国委员会办公室编:《习近平法治思想学习纲要》,人民出版社、学习出版社 2021 年版,第 125 页。

外国国家及其财产豁免。

条文释义

本条规定了我国给予外国外交机构、外国国家官员、国际组织及其官员，以及外国国家及其财产的特权与豁免，旨在明确我国限制豁免的立场，并与《外国国家豁免法》相衔接，为我国法院审理涉及外国国家及其财产的民事案件提供法律依据，保障当事人合法权益，维护国家主权平等。

（一）外交特权与豁免

外交特权与豁免，是指按照国际习惯法或有关协议，在国家间互惠的基础上，主要是为使一国的外交代表机关及其人员在驻在国能够有效地执行职务，由驻在国给予的特别权利和优惠待遇。该制度是在各国互派使节，特别是互派常驻使节的基础上，产生和发展起来的国际法规则。过去，外交特权与豁免的规则多属于国际习惯法，或由各国国内法予以规定。现在，以《维也纳外交关系公约》为核心，包括《联合国特权和豁免公约》《联合国各专门机构特权及豁免公约》《联合国特别使团公约》《维也纳关于国家在其对国际组织关系上的代表权公约》等条约在内，是各种外交代表机关、外交人员和其他有关人员特权与豁免的主要法律依据。[①] 我国也于1975年加入《维也纳外交关系公约》。根据上述公约的规定，外交代表（包括使馆馆长和使馆外交人员）的特权与豁免主要包括：(1)人身不可侵犯；(2)私人寓所和财产不可侵犯；(3)刑事、民事

---

① 参见梁西原著主编、王献枢副主编、曾令良修订主编：《国际法》（第3版），武汉大学出版社2011年版，第327页。

和行政管辖的豁免;(4)免除捐税;(5)免纳关税、行李免受查验;(6)免于适用接受国施行的社会保险办法,免除一切个人劳务和各种公共服务的义务等。使馆的主要特权和豁免包括:(1)使馆馆舍不得侵犯;(2)使馆档案及文件不得侵犯;(3)通讯自由;(4)使馆人员的行动及旅行自由;(5)使馆公务用品免纳捐税、关税;(6)使用国旗和国徽。①

目前,学界基本上采用"职务需要说"作为外交特权与豁免的依据。该种学说把外交特权与豁免归因于执行职务的需要。根据这一学说,使馆和外交人员只有在接受国享有特权与豁免,才能在不受当地干扰和压力的条件下,自由地代表本国顺利地执行其各项职务。同时也考虑到外交人员的代表性:外交特权与豁免,除了享受礼节性的尊荣外,一方面是因为外交使节是国家的代表,另一方面是因为如果他们不享有这种特权与豁免,就不能适当地行使其职务。②

(二)外国国家及其财产豁免

国家豁免又称"国家主权豁免"或"主权豁免",是指国家根据国家平等原则不受他国管辖的特权。具体地说,就是国家及其机构和财产在外国法院享有管辖豁免权。换言之,一国不能对外国的国家元首、政府首脑、外交代表,以及外国的国家行为和国家财产行使管辖权。国家豁免的内容主要包括三个方面:首先,一国法院不得受理以外国国家为被告或以外国国家财产为标的的诉讼,即外国国家不能被诉,除非经后者同意。其次,国家可以作为原告在另一国法院起诉,在这种情况下,该法院可受理被告提出的同本诉有直接关系的反诉。最后,即使国家在外国

---

① 参见梁西原著主编、王献枢副主编、曾令良修订主编:《国际法》(第3版),武汉大学出版社2011年版,第328~329页。

② 参见梁西原著主编、王献枢副主编、曾令良修订主编:《国际法》(第3版),武汉大学出版社2011年版,第328页。

法院败诉,该国也不受强制执行的约束,即国家财产不受所在国法院的扣押和强制执行。①

国家豁免是各国普遍接受的国际法原则,其理论基础是国家主权平等这一国际法基本原则,即"平等者之间无管辖权",一国不能凌驾于另一国之上,一国法院不得对另一国进行司法管辖、审判,或对其财产采取强制措施。对于国家豁免的态度,国际社会可以分为两种立场,即绝对豁免论和限制豁免论。②

1. 绝对豁免论

绝对豁免论(doctrine of absolute immunity)是最古老的关于国家豁免的理论。该理论认为,一个国家,不论其行为的性质如何,在他国享有绝对的豁免,除非该国放弃其豁免权。享有国家豁免的主体包括国家元首、国家本身、中央政府及各部、其他国家机构、国有公司或企业等;国家不仅在直接被诉的情况下享有豁免,而且在涉及国家的间接诉讼中也享有豁免;另外,该理论主张在国家未自愿接受管辖的情况下,一律通过外交途径解决有关国家为当事人的民商事争议。在19世纪,绝对豁免论几乎得到所有西方国家的实践支持。目前,不少发展中国家仍坚持绝对豁免论。绝对豁免论对国家豁免原则在国际法上的确立发挥了巨大的作用,它是一些社会主义国家和发展中国家在国际民商事交往中用来保护自己、反对强权和维护国家主权的武器。但绝对豁免论在提法上欠缺科学性,而且,把国家本身同国有公司或企业在豁免问题上混同起来也是不当的;此外,过分强调通过外交途径解决涉及国家的民商事争议的主张也不便于国际民商事纠纷的及时解决。

---

① 参见《国际公法学》编写组编:《国际公法学》(第2版),高等教育出版社2018年版,第125~126页。

② 参见《国际公法学》编写组编:《国际公法学》(第2版),高等教育出版社2018年版,第126~127页。

2. 限制豁免论

限制豁免论(doctrine of relative immunity)又称有限豁免论或相对豁免论。其把国家的活动划分为主权行为和非主权行为,或统治权行为和事务权行为,或公法行为和私法行为。按照这种理论,在国际交往中,一个国家的主权行为在他国享有豁免,而其非主权行为在他国则不享有豁免。抽象地说,该理论仍然承认国家豁免是国际法上的一般原则,却将国家不享有豁免的情况作为各种例外,并做出具体规定。依限制豁免论区分主权行为和非主权行为的标准有三种,即目的标准、行为性质标准和混合标准,其中,行为性质标准为主流。

在当代国际社会,国家及其财产豁免的理论呈多元化方向发展,而占主流趋势的则是限制豁免论的发展。2004 年 12 月 2 日,第 59 届联合国大会通过了《联合国国家及其财产管辖豁免公约》(以下简称《联合国国家豁免公约》)。尽管该公约尚未生效,但应该代表着国家及其财产的发展趋势,其主要规定如下:①

第一,管辖豁免。根据《联合国国家豁免公约》,国家及其财产的管辖豁免为一项普遍接受的习惯国际法原则。一国本身及其财产遵照公约的规定在另一国法院享有管辖豁免,也即享有司法管辖豁免和财产执行豁免的权利。一国应避免对在其法院对另一国提起的诉讼行使管辖,并应为此保证其法院主动地确定该另一国所享有的司法管辖豁免和财产执行豁免得到尊重。

首先,国家豁免的主体。依照《联合国国家豁免公约》第 2 条对公约中"国家"一词的解释,享有国家豁免权的主体具体有四类:一是国家及其政府的各种机关;二是有权行使主权权力并以该身份行事的联邦国家

① 参见《联合国国家豁免公约》,载 United Nations Treaty Collection, https://treaties.un.org/doc/Publication/CN/2005/CN.419.2005 - Eng.pdf。

的组成单位或国家政治区分单位;三是国家机构、部门或其他实体,但须它们有权行使并且实际在行使国家的主权权力;四是以国家代表身份行事的国家代表。

其次,国家豁免的放弃。根据《联合国国家豁免公约》第 7 条至第 9 条的规定,一国如以下列方式明示同意另一国对某一事项或案件行使管辖,则不得在该法院就该事项或案件提起的诉讼中援引管辖豁免:(1)国际协定;(2)书面合同;(3)在法院发表的声明或在特定诉讼中提出的书面函件。此即国家豁免的明示放弃形式。依照公约的规定,如果一国本身就该事项或案件在他国法院提起诉讼、提出诉讼请求或提起反诉,则亦不得在另一国法院中援引管辖豁免,此即国家豁免的默示放弃形式。为避免对被诉国国家主权的任意贬损,下列行为不应被解释为同意另一国的法院对其行使管辖权:(1)一国同意适用另一国的法律;(2)一国仅为援引豁免或对诉讼中有待裁决的财产主张一项权利或利益而介入诉讼;(3)一国代表在另一国法院出庭作证;(4)一国未在另一国法院的诉讼中出庭。

最后,国家司法管辖豁免的限制。虽然《联合国国家豁免公约》确认了国家在他国享有司法管辖豁免权的原则,但受限制豁免主义理论和发达国家豁免实践的影响,《联合国国家豁免公约》第 10 条至第 16 条规定,一国在因下列事项而引发的诉讼中,不得向另一国原应管辖的法院援引管辖豁免:(1)商业交易;(2)雇用合同;(3)人身伤害和财产损害;(4)财产的所有、占有和使用;(5)知识产权和工业产权;(6)参加公司或其他集体机构;(7)国家拥有和经营的船舶。不过,在一些特定的情势中,如有关国家间另有协议,被告国亦可主张管辖豁免。

第二,国家财产的执行豁免。与国家援引管辖豁免存在诸多限制相比,一国在国家财产的执行豁免方面具有更多的“绝对性”。《联合国国家豁免公约》规定,除非一国明示同意放弃执行豁免,或者该国已经拨出或专门指定某项财产用于清偿对方的请求，另一国法院不得在诉讼中对该国财产采取判决前的强制措施，如查封和扣押措施，亦不得采取判决后的强制措施，如查封、扣押和执行措施。也就是说，在执行豁免方面，国家豁免的放弃只存在明示放弃的形式，而不存在默示放弃的形式。因此，即使认定一国明示同意放弃管辖豁免，另一国亦不得基于此而认为该国已默示同意对其国家财产采取强制措施。

《联合国国家豁免公约》第一次以普遍国际公约的方式确立了限制豁免原则，规定国家在诉讼程序中不得援引管辖豁免的情形，并允许法院地国在一定条件下可以对被诉外国的财产采取强制措施。这些规定反映了多数国家的立法和司法实践。《联合国国家豁免公约》的通过和开放签署，标志着限制豁免原则已被越来越多的国家接受，限制豁免原则将成为国家豁免立法的发展趋势。

（三）《外国国家豁免法》

历史上，我国坚持绝对国家豁免政策，人民法院不受理以外国国家为被告，或针对外国国家财产的案件，这带来了两方面的不利影响：一方面，绝对豁免不利于维护我国公民和法人的正当权益。我国公民、企业与外国国家发生商业纠纷后，无法通过我国司法途径维护正当权益。另一方面，近年来，一些外国法院频频受理和管辖针对我国国家的诬告案和滥诉案，而我国法院却不能管辖与外国国家相关的类似案件，造成了不对等局面。2023 年 9 月 1 日，第十四届全国人民代表大会常务委员会第五次会议表决通过《外国国家豁免法》。这部法律是我国历史上第一部全面规定外国国家豁免制度的法律，为我国法院管辖以外国国家为被告的民事案件提供了法律依据。《外国国家豁免法》共 23 条，明确了国家及其财产豁免的基本原则，主要内容如下。

第一，管辖豁免。根据《外国国家豁免法》，在如下情况下，外国国家不享有管辖豁免：

一是明示接受中国法院管辖。外国国家通过下列方式之一明示就特定事项或者案件接受中国法院管辖的，对于就该事项或者案件提起的诉讼，该外国国家在中国法院不享有管辖豁免：(1)国际条约；①(2)书面协议；(3)向处理案件的中国法院提交书面文件；(4)通过外交渠道等方式向中国提交书面文件；(5)其他明示接受中国法院管辖的方式。

二是默示或推定接受中国法院管辖。外国国家有下列情形之一的，视为就特定事项或者案件接受中国法院管辖：②(1)作为原告向中国法院起诉。(2)作为被告参加中国法院受理的诉讼，并就案件实体问题答辩或者提出反诉。但该外国国家能够证明其作出上述答辩之前不可能知道有可主张豁免的事实的，可以在知道或者应当知道该事实后的合理时间内，根据该事实主张管辖豁免。(3)作为第三人参加中国法院受理的诉讼。(4)在中国法院作为原告起诉或者作为第三人提出诉讼请求时，由于与该起诉或者该诉讼请求相同的法律关系或者事实被提起反诉。

三是基于商业活动的限制性豁免。外国国家与包括中国在内的其他国家的自然人、法人、非法人组织进行的商业活动在中国领域内发生，或者虽然发生在中国领域外但在中国领域内产生直接影响的，对于该商

---

① 例如，根据中国1980年参加的1969年《国际油污损害民事责任公约》第11条的规定，缔约国就油污损害赔偿案件放弃对油污损害所在缔约国法院的管辖豁免。

② 《外国国家豁免法》第5条规定："外国国家有下列情形之一的，视为就特定事项或者案件接受中华人民共和国的法院管辖：(一)作为原告向中华人民共和国的法院提起诉讼；(二)作为被告参加中华人民共和国的法院受理的诉讼，并就案件实体问题答辩或者提出反诉；(三)作为第三人参加中华人民共和国的法院受理的诉讼；(四)在中华人民共和国的法院作为原告提起诉讼或者作为第三人提出诉讼请求时，由于与该起诉或者该诉讼请求相同的法律关系或者事实被提起反诉。外国国家有前款第二项规定的情形，但能够证明其作出上述答辩之前不可能知道有可主张豁免的事实的，可以在知道或者应当知道该事实后的合理时间内主张管辖豁免。"

业活动引起的诉讼,该外国国家在中国法院不享有管辖豁免。这里所称的"商业活动",是指任何非行使主权权力的关于货物或者服务的交易、投资、借贷以及其他商业性质的行为。中国法院在认定一项行为是否属于商业活动时,应当综合考虑其性质和目的。

四是其他管辖的情形。包括:(1)基于劳务合同引起的诉讼(《外国国家豁免法》第8条);(2)对于外国国家在中国领域内的相关行为造成人身伤害、死亡或者造成动产、不动产损失引起的赔偿诉讼(《外国国家豁免法》第9条);(3)基于特定财产事项的诉讼(《外国国家豁免法》第10条);(4)基于知识产权事项的诉讼(《外国国家豁免法》第11条);(5)仲裁的司法审查事项(《外国国家豁免法》第12条)。

第二,强制措施豁免。对于强制措施豁免,根据《外国国家豁免法》第13条、第14条的规定,外国国家的财产在中国法院享有司法强制措施豁免,但有下列情形之一的除外:(1)外国国家以国际条约、书面协议或者向中国法院提交书面文件等方式明示放弃司法强制措施豁免;(2)外国国家已经拨出或者专门指定财产用于司法强制措施执行;(3)为执行中国法院的生效判决、裁定,对外国国家位于中国领域内、用于商业活动且与诉讼有联系的财产采取司法强制措施。外国国家接受中国法院管辖,不视为放弃司法强制措施豁免。

第三,对等原则。外国给予中国国家及其财产的豁免待遇低于《外国国家豁免法》的规定的,中国可以实行对等原则。

《外国国家豁免法》被视为我国涉外法治建设的一个重要里程碑。自此,我国以往的绝对国家豁免政策调整为限制国家豁免。制定《外国国家豁免法》是中国全国人大正常的立法活动。该法参照国际通行做法，就外国国家豁免问题作出规定，①与绝大多数国家的立法和实践一致。这部法律的出台为我国进行对等反制提供了坚实的法律依据，并可发挥防范、警示和震慑作用，是在更高水平上运用法治思维和法治方式应对挑战、防范风险的必然要求。为与《外国国家豁免法》衔接，《对外关系法》专门在本条预留了“接口”。

关联立法

《外国国家豁免法》

第3条　外国国家及其财产在中华人民共和国的法院享有管辖豁免，本法另有规定的除外。

第4条　外国国家通过下列方式之一明示就特定事项或者案件接受中华人民共和国的法院管辖的，对于就该事项或者案件提起的诉讼，该外国国家在中华人民共和国的法院不享有管辖豁免：

（一）国际条约；

（二）书面协议；

（三）向处理案件的中华人民共和国的法院提交书面文件；

（四）通过外交渠道等方式向中华人民共和国提交书面文件；

（五）其他明示接受中华人民共和国的法院管辖的方式。

第13条　外国国家的财产在中华人民共和国的法院享有司法强制措施豁免。

外国国家接受中华人民共和国的法院管辖，不视为放弃司法强制措

① 参见《外交部发言人就〈外国国家豁免法〉出台答记者问》，载外交部官网，https://www.mfa.gov.cn/fyrbt_673021/dhdw_673027/202309/t20230905_11138002.shtml。

施豁免。

第21条 外国给予中华人民共和国国家及其财产的豁免待遇低于本法规定的,中华人民共和国实行对等原则。

第22条 中华人民共和国缔结或者参加的国际条约同本法有不同规定的,适用该国际条约的规定,但中华人民共和国声明保留的条款除外。

《民事诉讼法》

第305条 涉及外国国家的民事诉讼,适用中华人民共和国有关外国国家豁免的法律规定;有关法律没有规定的,适用本法。

《外交特权与豁免条例》

第1条 为确定外国驻中国使馆和使馆人员的外交特权与豁免,便于外国驻中国使馆代表其国家有效地执行职务,特制定本条例。

第2条 使馆外交人员原则上应当是具有派遣国国籍的人。如果委派中国或者第三国国籍的人为使馆外交人员,必须征得中国主管机关的同意。中国主管机关可以随时撤销此项同意。

第3条 使馆及其馆长有权在使馆馆舍和使馆馆长交通工具上,使用派遣国的国旗或者国徽。

第4条 使馆馆舍不受侵犯。中国国家工作人员进入使馆馆舍,须经使馆馆长或者其授权人员的同意。中国有关机关应当采取适当措施,保护使馆馆舍免受侵犯或者损害。

使馆的馆舍、设备及馆舍内其他财产和使馆交通工具免受搜查、征用、扣押或者强制执行。

第5条 使馆馆舍免纳捐税,但为其提供特定服务所收的费用不在此限。

使馆办理公务所收规费和手续费免纳捐税。

第6条　使馆的档案和文件不受侵犯。

第7条　使馆人员在中国境内有行动和旅行的自由,中国政府规定禁止或者限制进入的区域除外。

第8条　使馆为公务目的可以与派遣国政府以及派遣国其他使馆和领事馆自由通讯。通讯可以采用一切适当方法,包括外交信使、外交邮袋和明码、密码电信在内。

第9条　使馆设置和使用供通讯用的无线电收发信机,必须经中国政府同意。使馆运进上述设备,按中国政府的有关规定办理。

第10条　使馆来往的公文不受侵犯。

外交邮袋不得开拆或者扣留。

外交邮袋以装载外交文件或者公务用品为限,应予加封并附有可资识别的外部标记。

第11条　外交信使必须持有派遣国主管机关出具的信使证明书。外交信使人身不受侵犯,不受逮捕或者拘留。

临时外交信使必须持有派遣国主管机关出具的临时信使证明书,在其负责携带外交邮袋期间,享有与外交信使同等的豁免。

商业飞机机长受委托可以转递外交邮袋,但机长必须持有委托国官方证明文件,注明所携带的外交邮袋件数。机长不得视为外交信使。使馆应当派使馆人员向机长接交外交邮袋。

第12条　外交代表人身不受侵犯,不受逮捕或者拘留。中国有关机关应当采取适当措施,防止外交代表的人身自由和尊严受到侵犯。

第13条　外交代表的寓所不受侵犯,并受保护。

外交代表的文书和信件不受侵犯。外交代表的财产不受侵犯,但第十四条另有规定的除外。

第14条　外交代表享有刑事管辖豁免。

外交代表享有民事管辖豁免和行政管辖豁免，但下列各项除外：

（一）外交代表以私人身份进行的遗产继承的诉讼；

（二）外交代表违反第二十五条第三项规定在中国境内从事公务范围以外的职业或者商业活动的诉讼。

外交代表免受强制执行，但对前款所列情况，强制执行对其人身和寓所不构成侵犯的，不在此限。

外交代表没有以证人身份作证的义务。

第15条　外交代表和第二十条规定享有豁免的人员的管辖豁免可以由派遣国政府明确表示放弃。

外交代表和第二十条规定享有豁免的人员如果主动提起诉讼，对与本诉直接有关的反诉，不得援用管辖豁免。

放弃民事管辖豁免或者行政管辖豁免，不包括对判决的执行也放弃豁免。放弃对判决执行的豁免须另作明确表示。

第16条　外交代表免纳捐税，但下列各项除外：

（一）通常计入商品价格或者服务价格内的捐税；

（二）有关遗产的各种捐税，但外交代表亡故，其在中国境内的动产不在此限；

（三）对来源于中国境内的私人收入所征的捐税；

（四）为其提供特定服务所收的费用。

第17条　外交代表免除一切个人和公共劳务以及军事义务。

第18条　使馆运进的公务用品、外交代表运进的自用物品，按照中国政府的有关规定免纳关税和其他捐税。

外交代表的私人行李免受查验，但中国有关机关有重大理由推定其中装有不属于前款规定免税的物品或者中国法律和政府规定禁止运进、运出或者检疫法规规定管制的物品的，可以查验。查验时，须有外交代表或者其授权人员在场。

第19条　使馆和使馆人员携运自用的枪支、子弹入境，必须经中国政府批准，并且按中国政府的有关规定办理。

第20条　与外交代表共同生活的配偶及未成年子女，如果不是中国公民，享有第十二条至第十八条所规定的特权与豁免。

使馆行政技术人员和与其共同生活的配偶及未成年子女，如果不是中国公民并且不是在中国永久居留的，享有第十二条至第十七条所规定的特权与豁免，但民事管辖豁免和行政管辖豁免，仅限于执行公务的行为。使馆行政技术人员到任后半年内运进的安家物品享有第十八条第一款所规定的免税的特权。

使馆服务人员如果不是中国公民并且不是在中国永久居留的，其执行公务的行为享有豁免，其受雇所得报酬免纳所得税。其到任后半年内运进的安家物品享有第十八条第一款所规定的免税的特权。

使馆人员的私人服务员如果不是中国公民并且不是在中国永久居留的，其受雇所得的报酬免纳所得税。

第21条　外交代表如果是中国公民或者获得在中国永久居留资格的外国人，仅就其执行公务的行为，享有管辖豁免和不受侵犯。

第22条　下列人员享有在中国过境或者逗留期间所必需的豁免和不受侵犯：

（一）途经中国的外国驻第三国的外交代表和与其共同生活的配偶及未成年子女；

（二）持有中国外交签证或者持有外交护照（仅限互免签证的国家）来中国的外国官员；

（三）经中国政府同意给予本条所规定的特权与豁免的其他来中国访问的外国人士。

对途经中国的第三国外交信使及其所携带的外交邮袋，参照第十条、第十一条的规定办理。

第23条　来中国访问的外国国家元首、政府首脑、外交部长及其他具有同等身份的官员，享有本条例所规定的特权与豁免。

第24条　来中国参加联合国及其专门机构召开的国际会议的外国代表、临时来中国的联合国及其专门机构的官员和专家、联合国及其专门机构驻中国的代表机构和人员的待遇，按中国已加入的有关国际公约和中国与有关国际组织签订的协议办理。

第25条　享有外交特权与豁免的人员：

(一)应当尊重中国的法律、法规；

(二)不得干涉中国的内政；

(三)不得在中国境内为私人利益从事任何职业或者商业活动；

(四)不得将使馆馆舍和使馆工作人员寓所充作与使馆职务不相符合的用途。

第26条　如果外国给予中国驻该国使馆、使馆人员以及临时去该国的有关人员的外交特权与豁免，低于中国按本条例给予该国驻中国使馆、使馆人员以及临时来中国的有关人员的外交特权与豁免，中国政府根据对等原则，可以给予该国驻中国使馆、使馆人员以及临时来中国的有关人员以相应的外交特权与豁免。

第27条　中国缔结或者参加的国际条约另有规定的，按照国际条约的规定办理，但中国声明保留的条款除外。

中国与外国签订的外交特权与豁免协议另有规定的，按照协议的规定执行。

第28条　本条例中下列用语的含义是：

(一)“使馆馆长”是指派遣国委派担任此项职位的大使、公使、代办以及其他同等级别的人；

(二)“使馆人员”是指使馆馆长和使馆工作人员；

(三)“使馆工作人员”是指使馆外交人员、行政技术人员和服务人员；

（四）“使馆外交人员”是指具有外交官衔的使馆工作人员；

（五）“外交代表”是指使馆馆长或者使馆外交人员；

（六）“使馆行政技术人员”是指从事行政和技术工作的使馆工作人员；

（七）“使馆服务人员”是指从事服务工作的使馆工作人员；

（八）“私人服务员”是指使馆人员私人雇用的人员；

（九）“使馆馆舍”是指使馆使用和使馆馆长官邸的建筑物及其附属的土地。

《领事特权与豁免条例》

第1条　为确定外国驻中国领馆和领馆成员的领事特权与豁免，便于外国驻中国领馆在领区内代表其国家有效地执行职务，制定本条例。

第2条　领事官员应当是具有派遣国国籍的人。如果委派具有中国或者第三国国籍的人或者派遣国在中国永久居留的人为领事官员，必须征得中国主管机关的同意。中国主管机关可以随时撤销此项同意。

第3条　领馆及其馆长有权在领馆馆舍、馆长寓所和馆长执行职务所乘用的交通工具上，使用派遣国国旗或者国徽。

第4条　领馆馆舍不受侵犯。中国国家工作人员进入领馆馆舍，须经领馆馆长或者派遣国使馆馆长或者他们两人中一人授权的人员同意。遇有火灾或者其他灾害须迅速采取保护行动时，可以推定领馆馆长已经同意。中国有关机关应当采取适当措施保护领馆馆舍免受侵犯或者损害。

第5条　领馆馆舍和馆长寓所免纳捐税，但为其提供特定服务所收的费用不在此限。

领馆办理公务所收规费和手续费免纳捐税。

第 6 条　领馆的档案和文件不受侵犯。

第 7 条　领馆成员在中国境内有行动和旅行的自由，但中国政府规定禁止或者限制进入的区域除外。

第 8 条　领馆为公务目的可以同派遣国政府以及派遣国使馆和其他领馆自由通讯。通讯可以采用一切适当方法，包括外交信使或者领事信使、外交邮袋或者领事邮袋和明码、密码电信在内。

第 9 条　领馆设置和使用无线电收发信机，必须经中国政府同意。领馆运进上述设备，按照中国政府的有关规定办理。

第 10 条　领事邮袋不得开拆或者扣留。

领事邮袋以装载来往公文、公务文件及公务用品为限，应予加封并附有可资识别的外部标记。如中国有关机关有重大理由认为领事邮袋装有上述物品以外的物品时，可要求领事官员或者其授权的人员在中国有关机关人员在场的情况下开拆；如领事官员拒绝此项要求，领事邮袋应予退回至原发送地点。

第 11 条　领事信使必须是具有派遣国国籍的人，并且不得是在中国永久居留的。领事信使必须持有派遣国主管机关出具的信使证明书。领事信使人身不受侵犯，不受逮捕或者拘留。

临时领事信使必须持有派遣国主管机关出具的临时信使证明书，在其负责携带领事邮袋期间享有与领事信使同等的豁免。

商业飞机机长或者商业船舶船长受委托可以转递领事邮袋，但机长或者船长必须持有委托国官方证明文件，注明所携带的领事邮袋件数。机长或者船长不得视为领事信使。经与中国地方人民政府主管机关商定，领馆可以派领馆成员与机长或者船长接交领事邮袋。

第 12 条　领事官员人身不受侵犯。中国有关机关应当采取适当措施，防止领事官员的人身自由和尊严受到侵犯。

领事官员不受逮捕或者拘留，但有严重犯罪情形，依照法定程序予以逮捕或者拘留的不在此限。

领事官员不受监禁，但为执行已经发生法律效力的判决的不在此限。

第 13 条　领事官员的寓所不受侵犯。

领事官员的文书和信件不受侵犯。

领事官员的财产不受侵犯，但本条例第十四条另有规定的除外。

第 14 条　领事官员和领馆行政技术人员执行职务的行为享有司法和行政管辖豁免。领事官员执行职务以外的行为的管辖豁免，按照中国与外国签订的双边条约、协定或者根据对等原则办理。

领事官员和领馆行政技术人员享有的司法管辖豁免不适用于下列各项民事诉讼：

（一）涉及未明示以派遣国代表身份所订的契约的诉讼；

（二）涉及在中国境内的私有不动产的诉讼，但以派遣国代表身份所拥有的为领馆使用的不动产不在此限；

（三）以私人身份进行的遗产继承的诉讼；

（四）因车辆、船舶或者航空器在中国境内造成的事故涉及损害赔偿的诉讼。

第 15 条　领馆成员可以被要求在司法或者行政程序中到场作证，但没有义务就其执行职务所涉及事项作证。领馆成员有权拒绝以鉴定人身份就派遣国的法律提出证词。

领事官员拒绝作证，不得对其采取强制措施或者给予处罚。

领馆行政技术人员和领馆服务人员除执行职务所涉及事项外，不得拒绝作证。

第 16 条　本条例规定的有关人员所享有的管辖豁免可以由派遣国政府明确表示放弃。

依照本条例规定享有管辖豁免的人员如果主动提起诉讼，对与本诉直接有关的反诉,不得援用管辖豁免。

放弃民事管辖豁免或者行政管辖豁免,不包括对判决的执行也放弃豁免。放弃对判决执行的豁免须由派遣国政府另作明确表示。

第17条　领事官员和领馆行政技术人员免纳捐税,但下列各项除外:

(一)通常计入商品价格或者服务价格内的捐税;

(二)对在中国境内私有不动产所征的捐税,但用作领馆馆舍的不在此限;

(三)有关遗产的各种捐税,但领事官员亡故,其在中国境内的动产的有关遗产的各种捐税免纳;

(四)对来源于中国境内的私人收入所征的捐税;

(五)为其提供特定服务所收的费用。

领馆服务人员在领馆服务所得工资,免纳捐税。

第18条　领馆成员免除一切个人和公共劳务以及军事义务。

领事官员和领馆行政技术人员免除中国法律、法规关于外国人登记和居留许可所规定的义务。

第19条　领馆运进的公务用品,领事官员运进的自用物品和领馆行政技术人员到任后半年内运进的自用物品包括安家物品,按照中国政府的有关规定免纳关税和其他捐税,但保管、运输及类似服务费用除外。

领事官员和领馆行政技术人员运进的前款所述自用物品,不得超过直接需要的数量。

领事官员的私人行李免受查验,但中国有关机关有重大理由认为其中装有不属于本条第一款规定的自用物品或者中国法律和政府规定禁止运进、运出或者管制的物品,可以查验。查验时,须有领事官员或者其授权的人员到场。

第20条　领馆和领馆成员携带自用的枪支、子弹入出境,必须经中国政府批准,并且按照中国政府的有关规定办理。

第21条　与领事官员、领馆行政技术人员、领馆服务人员共同生活的配偶及未成年子女,分别享有领事官员、领馆行政技术人员、领馆服务人员根据本条例第七条、第十七条、第十八条、第十九条的规定所享有的特权与豁免,但身为中国公民或者在中国永久居留的外国人除外。

第22条　领事官员如果是中国公民或者在中国永久居留的外国人,仅就其执行职务的行为,享有本条例规定的特权与豁免。

领馆行政技术人员或者领馆服务人员如果是中国公民或者在中国永久居留的外国人,除没有义务就其执行职务所涉及事项作证外,不享有本条例规定的特权与豁免。

私人服务人员不享有本条例规定的特权与豁免。

第23条　下列人员在中国过境或者逗留期间享有所必需的豁免和不受侵犯:

(一)途经中国的外国驻第三国的领事官员和与其共同生活的配偶及未成年子女;

(二)持有中国外交签证或者持有与中国互免签证国家外交护照的外国领事官员。

第24条　享有领事特权与豁免的人员:

(一)应当尊重中国的法律、法规;

(二)不得干涉中国的内政;

(三)不得将领馆馆舍和领馆成员的寓所充作与执行领事职务不相符合的用途。

第25条　领事官员不得在中国境内为私人利益从事任何职务范围以外的职业或者商业活动。

第26条　如果外国给予中国驻该国领馆、领馆成员以及途经或者临时去该国的中国驻第三国领事官员的领事特权与豁免,不同于中国给予该国驻中国领馆、领馆成员以及途经或者临时来中国的该国驻第三国领事官员的领事特权与豁免，中国政府根据对等原则，可以给予该国驻中国领馆、领馆成员以及途经或者临时来中国的该国驻第三国领事官员以相应的领事特权与豁免。

第27条　中国缔结或者参加的国际条约对领事特权与豁免另有规定的，按照国际条约的规定办理，但中国声明保留的条款除外。

中国与外国签订的双边条约或者协定对领事特权与豁免另有规定的，按照条约或者协定的规定执行。

第28条　本条例中下列用语的含义是：

（一）“领馆”是指总领事馆、领事馆、副领事馆或者领事代理处；

（二）“领区”是指为领馆执行领事职务而设定的区域；

（三）“领馆馆长”是指派遣国委派领导领馆的总领事、领事、副领事或者领事代理人；

（四）“领事官员”是指总领事、副总领事、领事、副领事、领事随员或者领事代理人；

（五）“领馆行政技术人员”是指从事领馆行政或者技术工作的人员；

（六）“领馆服务人员”是指从事领馆服务工作的人员；

（七）“领馆成员”是指领事官员、领馆行政技术人员和领馆服务人员；

（八）“私人服务人员”是指领馆成员私人雇用的服务人员；

（九）“领馆馆舍”是指专供领馆使用的建筑物或者部分建筑物及其附属的土地。

第三十七条

条文内容

国家依法采取必要措施，保护中国公民和组织在海外的安全和正当权益，保护国家的海外利益不受威胁和侵害。

国家加强海外利益保护体系、工作机制和能力建设。

条文释义

本条规定了我国依法保护中国公民和组织在海外的安全和正当权益，同时确保国家的海外利益不受威胁和侵害。为实现这一目标，国家将加强海外利益保护体系、工作机制和能力建设，以应对海外安全风险和挑战，维护国家的整体利益和形象。

（一）海外利益保护及其限度

海外利益是指一个国家在其境外所享有的各种权益，包括经济利益、安全利益、文化利益等。保护海外利益是国家外交政策的重要组成部分，是维护国家主权、安全、发展利益的需要。海外利益保护的核心问题是应对全球化背景下国籍国和东道国在保护权力、能力和动力上的不平衡,在全球范围内合理调配安全资源。[①] 在全球化的背景下,各国利益交织,联系日益紧密;然而,政治动荡、恐怖主义、地缘政治冲突以及自然灾害等挑战时常危及国家的海外利益。例如,国家之间的冲突可能导致贸易中断、资产被没收或破坏;恐怖组织可能针对国家在海外的公民、企业或设施进行袭击,造成人员伤亡和财产损失;海啸、地震、飓风等自然灾害可能导致国家在受灾地区的资产受损。在东道国无力提供有效保护时,国家势必要采取必要措施来保护自身在海外的利益。

保护本国的海外利益是维护国家主权、安全、发展利益,彰显国家实力的应有之义。一方面,一国对于其位于海外的国民享有属人管辖权,因此保护本国公民和组织在海外的安全和正当权益是国家责任的体现。若本国公民和组织在海外的安全和正当权益受到威胁和侵害,则不仅会损害其私人利益,也会损害国家利益。另一方面,国家的海外资源、海外市场、海外投资等利益直接关系国家的经济发展,因此国家有责任采取必要的措施,保护国家的海外利益不受威胁和侵害。海外利益的保护需要建立相应的体系、机制和具备相应的能力,包括完善相关法律法规、提高海外利益保护的组织协调能力、加强人才队伍建设、提高海外利益保护的技术水平、加强国际合作等。

特别需要注意的是,国家保护其海外利益应当依法采取必要措施。"依法"意味着国家保护海外利益的行为应当依据法定程序进行,不得超越法律授权的范围,也不得违反法律的规定,不能擅自行动。"必要"则意味着国家应当采取适当、合理的措施来维护其海外利益,不得过当。一方面,国家应当只有在海外利益面临实际威胁或侵害的情况下,才能

---

① 参见肖河:《海外利益保护的国家间比较》,载张宇燕主编:《全球政治与安全报告(2019)》,社会科学文献出版社 2019 年版。

采取相应的措施;另一方面,国家在采取措施时必须考虑措施的合理性和适度性,避免采取不当手段,也必须遵守国际法和国际关系基本准则,不得侵犯其他国家的主权和领土完整,不得干涉其他国家的内政。

(二)我国海外利益保护的现状

当今世界,安全问题的联动性、跨国性、多样性更加突出。积极开展防务、安全和执法国际合作,构建海外利益保护和风险预警防范体系势在必行。① 本条规定回应了当前时代背景下保护我国海外利益的需要。

2011 年至 2019 年,海外中国公民人数和中国驻外机构数量迅猛增加,中国内地居民每年出境人数从 7000 万人次增至 1.75 亿人次,境外注册中资机构从 1.8 万家增至近 5 万家,海外劳务人员和留学人员遍布全球各个角落。② 与此同时,海外安全形势日趋复杂,各类传统与非传统安全风险交织并存,政局动荡、武装冲突、恐怖袭击、自然灾害以及各类意外事故等频频发生,海外中国公民和企业面临的安全风险更趋严峻。随着我国不断发展壮大,日益走近世界舞台中央,我国企业和公民也越来越多走向世界。同时,大国之间地缘竞争、科技和产业制高点竞争、贸易保护主义抬头等风险因素和不确定性持续加大,我国企业拓展海外市场遇到的阻力和挑战势必增大,跨国纠纷和法律问题也将更多更复杂。③

---

① 参见中共中央宣传部、中华人民共和国外交部编:《习近平外交思想学习纲要》,人民出版社、学习出版社 2021 年版,第 37 页。

② 夏莉萍:《〈中华人民共和国领事保护与协助条例〉的意义和亮点》,载《侨务工作研究》2023 年第 4 期。

③ 参见中共中央宣传部、中央全面依法治国委员会办公室编:《习近平法治思想学习纲要》,人民出版社、学习出版社 2021 年版,第 119 ~ 120 页。

传统上,中国的海外利益保护大多通过与东道国的外交交涉实现,高度依赖与东道国的双边关系和对方的意愿和能力,体现出对于安全风险的“被动”回应。目前海外利益保护工作重点在于我国在外公民、法人、非法人组织在风险发生后、利益受到威胁时如何寻求领事保护与协助。但尚缺乏可以帮助海外企业和个人在事前有效预防风险的法律制度。观察对海外利益保护相对“主动”的国家,其往往将对本国实体的侵害视作对国家利益本身的侵害,并以此为由,通过国内法的域外适用追究侵害国的责任。此种方式有如下特点:以国家主权为后盾的立法宣示可以起到更为强大的威慑作用,通过法律手段维护海外利益可以在事前确定违法后果,起到一定的预防效果。

我国历来高度重视海外利益保护问题。其中,领事保护与协助事关百姓的切身利益,具有高度典型性。2023 年 9 月 1 日,《中华人民共和国领事保护与协助条例》(以下简称《领事保护与协助条例》)生效实施,回应了新形势下对领事保护与协助工作提出的新要求,具有重要的时代意义。《领事保护与协助条例》明确了中国驻外外交机构为领事保护与协助工作的主体,并对其职责范围作出规定,包括处理各类领事案件、开展安全宣传预防活动,以及加强与国内有关部门和地方人民政府的沟通协调。同时,《领事保护与协助条例》规定了各部门和地方人民政府在领事保护与协助工作中的职责分工,包括协助外交部和驻外外交机构处理领事案件、提醒中国公民注意安全防范、开展安全宣传教育等。此外,《领事保护与协助条例》还明确了在国外的中国公民、法人、非法人组织的权利与义务,包括向驻外外交机构寻求帮助、遵守中国和所在国法律、在请求保护和协助时提供身份证明等。针对预防性领事保护与协助工作,《领事保护与协助条例》要求建立信息登记平台,应当结合当地情况建立领事保护与协助工作安全预警和应急处置机制,开展安全风险评估和宣传教育培训,并为领事保护与协助提供必要保障,包括人员、资金、培训等方面的支持。①

下一步,我国海外利益保护体系、工作机制和能力建设应进一步明确海外利益保护的责任主体,明确侵犯海外利益的情形,统筹海外利益保护的手段,包括外交保护、领事保护、涉外执法合作、协调当地救济等,制定透明化、可预期的海外利益保护工作流程,并提供相应的人才和经费支持。同时,应当在海外利益保护立法中突出中国法域外适用的积极作用,比如通过衔接《反垄断法》《证券法》等的域外适用条款,为我国企业"走出去"构筑法律屏障。

关联立法

《领事保护与协助条例》

第 1 条　为了维护在国外的中国公民、法人、非法人组织正当权益,规范和加强领事保护与协助工作,制定本条例。

第 2 条　领事保护与协助工作坚持中国共产党的领导,坚持以人民为中心,贯彻总体国家安全观,加强统筹协调,提高领事保护与协助能力。

第 3 条　本条例适用于领事保护与协助以及相关的指导协调、安全预防、支持保障等活动。

本条例所称领事保护与协助,是指在国外的中国公民、法人、非法人组织正当权益被侵犯或者需要帮助时,驻外外交机构依法维护其正当权益及提供协助的行为。

---

① 参见夏莉萍:《〈中华人民共和国领事保护与协助条例〉的意义和亮点》,载《侨务工作研究》2023 年第 4 期。

前款所称驻外外交机构，是指承担领事保护与协助职责的中华人民共和国驻外国的使馆、领馆等代表机构。

第4条 外交部统筹开展领事保护与协助工作，进行国外安全的宣传及提醒，指导驻外外交机构开展领事保护与协助，协调有关部门和地方人民政府参与领事保护与协助相关工作，开展有关国际交流与合作。

驻外外交机构依法履行领事保护与协助职责，开展相关安全宣传、预防活动，与国内有关部门和地方人民政府加强沟通协调。

国务院有关部门和地方人民政府建立相关工作机制，根据各自职责参与领事保护与协助相关工作，为在国外的中国公民、法人、非法人组织提供必要协助。

有外派人员的国内单位应当做好国外安全的宣传、教育培训和有关处置工作。在国外的中国公民、法人、非法人组织应当遵守中国及所在国法律，尊重所在国宗教信仰和风俗习惯，做好自我安全防范。

第5条 外交部建立公开的热线电话和网络平台，驻外外交机构对外公布办公地址和联系方式，受理涉及领事保护与协助的咨询和求助。

中国公民、法人、非法人组织请求领事保护与协助时，应当向驻外外交机构提供能够证明其身份的文件或者相关信息。

第6条 在国外的中国公民、法人、非法人组织可以在外交部或者驻外外交机构建立的信息登记平台上预先登记基本信息，便于驻外外交机构对其提供领事保护与协助。

国务院有关部门、驻外外交机构根据领事保护与协助的需要依法共享在国外的中国公民、法人、非法人组织有关信息，并做好信息保护工作。

第7条 驻外外交机构应当在履责区域内履行领事保护与协助职责；特殊情况下，经驻在国同意，可以临时在履责区域外执行领事保护与协助职责；经第三国同意，可以在该第三国执行领事保护与协助职责。

第8条　在国外的中国公民、法人、非法人组织因正当权益被侵犯向驻外外交机构求助的，驻外外交机构应当根据相关情形向其提供维护自身正当权益的渠道和建议，向驻在国有关部门核实情况，敦促依法公正妥善处理，并提供协助。

第9条　获知在国外的中国公民、法人、非法人组织因涉嫌违法犯罪被驻在国采取相关措施的，驻外外交机构应当根据相关情形向驻在国有关部门了解核实情况，要求依法公正妥善处理。

前款中的中国公民被拘留、逮捕、监禁或者以其他方式被驻在国限制人身自由的，驻外外交机构应当根据相关情形，按照驻在国法律和我国与驻在国缔结或者共同参加的国际条约对其进行探视或者与其联络，了解其相关需求，要求驻在国有关部门给予该中国公民人道主义待遇和公正待遇。

第10条　获知驻在国审理涉及中国公民、法人、非法人组织的案件的，驻外外交机构可以按照驻在国法律和我国与驻在国缔结或者共同参加的国际条约进行旁听，并要求驻在国有关部门根据驻在国法律保障其诉讼权利。

第11条　获知在国外的中国公民需要监护但生活处于无人照料状态的，驻外外交机构应当向驻在国有关部门通报情况，敦促依法妥善处理。情况紧急的，驻外外交机构应当协调有关方面给予必要的临时生活照料。

驻外外交机构应当将有关情况及时通知该中国公民的亲属或者国内住所地省级人民政府。接到通知的省级人民政府应当将有关情况及时逐级通知到该中国公民住所地的居民委员会、村民委员会或者民政部门。驻外外交机构和地方人民政府应当为有关人员或者组织履行监护职责提供协助。

第12条　在国外的中国公民因基本生活保障出现困难向驻外外交

机构求助的，驻外外交机构应当为其联系亲友、获取救济等提供协助。

第 13 条　在国外的中国公民下落不明，其亲属向驻外外交机构求助的，驻外外交机构应当提供当地报警方式及其他获取救助的信息。

驻在国警方立案的，驻外外交机构应当敦促驻在国警方及时妥善处理。

第 14 条　获知在国外的中国公民因治安刑事案件、自然灾害、意外事故等受伤的，驻外外交机构应当根据相关情形向驻在国有关部门了解核实情况，敦促开展紧急救助和医疗救治，要求依法公正妥善处理。

中国公民因前款所列情形死亡的，驻外外交机构应当为死者近亲属按照驻在国有关规定处理善后事宜提供协助，告知死者近亲属当地关于遗体、遗物处理时限等规定，要求驻在国有关部门依法公正处理并妥善保管遗体、遗物。

第 15 条　驻在国发生战争、武装冲突、暴乱、严重自然灾害、重大事故灾难、重大传染病疫情、恐怖袭击等重大突发事件，在国外的中国公民、法人、非法人组织因人身财产安全受到威胁需要帮助的，驻外外交机构应当及时核实情况，敦促驻在国采取有效措施保护中国公民、法人、非法人组织的人身财产安全，并根据相关情形提供协助。

确有必要且条件具备的，外交部和驻外外交机构应当联系、协调驻在国及国内有关方面为在国外的中国公民、法人、非法人组织提供有关协助，有关部门和地方人民政府应当积极履行相应职责。

第 16 条　驻外外交机构应当了解驻在国当地法律服务、翻译、医疗、殡葬等机构的信息，在中国公民、法人、非法人组织需要时提供咨询。

第 17 条　在国外的中国公民、法人、非法人组织因与中介机构、旅游经营者、运输机构等产生纠纷向驻外外交机构求助的，驻外外交机构应当根据具体情况向其提供依法维护自身正当权益的有关信息和建议。

第 18 条　驻外外交机构应当结合当地安全形势、法律环境、风俗习惯等情况，建立领事保护与协助工作安全预警和应急处置机制，开展安全风险评估，对履责区域内的中国公民、法人、非法人组织进行安全宣传，指导其开展突发事件应对、日常安全保护等工作。

在国外的中国法人、非法人组织应当根据所在国的安全形势，建立安全防范和应急处置机制，保障有关经费，加强安全防范教育和应急知识培训，根据需要设立专门安全管理机构、配备人员。

第19条　外交部和驻外外交机构应当密切关注有关国家和地区社会治安、自然灾害、事故灾难、传染病疫情等安全形势，根据情况公开发布国外安全提醒。国外安全提醒的级别划分和发布程序，由外交部制定。

国务院文化和旅游主管部门会同外交部建立国外旅游目的地安全风险提示机制，根据国外安全提醒，公开发布旅游目的地安全风险提示。

国务院有关部门和地方人民政府结合国外安全提醒，根据各自职责提醒有关中国公民、法人、非法人组织在当地做好安全防范、避免前往及驻留高风险国家或者地区。

第20条　国务院有关部门根据各自职责开展国外安全的宣传、教育培训工作，提高相关行业和人员国外安全风险防范水平，着重提高在国外留学、旅游、经商、务工等人员的安全意识和风险防范能力。

地方人民政府结合本地区在国外的中国公民、法人、非法人组织状况，加强对重点地区和群体的安全宣传及对有关人员的培训。

第21条　有关中国公民、法人、非法人组织应当积极关注安全提醒，根据安全提醒要求，在当地做好安全防范、避免前往及驻留高风险国家或者地区。

经营出国旅游业务的旅行社应当关注国外安全提醒和旅游目的地安全风险提示，通过出行前告知等方式，就目的地国家或者地区存在的安全风险，向旅游者作出真实说明和明确提示；通过网络平台销售的，应当在显著位置标明有关风险。

第22条　国家为领事保护与协助工作提供人员、资金等保障。

地方人民政府参与领事保护与协助相关工作的经费纳入预算管理。

有外派人员的国内企业用于国外安全保障的投入纳入企业成本费用。

第23条　驻外外交机构根据领事保护与协助工作实际需要，经外交部批准，可以聘用人员从事辅助性工作。

外交部和驻外外交机构根据工作职责要求，对从事领事保护与协助工作的驻外外交人员及其他人员进行培训。

第24条　国家鼓励有关组织和个人为领事保护与协助工作提供志愿服务。

国家鼓励和支持保险公司、紧急救援机构、律师事务所等社会力量参与领事保护与协助相关工作。

第25条　对在领事保护与协助工作中作出突出贡献的组织和个人，按照国家有关规定给予表彰、奖励。

第26条　中国公民、法人、非法人组织在领事保护与协助过程中，得到第三方提供的食宿、交通、医疗等物资和服务的，应当支付应由其自身承担的费用。

经典导读

《习近平外交思想学习纲要》指出："维护海外利益安全。习近平总书记高度重视我国海外利益保障工作，指出要切实维护我国海外利益，不断提高保障能力和水平，加强保护力度。'十四五'规划和二〇三五年远景目标纲要指出，构建海外利益保护和风险预警防范体系。优化提升驻外外交机构基础设施保障能力，完善领事保护工作体制机制，维护海外中国公民、机构安全和正当权益。要全面深入做好风险评估和监测预警，强化综合预警能力，提升应急信息化水平，深入打造海外民生工程。要防范化解共建‘一带一路’面临的安全风险，统筹推进同有关国家共建‘一带一路’安全保障交流合作，完善共建‘一带一路’安全保障体系，保障共建‘一带一路’安全顺利推进。”①

第三十八条

条文内容

中华人民共和国依法保护在中国境内的外国人和外国组织的合法权利和利益。

国家有权准许或者拒绝外国人入境、停留居留，依法对外国组织在境内的活动进行管理。

在中国境内的外国人和外国组织应当遵守中国法律，不得危害中国国家安全、损害社会公共利益、破坏社会公共秩序。

① 中共中央宣传部、中华人民共和国外交部编：《习近平外交思想学习纲要》，人民出版社、学习出版社 2021 年版，第 73 ~ 74 页。

条文释义

本条规定了我国对境内外国人和外国组织合法权利和利益的保护，同时明确了外国人和外国组织在我国境内的行为应当遵守我国法律的要求。本条规定体现了我国法律体系对外国人的包容与尊重，同时，对外国人与外国组织不得危害我国国家安全、损害社会公共利益、破坏社会公共秩序的重申，体现了我国外交维护国家利益的决心。

国际法上的外国人是指在一国境内，不具有居留国国籍而具有其他国籍的人。为了便于管理并与本国人相区别，无国籍的人也往往被归入外国人的范畴。① 外国人包括两类：一类为根据国际法享有外交和领事特权与豁免的外国人；另一类为普通外国人，包括外国专家、外国留学生、外商、外侨和在该国旅游的外国人等。随着各国间的交流合作日益频繁，保护境内外国人和外国组织的合法权益，不仅有利于吸引更多的外资进入中国，推动更高水平的对外开放，更是我国积极推动构建人类命运共同体的重要举措。同时，对外国人和外国组织在中国境内的行为应当遵守中国法律的要求，体现了对我国国家主权和法律权威的维护。

（一）外国人在我国境内享有的权利

根据属地管辖原则，外国人权利和义务的确定以及给予外国人何种法律地位，是一国主权范围内的事项，不受别国干涉。国家通过其国内法对外国人的法律地位自主地做出规定。但是，对外国人法律地位的规定不得违背国家依据条约所承担的国际义务或国际法的一般原则、规

① 参见《国际公法学》编写组编：《国际公法学》（第2版），高等教育出版社2018年版，第188页。

则,并应考虑对外国人国籍国属人管辖权的礼让。[1]

合法进入一国境内的外国人,根据居留国的法律法规和相关国际条约,可在该国短期、长期或永久居住。在居留期间,外国人的权利和义务由居留国的法律规定。根据国际实践,外国人在民事权利和诉讼权等方面通常受到居留国的保护,但一般不能享受本国人的政治权利。在我国,外国人在民商事领域享有广泛的权利,可依据我国国内法、我国参加或缔结的国际条约以及互惠或对等原则、国民待遇原则、最惠国待遇原则获得保护,包括但不限于人身权、财产权、著作权、商标权、专利权、经营权、贸易权等。此外,外国人也享有与中国人同等的社会权利,如合法收益权、同工同酬、诉诸司法或仲裁等权利。[2]

(二)我国对外国人入境、停留居留和进行管理的权力

根据国家主权原则,国家享有对本国境内一切人(包括外国人)和事物以及对境外的本国人实行管辖的权力,即属地管辖权和属人管辖权。根据国际法,规定外国人的法律地位是一国主权范围内的事项,这是基于属地管辖权而产生的权力。每个国家都可以根据本国的具体情况,规定外国人入境、出境、停留和居留的管理办法,以及在居留期间的权利义务。[3] 就入境而言,根据国家主权原则,国家没有准许外国人入境的义务,外国人也没有要求别国政府必须准许其入境的权利,因此一国有权自行决定是否允许外国人入境、在什么条件下允许外国人入境等问题。在现代国际社会,各国在互惠的基础上都允许外国人出于合法目

---

① 参见《国际公法学》编写组编:《国际公法学》(第 2 版),高等教育出版社 2018 年版,第 188 页。

② 参见《国际公法学》编写组编:《国际公法学》(第 2 版),高等教育出版社 2018 年版,第 189 ~ 193 页。

③ 参见梁西原著主编、王献枢副主编、曾令良修订主编:《国际法》(第 3 版),武汉大学出版社 2011 年版,第 247 页。

的而入境,但一般都要求持有护照和经过签证。也有些国家在条约和互惠的基础上,通过协议,互免签证。[1] 就停留和居留而言,一国同样没有允许外国人居留的义务,是否允许外国人居留是接受国自行决定的事,任何外国人均没有主张接受国必须准予其居留的权利,任何国家也均不能主张其国民有在外国领土内居住的权利。合法进入一国境内的外国人,根据居留国的法律和有关的国际条约、协定,可在该国短期、长期或永久居住。[2]

就我国法律规定而言,《出境入境管理法》详细规定了我国对外国人入境、停留居留的管理。首先,外国人入境,应当向出入境边防检查机关交验本人的护照或者其他国际旅行证件、签证或者其他入境许可证明,履行规定的手续,经查验准许,方可入境。外国人有下列情形之一的,不准入境:(1)未持有效出境入境证件或者拒绝、逃避接受边防检查的;(2)具有《出境入境管理法》第21条第1款第1项至第4项规定情形的;(3)入境后可能从事与签证种类不符的活动的;(4)法律、行政法规规定不准入境的其他情形。其次,外国人在我国境内的停留需要持有签证;需要办理居留证件的,应当向拟居留地县级以上地方人民政府公安机关出入境管理机构申请。

就外国组织在境内活动的管理而言,《境外非政府组织境内活动管理法》也作出了详细的规定。该法所称境外非政府组织,是指在境外合法成立的基金会、社会团体、智库机构等非营利、非政府的社会组织。境外非政府组织依照该法可以在经济、教育、科技、文化、卫生、体育、环保等领域和济困、救灾等方面开展有利于公益事业发展的活动。境外非政

---

① 参见《国际公法学》编写组编:《国际公法学》(第2版),高等教育出版社2018年版,第188页。

② 参见《国际公法学》编写组编:《国际公法学》(第2版),高等教育出版社2018年版,第188~189页。

府组织在中国境内开展活动应当遵守中国法律，不得危害中国的国家统一、安全和民族团结，不得损害中国国家利益、社会公共利益和公民、法人以及其他组织的合法权益。境外非政府组织在中国境内不得从事或者资助营利性活动、政治活动，不得非法从事或者资助宗教活动。

（三）外国人在我国境内承担的义务

外国人在居留期间，必须遵守居留国的法律、法令，交纳捐税，接受居留国的属地管辖。但政治权利方面外国人不享受本国人享受的政治权利，外国人也一般没有服兵役的义务。① 我国《宪法》第 32 条第 1 款规定：“中华人民共和国保护在中国境内的外国人的合法权利和利益，在中国境内的外国人必须遵守中华人民共和国的法律。”《出境入境管理法》第 3 条第 2 款也规定：“在中国境内的外国人的合法权益受法律保护。在中国境内的外国人应当遵守中国法律，不得危害中国国家安全、损害社会公共利益、破坏社会公共秩序。”

历史上，存在少数外国人和境外组织借交流合作的旗号，从事一些损害中国国家安全、利益和其他违法犯罪的情况。因此，本条第 3 款特别规定，在中国境内的外国人和外国组织不得危害中国国家安全、损害社会公共利益、破坏社会公共秩序。在涉及国家主权、安全、发展利益的问题上亮明原则立场、划出红线、捍卫底线，综合运用各种外交手段，及时有力进行处置，充分展示我国维护国家利益的决心和意志。②

---

① 参见《国际公法学》编写组编：《国际公法学》（第 2 版），高等教育出版社 2018 年版，第 189 页。

② 参见中共中央宣传部、中华人民共和国外交部编：《习近平外交思想学习纲要》，人民出版社、学习出版社 2021 年版，第 64 页。

关联立法

《宪法》

第32条　中华人民共和国保护在中国境内的外国人的合法权利和利益,在中国境内的外国人必须遵守中华人民共和国的法律。

中华人民共和国对于因为政治原因要求避难的外国人,可以给予受庇护的权利。

《民事诉讼法》

第5条　外国人、无国籍人、外国企业和组织在人民法院起诉、应诉,同中华人民共和国公民、法人和其他组织有同等的诉讼权利义务。

外国法院对中华人民共和国公民、法人和其他组织的民事诉讼权利加以限制的,中华人民共和国人民法院对该国公民、企业和组织的民事诉讼权利,实行对等原则。

《出境入境管理法》

第3条　国家保护中国公民出境入境合法权益。

在中国境内的外国人的合法权益受法律保护。在中国境内的外国人应当遵守中国法律,不得危害中国国家安全、损害社会公共利益、破坏社会公共秩序。

第37条　外国人在中国境内停留居留,不得从事与停留居留事由不相符的活动,并应当在规定的停留居留期限届满前离境。

第43条　外国人有下列行为之一的,属于非法就业:

(一)未按照规定取得工作许可和工作类居留证件在中国境内工

作的；

（二）超出工作许可限定范围在中国境内工作的；

（三）外国留学生违反勤工助学管理规定，超出规定的岗位范围或者时限在中国境内工作的。

第44条　根据维护国家安全、公共安全的需要，公安机关、国家安全机关可以限制外国人、外国机构在某些地区设立居住或者办公场所；对已经设立的，可以限期迁离。

未经批准，外国人不得进入限制外国人进入的区域。

第46条　申请难民地位的外国人，在难民地位甄别期间，可以凭公安机关签发的临时身份证明在中国境内停留；被认定为难民的外国人，可以凭公安机关签发的难民身份证件在中国境内停留居留。

第47条　对中国经济社会发展作出突出贡献或者符合其他在中国境内永久居留条件的外国人，经本人申请和公安部批准，取得永久居留资格。

外国人在中国境内永久居留的审批管理办法由公安部、外交部会同国务院有关部门规定。

第48条　取得永久居留资格的外国人，凭永久居留证件在中国境内居留和工作，凭本人的护照和永久居留证件出境入境。

第49条　外国人有下列情形之一的，由公安部决定取消其在中国境内永久居留资格：

（一）对中国国家安全和利益造成危害的；

（二）被处驱逐出境的；

（三）弄虚作假骗取在中国境内永久居留资格的；

（四）在中国境内居留未达到规定时限的；

（五）不适宜在中国境内永久居留的其他情形。

第三十九条

条文内容

中华人民共和国加强多边双边法治对话，推进对外法治交流合作。

中华人民共和国根据缔结或者参加的条约和协定，或者按照平等互惠原则，同外国、国际组织在执法、司法领域开展国际合作。

国家深化拓展对外执法合作工作机制，完善司法协助体制机制，推进执法、司法领域国际合作。国家加强打击跨国犯罪、反腐败等国际合作。

条文释义

本条强调了我国在法治领域加强对外交流与合作的基础上，维护国家利益，促进司法与执法领域的合作与发展。其核心内容有三个层次：第一，加强多边和双边法治对话，推进对外法治交流合作；第二，根据已签署的国际条约、协定或者平等互惠原则，与外国和国际组织开展执法、司法领域的国际合作；第三，我国深化拓展对外执法合作工作机制，完善司法协助体制机制。

（一）加强多边双边法治对话，推进对外法治交流合作

多边双边法治对话是指各国之间就法治问题进行的双边或者多边性质的对话和交流。此种对话旨在加强相互了解、促进合作、解决争议，推动法治建设，促进国际法治的发展。对外法治交流合作是指本国与外国开展法治层面的合作，通过制度、规则和理念等层面的交流，增进了解与互信，促进各国法治水平的提高。

国际社会对法治形成的共识性认识是加强多边双边法治对话、推进对外法治交流合作的基础。法治是世界各国通行的治国理政手段，是国际社会公认的全球治理方式，更是国内国际交往中的“共同语言”。① 法治是各国通行的重要国内治理手段，是整个人类社会文明进步的共同成果，广泛地应用于各国治理的实践之中；尽管模式各异，但是法治追求公平正义的理念、价值和核心要素是一致的。② 同时，法治是各国认可的全球治理最佳方式。在全球治理的视野下，形式主义法治要求国际化的治理规则具有可预期性，并能够在实践中得以普遍适用和有效实施，国家间、私人间的纠纷也能经由法律机制得到有效解决；而实质主义法治要求法律不仅提供形式上的公平正义，其内容也必须符合和平与发展的时代要求。基于对上述内容的共同认可，法治是人类推进全球治理的发展方向。③ 正因如此，加强多边双边法治对话，推进对外法治交流合作，对于凝聚国际社会的法治共识、促进全球法治进程、维护国际公平

---

① 参见黄进、鲁洋：《习近平法治思想的国际法治意涵》，载《政法论坛》2021 年第 3 期。

② 参见曾令良：《国际法治与中国法治建设》，载《中国社会科学》2015 年第 10 期。

③ 参见赵骏：《全球治理视野下的国际法治与国内法治》，载《中国社会科学》2014 年第 10 期。

正义、推动全球治理体系的健康发展具有重要意义。对我国而言，只有遵循法治的要求开展对外交流合作，提高我国运用法治思维和法治方式处理国际事务的能力，才能增强我国在国际法律事务中的话语权和影响力。①

加强多边双边法治对话，推进对外法治交流合作是深化国际交往、广泛凝聚共识的重要途径，其可以有多种形式：各国可以开展和建立双边或多边的高层对话与磋商机制；学术界、实务界也可以组织研讨会等学术交流活动；各国还可以开展法律培训与交流项目，就法律实务等方面进行培训和交流。近年来，我国积极在海洋、气候、打击跨国犯罪、反腐败等领域开展对外法治交流合作，在维护我国主权、安全、发展利益的同时，促进国际良法善治。②

（二）国际执法合作与国际司法合作

国际执法合作是指各个国家之间、国家与国际组织之间在法律执行层面开展的合作，旨在维护国际社会的安全、公平与正义，其既包括安全执法合作，诸如打击暴力恐怖势力、民族分裂势力、宗教极端势力，打击贩毒走私，打击跨国有组织犯罪，跨国反腐败，海外追赃追逃，等等，也包括经济执法合作，即反垄断、反不正当竞争、打击知识产权侵权、海关缉私、海洋渔业执法等。国际执法合作有助于各国打击跨国犯罪，如恐怖主义犯罪、毒品走私犯罪等，从而维护国际社会的和平、安全、公平与正义，保护了人权与法治，促进了国际法治的发展与实践，推动了国际法的

---

① 参见黄进：《这是国际法学人大有可为的时代》，载《人民日报》2019 年 4 月 17 日，第 17 版。

② 参见黄进主编：《中国涉外法治蓝皮书（2024）》，法律出版社 2024 年版，第 279 ~ 298 页；参见对外经济贸易大学涉外法治研究院、对外经济贸易大学法学院编：《中国涉外法治发展报告（2023）》，对外经济贸易大学出版社 2024 年版，第 12 页。

适用与实施。

国际司法合作是指各个国家之间、国家与国际组织之间在适用法律和司法审判层面开展的合作,旨在解决跨国司法冲突,维护国际法治与诉讼正义。国际司法合作既包括国际司法协助,也包括各国司法机关的信息交流与共享。国际司法协助包括:刑事领域的送达文书、调查取证、安排证人作证或协助调查,查封、扣押、冻结涉案财物,没收、返还违法所得及其他涉案财物,移管被判刑人;民商事领域的送达文书、调查取证、承认与执行法院裁决以及仲裁裁决、交换法律资料等。国际司法合作通过加强各国司法机构之间的信息共享和协调行动,维护国际社会的和平与安全。其具有如下价值:一是国际司法合作有助于确保司法程序公正、透明,维护司法公平和正义。二是国际司法合作提供了跨国司法案件中必要的法律保障和救济机制,保障个人的合法权益得到有效维护。三是国际司法合作也促进了国际法的适用和实施,推动了国际法治的不断完善和深化。

国际社会的实践表明,只有当国家之间存在国际条约规定的权利义务关系或互惠关系时,该有关国家之间才会相互给予司法协助。[①]就执法层面而言,执法需要对行为人或其财产实行强制措施,因此一些国际执法合作可能会涉及域外执法;但未经允许在外国领域内执法会侵犯该国的主权,故需要外国主权给予许可。[②] 就司法层面而言,多边与双边的司法合作条约是开展国际司法合作的重要依据,国际司法合作的主体、途径、程序、语言、费用等问题通常依据此类条约而确定;而不存在条约关系时,国家之间的互惠关系也可以成为开展国际司法

① 参见韩德培主编:《国际私法》(第3版),高等教育出版社、北京大学出版社2014年版,第505页。

② 参见汤诤:《域外管辖的边界与冲突研究》,武汉大学出版社2023年版,第7～8页。

合作的基础。因此,我国同外国、国际组织在执法、司法领域开展国际合作,应当以我国缔结或者参加的条约和协定,或者平等互惠原则为前提。

(三)我国推进执法、司法国际合作的体制机制

推进我国执法、司法国际合作的体制机制是深化对外法治交流合作的重要环节。就执法层面而言,我国的执法合作不仅应当同时符合我国和外国的法律规定,而且要确保执法合作的各方主体切实履行国际法义务;特别是在打击跨国犯罪、反腐败等安全领域的执法合作中更应如此。习近平总书记指出:“国与国之间开展执法安全合作,既要遵守两国各自的法律规定,又要确保国际法平等统一适用,不能搞双重标准,更不能合则用、不合则弃。”①只有如此,执法合作才能切实有效开展。我国在此方面取得成效的典型实例如:2021 年 4 月,中国警方向韩国移交了 4 名韩国籍在中国境内设置犯罪窝点、诈骗韩国金融机构的红通逃犯,对两国电信诈骗犯罪嫌疑人起到了震慑作用,也彰显了两国警方共同打击跨国犯罪的信心和决心;②2024 年,公安部派出工作组赴缅甸开展国际警务执法合作,工作组与缅方进行多轮会谈磋商,就联合打击电信网络诈骗犯罪、全力缉捕并移交电信网络诈骗集团重要头目等达成一致意见。随后,缅甸警方陆续抓获了我公安机关公开通缉的犯罪嫌疑人并移交

① 参见《推动全球安全治理的中国方案——论习近平主席在国际刑警组织第 86 届全体大会开幕式主旨演讲》,载中国政府网 2017 年 9 月 28 日,https://www.gov.cn/xinwen/2017-09/28/content_5228081.htm。

② 参见邵磊:《中国警方向韩国移交四名韩国籍红通逃犯》,载《人民公安报》2021 年 4 月 11 日,第 1 版。

我方。①

就司法层面而言,完善我国司法协助体制机制,推进司法协助领域国际合作更是深化国际司法交流合作的应有之义。具体而言,一方面,我国司法机关需要进一步积极推进国际司法交流,与世界各国建立密切联系,分享成功经验,共同解决问题。另一方面,司法机关需要着力加强司法协助工作:一是进一步落实完善《民事诉讼法》《刑事诉讼法》中关于司法协助的规定,将司法实践中涉外送达、涉外调查取证、判决的承认与执行、移管被判刑人等领域积累的先进经验转化为立法,并回应信息技术和网络背景的时代要求;二是跟踪我国已经加入的《关于向国外送达民事或商事司法文书和司法外文书公约》《关于从国外调取民事或商事证据的公约》等条约和协定的实施情况,并与其他缔约国交流与分享公约的适用经验。在打击跨国犯罪、反腐败等安全领域,我国应当积极对外商签引渡条约、司法协助条约和反腐败合作协议,以进一步完善该领域的司法协助体制机制。②

同时,对外法治交流合作也要推进对外法治宣传,讲好中国法治故事。要加强对外法治话语和叙事体系建设,注重中外融通,创新对外法治话语表达方式,更加鲜明地展示中国法治道路。全面提升对外法治宣传效能,积极主动发声,扩大中国法治的影响力和感召力,增进国际社会对中国法治的认识和认同。③

---

① 参见《中缅联合打击跨国电信网络诈骗犯罪取得标志性重大战果》,载公安部官网2024年1月30日,https://www.mps.gov.cn/n2255079/n4876594/n5104076/n5104077/c9421492/content.html。

② 参见对外经济贸易大学涉外法治研究院、对外经济贸易大学法学院编:《中国涉外法治发展报告(2023)》,对外经济贸易大学出版社2024年版,第12页。

③ 参见中共中央宣传部、中央全面依法治国委员会办公室编:《习近平法治思想学习纲要》,人民出版社、学习出版社2021年版,第123~124页。

关联立法

《反恐怖主义法》

第 68 条　中华人民共和国根据缔结或者参加的国际条约,或者按照平等互惠原则,与其他国家、地区、国际组织开展反恐怖主义合作。

《反洗钱法》

第 27 条　中华人民共和国根据缔结或者参加的国际条约,或者按照平等互惠原则,开展反洗钱国际合作。

《反有组织犯罪法》

第 54 条　中华人民共和国根据缔结或者参加的国际条约,或者按照平等互惠原则,与其他国家、地区、国际组织开展反有组织犯罪合作。

《国际刑事司法协助法》

第 1 条　为了保障国际刑事司法协助的正常进行,加强刑事司法领域的国际合作,有效惩治犯罪,保护个人和组织的合法权益,维护国家利益和社会秩序,制定本法。

第 2 条　本法所称国际刑事司法协助,是指中华人民共和国和外国在刑事案件调查、侦查、起诉、审判和执行等活动中相互提供协助,包括送达文书,调查取证,安排证人作证或者协助调查,查封、扣押、冻结涉案财物,没收、返还违法所得及其他涉案财物,移管被判刑人以及其他协助。

第 3 条　中华人民共和国和外国之间开展刑事司法协助,依照本法进行。

执行外国提出的刑事司法协助请求，适用本法、刑事诉讼法及其他相关法律的规定。

对于请求书的签署机关、请求书及所附材料的语言文字、有关办理期限和具体程序等事项，在不违反中华人民共和国法律的基本原则的情况下，可以按照刑事司法协助条约规定或者双方协商办理。

第4条　中华人民共和国和外国按照平等互惠原则开展国际刑事司法协助。

国际刑事司法协助不得损害中华人民共和国的主权、安全和社会公共利益，不得违反中华人民共和国法律的基本原则。

非经中华人民共和国主管机关同意，外国机构、组织和个人不得在中华人民共和国境内进行本法规定的刑事诉讼活动，中华人民共和国境内的机构、组织和个人不得向外国提供证据材料和本法规定的协助。

第5条　中华人民共和国和外国之间开展刑事司法协助，通过对外联系机关联系。

中华人民共和国司法部等对外联系机关负责提出、接收和转递刑事司法协助请求，处理其他与国际刑事司法协助相关的事务。

中华人民共和国和外国之间没有刑事司法协助条约的，通过外交途径联系。

第6条　国家监察委员会、最高人民法院、最高人民检察院、公安部、国家安全部等部门是开展国际刑事司法协助的主管机关，按照职责分工，审核向外国提出的刑事司法协助请求，审查处理对外联系机关转递的外国提出的刑事司法协助请求，承担其他与国际刑事司法协助相关的工作。在移管被判刑人案件中，司法部按照职责分工，承担相应的主管机关职责。

办理刑事司法协助相关案件的机关是国际刑事司法协助的办案机

关,负责向所属主管机关提交需要向外国提出的刑事司法协助请求、执行所属主管机关交办的外国提出的刑事司法协助请求。

第7条　国家保障开展国际刑事司法协助所需经费。

第8条　中华人民共和国和外国相互执行刑事司法协助请求产生的费用,有条约规定的,按照条约承担;没有条约或者条约没有规定的,按照平等互惠原则通过协商解决。

《民事诉讼法》

第293条　根据中华人民共和国缔结或者参加的国际条约,或者按照互惠原则,人民法院和外国法院可以相互请求,代为送达文书、调查取证以及进行其他诉讼行为。

外国法院请求协助的事项有损于中华人民共和国的主权、安全或者社会公共利益的,人民法院不予执行。

第294条　请求和提供司法协助,应当依照中华人民共和国缔结或者参加的国际条约所规定的途径进行;没有条约关系的,通过外交途径进行。

外国驻中华人民共和国的使领馆可以向该国公民送达文书和调查取证,但不得违反中华人民共和国的法律,并不得采取强制措施。

除前款规定的情况外,未经中华人民共和国主管机关准许,任何外国机关或者个人不得在中华人民共和国领域内送达文书、调查取证。

第295条　外国法院请求人民法院提供司法协助的请求书及其所附文件,应当附有中文译本或者国际条约规定的其他文字文本。

人民法院请求外国法院提供司法协助的请求书及其所附文件,应当附有该国文字译本或者国际条约规定的其他文字文本。

第296条　人民法院提供司法协助,依照中华人民共和国法律规定的程序进行。外国法院请求采用特殊方式的,也可以按照其请求的特殊方式进行，但请求采用的特殊方式不得违反中华人民共和国法律。

第297条 人民法院作出的发生法律效力的判决、裁定，如果被执行人或者其财产不在中华人民共和国领域内，当事人请求执行的，可以由当事人直接向有管辖权的外国法院申请承认和执行，也可以由人民法院依照中华人民共和国缔结或者参加的国际条约的规定，或者按照互惠原则，请求外国法院承认和执行。

在中华人民共和国领域内依法作出的发生法律效力的仲裁裁决，当事人请求执行的，如果被执行人或者其财产不在中华人民共和国领域内，当事人可以直接向有管辖权的外国法院申请承认和执行。

第298条 外国法院作出的发生法律效力的判决、裁定，需要人民法院承认和执行的，可以由当事人直接向有管辖权的中级人民法院申请承认和执行，也可以由外国法院依照该国与中华人民共和国缔结或者参加的国际条约的规定，或者按照互惠原则，请求人民法院承认和执行。

第299条 人民法院对申请或者请求承认和执行的外国法院作出的发生法律效力的判决、裁定，依照中华人民共和国缔结或者参加的国际条约，或者按照互惠原则进行审查后，认为不违反中华人民共和国法律的基本原则且不损害国家主权、安全、社会公共利益的，裁定承认其效力；需要执行的，发出执行令，依照本法的有关规定执行。

第304条 在中华人民共和国领域外作出的发生法律效力的仲裁裁决，需要人民法院承认和执行的，当事人可以直接向被执行人住所地或者其财产所在地的中级人民法院申请。被执行人住所地或者其财产不在中华人民共和国领域内的，当事人可以向申请人住所地或者与裁决的纠纷有适当联系的地点的中级人民法院申请。人民法院应当依照中华人民共和国缔结或者参加的国际条约，或者按照互惠原则办理。

经典导读

《习近平法治思想学习纲要》指出："法治是人类政治文明的重要成果，是社会治理的基本手段。在对外交往中，要加强多双边法治对话，推进对外法治交流。

"习近平总书记强调：'国与国之间开展执法安全合作，既要遵守两国各自的法律规定，又要确保国际法平等统一适用，不能搞双重标准，更不能合则用、不合则弃。'对同一性质的安全问题，特别是反恐、难民、疫情等问题，不能根据本国眼前利益对别国采取截然相反的态度。要坚持和维护联合国宪章以及国际刑警组织章程，认真履行打击跨国有组织犯罪公约和反腐败公约，不断完善相关国际规则，确保国际秩序公正合理、人类社会公平正义。

"要积极参与执法安全国际合作，共同打击暴力恐怖势力、民族分裂势力、宗教极端势力和贩毒走私、跨国有组织犯罪。要加强反腐败国际合作，加大海外追赃追逃、遣返引渡力度。要深化国际司法交流合作，完善我国司法协助体制机制，推进引渡、遣返、犯罪嫌疑人和被判刑人移管等司法协助领域国际合作。要同各国一道，营造良好法治环境，构建公正、合理、透明的国际经贸规则体系，推动共建'一带一路'高质量发展，更好造福各国人民。"①

① 中共中央宣传部、中央全面依法治国委员会办公室编：《习近平法治思想学习纲要》，人民出版社、学习出版社2021年版，第122～123页。

第六章

发展对外关系的保障

第四十条

条文内容

国家健全对外工作综合保障体系，增强发展对外关系、维护国家利益的能力。

条文释义

本条明确了我国健全对外工作综合保障体系，旨在增强发展对外关系、维护国家利益的能力。

健全对外工作综合保障体系是确保国家对外工作顺利开展、实现国家对外政策目标的重要保障。只有建立健全综合保障体系，才能更好地应对国际风险和挑战，提升国家对外关系的影响力和竞争力，实现国家对外工作的战略目标和使命任务。对外工作综合保障体系的建设包括经费、人才、宣传等多方面，从而为对外关系的顺利发展提供坚实的法治基础和全方位的保障。

具体而言，在经费方面，国家要确保对外工作经费的充足和稳定，制定合理的经费预算计划，优化经费使用结构，提高经费利用效率，确保对外工作经费的合理分配和有效利用，这样才能为对外工作的开展提供物质保障，从而更好地应对国际事务的挑战。在人才方面，我国参与全球治理需要一大批熟悉党和国家方针政策、了解我国国情、具有全球视野、熟练运用外语、通晓国际规则、精通国际谈判的专业人才。只有加强全球治理人才队伍建设，突破人才瓶颈，做好人才储备，才能为我国参与全球治理提供有力人才支撑。① 在宣传方面，舆论历来是影响社会发展的重要力量。只有加强国际传播能力建设，着力提高国际传播影响力、中华文化感召力、中国形象亲和力、中国话语说服力、国际舆论引导力，形成同我国综合国力和国际地位相匹配的国际话语权，才能为改革发展稳定营造有利外部舆论环境，为构建人类命运共同体做出更大贡献。②

经典导读

《习近平外交思想学习纲要》指出："当前，外交工作正站在新的历史起点上。我们要把党的政治建设落实到干部队伍建设上，锻造新时代的外交'铁军'，科学统筹资源，高质高效做好外交服务保障，在继承弘扬新中国外交优良传统基础上，进一步开拓进取，接续奋斗，不断开创中国特色大国外交新局面。"③

---

① 参见中共中央宣传部、中华人民共和国外交部编：《习近平外交思想学习纲要》，人民出版社、学习出版社 2021 年版，第 147 ~ 148 页。

② 参见中共中央宣传部、中华人民共和国外交部编：《习近平外交思想学习纲要》，人民出版社、学习出版社 2021 年版，第 37 页。

③ 中共中央宣传部、中华人民共和国外交部编：《习近平外交思想学习纲要》，人民出版社、学习出版社 2021 年版，第 30 页。

第四十一条

条文内容

国家保障对外工作所需经费，建立与发展对外关系需求和国民经济发展水平相适应的经费保障机制。

条文释义

本条规定了我国对外工作综合保障体系的经费支持，旨在建立适应国家对外关系发展需求和国民经济发展水平的对外交往经费保障机制，以确保国家对外工作的顺利开展。

保障对外工作所需经费，是指国家确保对开展对外工作予以经费支持，包括外事活动、驻外使领馆运作、对外援助、对外合作项目等方面的费用支出。这些经费是国家开展对外关系、维护国家利益、推动国际合作的基础和保障。

本条中还强调对外工作经费保障机制应当与我国“对外关系需求和国民经济发展水平相适应”，这意味着经费支持不仅要考虑工作需求，还要适应国家整体经济状况，确保对外工作的资金投入是可持续的、合理的。具体而言，对“相适应”的阐释可以从如下几个维度展开。首先，制定合理的预算计划。国家可以根据对外工作的具体需求和国家经济状况，制定长期和年度的对外工作经费预算计划。其次，加强经费管理和监督。国家应建立健全对外工作经费管理制度，明确经费使用的权限和程序，加强对经费使用的监督和审计，防止经费浪费和滥用。最后，提高经费利用效率。国家应采取措施提高对外工作经费的利用效率，合理优化经费用途。

必要的经费支持和保障是开展对外工作的重要物质条件。我国国际地位和影响力持续提升，已经成为世界第二大经济体，全球最大贸易国，深度融入全球化进程，参与的国际事务越来越广泛，包括国际合作、援助项目、维护国际和平、推动全球治理等多个方面。因此，我国对外工作的任务更加繁重而复杂，直接关乎国家主权、安全、发展利益和全球治理体系的稳定。在这一背景下，确保对外工作有足够的经费支持，是保证我国在国际事务中发挥积极作用，维护国家核心利益和全球稳定的必要条件。

关联立法

《国防法》

第 39 条　国家保障国防事业的必要经费。国防经费的增长应当与国防需求和国民经济发展水平相适应。

国防经费依法实行预算管理。

《反恐怖主义法》

第 32 条　重点目标的管理单位应当履行下列职责：

(一)制定防范和应对处置恐怖活动的预案、措施，定期进行培训和演练；

（二）建立反恐怖主义工作专项经费保障制度，配备、更新防范和处置设备、设施；

（三）指定相关机构或者落实责任人员，明确岗位职责；

（四）实行风险评估，实时监测安全威胁，完善内部安全管理；

（五）定期向公安机关和有关部门报告防范措施落实情况。

重点目标的管理单位应当根据城乡规划、相关标准和实际需要，对重点目标同步设计、同步建设、同步运行符合本法第二十七条规定的技防、物防设备、设施。

重点目标的管理单位应当建立公共安全视频图像信息系统值班监看、信息保存使用、运行维护等管理制度，保障相关系统正常运行。采集的视频图像信息保存期限不得少于九十日。

对重点目标以外的涉及公共安全的其他单位、场所、活动、设施，其主管部门和管理单位应当依照法律、行政法规规定，建立健全安全管理制度，落实安全责任。

第四十二条

条文内容

国家加强对外工作人才队伍建设，采取措施推动做好人才培养、使用、管理、服务、保障等工作。

条文释义

本条明确了我国对外工作综合保障体系的人才支持，体现了国家对对外工作人才队伍建设的重视。

对外工作人才是指从事外交、国际关系、国际贸易等方面工作的专业人员，包括：(1)从事外交工作的专业人员，包括在外交部、地方外事部门、驻外使领馆、国际组织中的工作人员；(2)从事国际关系、国际政治、国际法、国际组织等领域研究教学工作的学者与专家；(3)从事跨境贸易、国际商务等领域工作的从业人员；(4)从事国际援助、国际合作项目管理等工作的专业人员；(5)国际交流机构中具有跨文化沟通能力和国际交流经验的专业人员等。他们的工作范围涉及对外事务的处理、外交关系的维护、国际交流与合作的推动等。

对外工作人才对于国家而言至关重要。他们的工作不仅影响国家形象，也直接关系国家的安全、经济和文化利益。优秀的外交工作人才有助于促进国与国之间发展友好关系和互惠互利，也可以通过外交渠道传递国家的政策和立场，为国家良好的国际声誉与形象奠定基础，还可以促进社会文化交流，增进国家间的友谊和人民之间的友好往来。因此，加强对外工作人才队伍建设，为我国对外交往提供人才保障，有助于提高我国对外工作水平，增强我国对国际事务的话语权和影响力。

本条提出了加强对外工作人才队伍建设的五个重要角度。从人才培养来看，国家可以通过设立专业院校、提供奖学金、举办培训班等方式，加强人才的培养。从人才使用来看，国家应根据国际形势和外交政策的变化，合理使用人才，将其派往合适的岗位，发挥其专业能力。从人才管理来看,国家应建立健全对外工作人才管理的体制机制,包括人才评价、晋升机制、奖惩制度等,通过科学的管理,激发对外工作人才的工作积极性和创造性,提高其工作效率和质量。从人才服务来看,国家应为对外工作人才的工作、生活提供完善的服务。从人才保障来看,国家应建立完善的对外工作人才保障机制,保障其安全和合法权益。

关联立法

《反间谍法》

第50条　国家安全机关应当加强反间谍专业力量人才队伍建设和专业训练,提升反间谍工作能力。

对国家安全机关工作人员应当有计划地进行政治、理论和业务培训。培训应当坚持理论联系实际、按需施教、讲求实效,提高专业能力。

经典导读

人才是最宝贵的资源,①《习近平外交思想学习纲要》指出:“参与全球治理体系改革,要提高我国参与全球治理的能力。参与全球治理需要一大批熟悉党和国家方针政策、了解我国国情、具有全球视野、熟练运用外语、通晓国际规则、精通国际谈判的专业人才。要加强全球治理人才队伍建设,突破人才瓶颈,做好人才储备,为我国参与全球治理提供有力

① 参见习近平:《加快建设农业强国　推进农业农村现代化》,载《求是》2023年第6期。

人才支撑。”①对外工作的人才支持特别离不开涉外法治人才的培养。《习近平法治思想学习纲要》指出:“推动建设一支高素质涉外法律服务队伍、建设一批高水平涉外法律服务机构。这些年来,我国涉外法律服务业有了长足发展,但同快速增长的需求并不相配。目前,国内能够熟练办理涉外法律业务的律师、办理‘双反双保’业务的律师、能够在世界贸易组织上诉机构独立办理业务的律师,数量还远远不够。要积极推荐更多优秀涉外法律人才到国际经济贸易组织、国际仲裁机构任职。注重培育一批国际一流的仲裁机构、律师事务所,把涉外法治保障和服务工作做得更有成效。推动我国仲裁机构与‘一带一路’建设参与国仲裁机构合作建立联合仲裁机制。”②

第四十三条

条文内容

国家通过多种形式促进社会公众理解和支持对外工作。

① 中共中央宣传部、中华人民共和国外交部编:《习近平外交思想学习纲要》,人民出版社、学习出版社2021年版,第147～148页。

② 中共中央宣传部、中央全面依法治国委员会办公室编:《习近平法治思想学习纲要》,人民出版社、学习出版社2021年版,第122页。

条文释义

本条明确了我国促进社会公众理解和支持对外工作的基本态度，强调了国家在对外工作中需要与社会公众建立良好的沟通与互动，通过多种形式促进社会公众对对外工作的理解和支持，从而更好地实现国家对外工作的目标与任务。

国家促进社会公众理解支持对外工作具有多种形式。国家可以通过媒体的宣传报道，向社会公众传播国家的对外政策与立场、国家领导人的外交活动、外交成果与国际合作等信息；可以通过组织外事活动促进不同国家人民之间的互动和交流；可以通过举办文化交流活动，例如，国际文化节、艺术展览、电影节等活动，展示国家的文化软实力，促进国际文化交流；可以利用互联网和社交媒体平台，通过建立官方网站、社交媒体账号，发布政策解读、外交成果，并进行信息交流，扩大对外工作的影响力和传播范围，促进与公众的互动等。“多种形式”的表述旨在为促进社会公众理解支持的方式提供更大的灵活性，因为对外工作通常具有复杂性和多样性，对社会公众理解支持的引导需要根据不同的时期、情境和需求，采取多样化的手段。

促进公众理解和支持对于开展对外工作至关重要。对外工作不仅是国家的责任，更是全社会共同参与的事业。一方面，这有助于提升我国的国际形象与声誉；另一方面，通过引导公众理解国家对外政策、支持国际合作，可以更好地推动国家在国际事务中发声，形成全社会共同努力的良好局面。中国外交始终坚定维护人民利益，汲取人民智慧，增进人民友谊，促进各国人民相互了解、相互支持、相互帮助，共同推动世界和平与发展的崇高事业。[①]《对外关系法》是一部坚持人民立场的法律,也当然以促进社会公众理解、支持外交工作为重要的目标和任务。

自改革开放以来,我国取得了巨大的经济和社会发展成就,国际地位不断提升,对外交往日益扩大,随之而来的是国内民众对外交和国际事务的关注度和参与度空前提升,参与塑造我国国家形象的机会日益增多,维护国家利益的愿望更加强烈。因此,我国需要更好地引导公众理解和支持对外关系工作,以营造良好的舆论环境。为此,我国发展对外关系更应该倾听人民呼声,考虑民众诉求,寻求大众支持。同时,需要承认的是,国内各界人士对我国国力、国际地位、作用和外交政策的认识和解读存在差异。引导公众客观认识我国所处的发展阶段和国际环境,理性看待中国与外部世界的关系,正确理解中国应发挥的国际作用及对外政策,形成正确的国家利益观,增强民族向心力和凝聚力,培养开放、包容、平和、理性的国民心态,是公共外交的重要职责。[②] 为此,《对外关系法》专设本条,意在为促进社会公众对对外关系工作的理解支持奠定法律基础,从而更好地助力我国对外工作的开展。

---

① 参见中共中央宣传部、中华人民共和国外交部编:《习近平外交思想学习纲要》,人民出版社、学习出版社 2021 年版,第 38 页。

② 参见杨洁篪:《努力开拓中国特色公共外交新局面》,载《求是》2011 年第 4 期。

第四十四条

条文内容

国家推进国际传播能力建设，推动世界更好了解和认识中国，促进人类文明交流互鉴。

条文释义

本条明确了我国推进国际传播能力建设的任务目标。

国际传播能力指一个国家或地区以自身综合实力为基础，在国际舞台上通过多种传播手段和渠道，包括媒体、文化、语言、科技等，向其他国家或地区传递自己的思想、文化、信息、观点，以及影响国际社会舆论和认知的能力。有效的国际传播可以帮助国家向外界传递正面的形象，塑造良好的国际形象和声誉；也可以有效地传递国家利益和关切，提升国家外交政策的影响力。通过提高国际传播能力，国家可以展示其文化、历史、发展成就，提升国际社会对该国的认知和评价，增强其国际地位和影响力。同时，良好的国际传播能力也有助于促进国际交流合作。通过宣传其政策、倡议和理念，国家可以吸引更多的伙伴，推动国际社会在政治、经济、文化、科技等领域开展合作，共同应对全球性挑战。

我国推进国际传播能力建设的目标是推动世界更好地了解和认识中国，促进人类文明交流互鉴。一方面，中国积极提升国际传播能力，通过各种媒介向世界讲好中国故事，传递全面、准确的信息，让国际社会更好地了解和认识中国的文化、价值观、发展道路等，有助于消除误解、提升国际形象、促进友好交流合作。另一方面，中国推进国际传播能力建设，旨在促进人类文明交流互鉴。作为一个具有悠久历史和灿烂文化的大国，我国在国际传播中强调文化的多样性和包容性，积极参与国际文化交流与合作，倡导各国之间平等对话、相互尊重，鼓励各国共同探索、借鉴、融合。通过国际传播，中国向世界传递了这种理念，为推动不同文明之间的交流互鉴创造了更多的空间。

舆论历来是影响社会发展的重要力量。① 我国推进国际传播能力建设，旨在展示当代中国的发展进步和人民的精彩生活，用中国理论阐释中国实践，用中国实践升华中国理论。同时，我国还应推动中华文化走出去，向世界推介更多具有中国特色、体现中国精神、蕴含中国智慧的优秀文化，广泛宣介中国主张、中国智慧、中国方案，构建一个更加包容、多元、和谐的世界，推动人类文明的交流互鉴，促进世界更好地了解和认识中国。习近平总书记指出：“中华文明自古就以开放包容闻名于世，在同其他文明的交流互鉴中不断焕发新的生命力。中华文明五千多年发展史充分说明，无论是物种、技术，还是资源、人群，甚至于思想、文化，都是在不断传播、交流、互动中得以发展、得以进步的。”②

当前，中华民族伟大复兴战略全局和世界百年未有之大变局形成历

① 中共中央宣传部、中华人民共和国外交部编：《习近平外交思想学习纲要》，人民出版社、学习出版社 2021 年版，第 37 页。

② 习近平：《把中国文明历史研究引向深入 增强历史自觉坚定文化自信》，载《求是》2022 年第 14 期。

史性交汇和深层次联动，推进中国式现代化的国际环境面临深刻复杂变化。在国际舆论场域，“西强我弱”的格局还没有根本改变，“中国音量”与“中国体量”还很不相称。在话语权上，中国在世界上的形象很大程度上仍是“他塑”而非“自塑”。[①] 正因如此，我国更要推进国际传播能力建设，用文明交流交融破解“文明冲突论”。习近平总书记在主持中国共产党十九届中央政治局第三十次集体学习时指出：“党的十八大以来，我国大力推动国际传播守正创新，理顺内宣外宣体制，打造具有国际影响力的媒体集群，积极推动中华文化走出去，有效开展国际舆论引导和舆论斗争，初步构建起多主体、立体式的大外宣格局，我国国际话语权和影响力显著提升。”[②]

经典导读

《习近平外交思想学习纲要》指出：“营造客观友善的舆论环境。舆论历来是影响社会发展的重要力量。下大气力加强国际传播能力建设，着力提高国际传播影响力、中华文化感召力、中国形象亲和力、中国话语说服力、国际舆论引导力，形成同我国综合国力和国际地位相匹配的国际话语权，为我国改革发展稳定营造有利外部舆论环境，为构建人类命运共同体作出更大贡献。要在国际上更加积极地宣传、介绍中国的发展道路和社会制度，让越来越多国家认识、理解、接受和欢迎中国的发展振兴。要加强公共外交，讲好中国故事，传播好中国声音，向世界展现真

---

① 参见蒋昂好：《加强国际传播能力建设的实践逻辑》，载《中国社会科学报》2024 年 3 月 11 日，第 A01 版。

② 习近平：《加强国际传播能力建设，展示真实、立体、全面的中国》（2021 年 5 月 31 日），载《习近平谈治国理政》（第四卷），外文出版社 2022 年版，第 316 页。

实、立体、全面的中国，塑造可信、可爱、可敬的国家形象。”①《习近平法治思想学习纲要》指出：“推进对外法治宣传，讲好中国法治故事。讲故事就是要讲事实、讲形象、讲情感、讲道理，讲事实才能说服人，讲形象才能打动人，讲情感才能感染人，讲道理才能影响人。要讲好中国特色社会主义法治建设的故事，讲好中国共产党追求、探索、建设、推进法治建设的故事，讲好新时代全面依法治国的成就和故事，更好展现前进中的真实、立体、全面的法治中国。要加强对外法治话语和叙事体系建设，注重中外融通，创新对外法治话语表达方式，更加鲜明地展示中国法治道路。全面提升对外法治宣传效能，积极主动发声，扩大中国法治的影响力和感召力，增进国际社会对中国法治的认识和认同。”②

① 中共中央宣传部、中华人民共和国外交部编：《习近平外交思想学习纲要》，人民出版社、学习出版社2021年版，第37~38页。

② 中共中央宣传部、中央全面依法治国委员会办公室编：《习近平法治思想学习纲要》，人民出版社、学习出版社2021年版，第123~124页。

第七章
附　　则

第四十五条

条文内容

本法自 2023 年 7 月 1 日起施行。

条文释义

本条规定了《对外关系法》的施行时间。

附　录　一

中华人民共和国对外关系法

（2023年6月28日第十四届全国人民代表大会常务委员会第三次会议通过）

目　录

第一章　总　　则

第一条　为了发展对外关系，维护国家主权、安全、发展利益，维护和发展人民利益，建设社会主义现代化强国，实现中华民族伟大复兴，促进世界和平与发展，推动构建人类命运共同体，根据宪法，制定本法。

第二条　中华人民共和国发展同各国的外交关系和经济、文化等各领域的交流与合作，发展同联合国等国际组织的关系，适用本法。

第三条　中华人民共和国坚持以马克思列宁主义、毛泽东思想、邓小平理论、“三个代表”重要思想、科学发展观、习近平新时代中国特色社会主义思想为指导，发展对外关系，促进友好交往。

第四条 中华人民共和国坚持独立自主的和平外交政策，坚持互相尊重主权和领土完整、互不侵犯、互不干涉内政、平等互利、和平共处的五项原则。

中华人民共和国坚持和平发展道路，坚持对外开放基本国策，奉行互利共赢开放战略。

中华人民共和国遵守联合国宪章宗旨和原则，维护世界和平与安全，促进全球共同发展，推动构建新型国际关系；主张以和平方式解决国际争端，反对在国际关系中使用武力或者以武力相威胁，反对霸权主义和强权政治；坚持国家不分大小、强弱、贫富一律平等，尊重各国人民自主选择的发展道路和社会制度。

第五条 中华人民共和国对外工作坚持中国共产党的集中统一领导。

第六条 国家机关和武装力量、各政党和各人民团体、企业事业组织和其他社会组织以及公民，在对外交流合作中有维护国家主权、安全、尊严、荣誉、利益的责任和义务。

第七条 国家鼓励积极开展民间对外友好交流合作。

对在对外交流合作中做出突出贡献者，按照国家有关规定给予表彰和奖励。

第八条 任何组织和个人违反本法和有关法律，在对外交往中从事损害国家利益活动的，依法追究法律责任。

第二章 对外关系的职权

第九条 中央外事工作领导机构负责对外工作的决策和议事协调，研究制定、指导实施国家对外战略和有关重大方针政策，负责对外工作的顶层设计、统筹协调、整体推进、督促落实。

第十条 全国人民代表大会及其常务委员会批准和废除同外国缔结的条约和重要协定,行使宪法和法律规定的对外关系职权。

全国人民代表大会及其常务委员会积极开展对外交往,加强同各国议会、国际和地区议会组织的交流与合作。

第十一条 中华人民共和国主席代表中华人民共和国,进行国事活动,行使宪法和法律规定的对外关系职权。

第十二条 国务院管理对外事务,同外国缔结条约和协定,行使宪法和法律规定的对外关系职权。

第十三条 中央军事委员会组织开展国际军事交流与合作,行使宪法和法律规定的对外关系职权。

第十四条 中华人民共和国外交部依法办理外交事务,承办党和国家领导人同外国领导人的外交往来事务。外交部加强对国家机关各部门、各地区对外交流合作的指导、协调、管理、服务。

中央和国家机关按照职责分工,开展对外交流合作。

第十五条 中华人民共和国驻外国的使馆、领馆以及常驻联合国和其他政府间国际组织的代表团等驻外外交机构对外代表中华人民共和国。

外交部统一领导驻外外交机构的工作。

第十六条 省、自治区、直辖市根据中央授权在特定范围内开展对外交流合作。

省、自治区、直辖市人民政府依职权处理本行政区域的对外交流合作事务。

第三章 发展对外关系的目标任务

第十七条 中华人民共和国发展对外关系,坚持维护中国特色社会主义制度，维护国家主权、统一和领土完整，服务国家经济社会发展。

第十八条 中华人民共和国推动践行全球发展倡议、全球安全倡议、全球文明倡议，推进全方位、多层次、宽领域、立体化的对外工作布局。

中华人民共和国促进大国协调和良性互动，按照亲诚惠容理念和与邻为善、以邻为伴方针发展同周边国家关系，秉持真实亲诚理念和正确义利观同发展中国家团结合作，维护和践行多边主义，参与全球治理体系改革和建设。

第十九条 中华人民共和国维护以联合国为核心的国际体系，维护以国际法为基础的国际秩序，维护以联合国宪章宗旨和原则为基础的国际关系基本准则。

中华人民共和国坚持共商共建共享的全球治理观，参与国际规则制定，推动国际关系民主化，推动经济全球化朝着开放、包容、普惠、平衡、共赢方向发展。

第二十条 中华人民共和国坚持共同、综合、合作、可持续的全球安全观，加强国际安全合作，完善参与全球安全治理机制。

中华人民共和国履行联合国安全理事会常任理事国责任，维护国际和平与安全，维护联合国安全理事会权威与地位。

中华人民共和国支持和参与联合国安全理事会授权的维持和平行动，坚持维持和平行动基本原则，尊重主权国家领土完整与政治独立，保持公平立场。

中华人民共和国维护国际军备控制、裁军与防扩散体系，反对军备竞赛，反对和禁止一切形式的大规模杀伤性武器相关扩散活动，履行相关国际义务，开展防扩散国际合作。

第二十一条 中华人民共和国坚持公平普惠、开放合作、全面协调、创新联动的全球发展观，促进经济、社会、环境协调可持续发展和人的全面发展。

第二十二条 中华人民共和国尊重和保障人权,坚持人权的普遍性原则同本国实际相结合,促进人权全面协调发展,在平等和相互尊重的基础上开展人权领域国际交流与合作,推动国际人权事业健康发展。

第二十三条 中华人民共和国主张世界各国超越国家、民族、文化差异,弘扬和平、发展、公平、正义、民主、自由的全人类共同价值。

第二十四条 中华人民共和国坚持平等、互鉴、对话、包容的文明观,尊重文明多样性,推动不同文明交流对话。

第二十五条 中华人民共和国积极参与全球环境气候治理,加强绿色低碳国际合作,共谋全球生态文明建设,推动构建公平合理、合作共赢的全球环境气候治理体系。

第二十六条 中华人民共和国坚持推进高水平对外开放,发展对外贸易,积极促进和依法保护外商投资,鼓励开展对外投资等对外经济合作,推动共建"一带一路"高质量发展,维护多边贸易体制,反对单边主义和保护主义,推动建设开放型世界经济。

第二十七条 中华人民共和国通过经济、技术、物资、人才、管理等方式开展对外援助,促进发展中国家经济发展和社会进步,增强其自主可持续发展能力,推动国际发展合作。

中华人民共和国开展国际人道主义合作和援助,加强防灾减灾救灾国际合作,协助有关国家应对人道主义紧急状况。

中华人民共和国开展对外援助坚持尊重他国主权,不干涉他国内政,不附加任何政治条件。

第二十八条 中华人民共和国根据发展对外关系的需要,开展教育、科技、文化、卫生、体育、社会、生态、军事、安全、法治等领域交流合作。

第四章　对外关系的制度

第二十九条　国家统筹推进国内法治和涉外法治，加强涉外领域立法，加强涉外法治体系建设。

第三十条　国家依照宪法和法律缔结或者参加条约和协定，善意履行有关条约和协定规定的义务。

国家缔结或者参加的条约和协定不得同宪法相抵触。

第三十一条　国家采取适当措施实施和适用条约和协定。

条约和协定的实施和适用不得损害国家主权、安全和社会公共利益。

第三十二条　国家在遵守国际法基本原则和国际关系基本准则的基础上，加强涉外领域法律法规的实施和适用，并依法采取执法、司法等措施，维护国家主权、安全、发展利益，保护中国公民、组织合法权益。

第三十三条　对于违反国际法和国际关系基本准则，危害中华人民共和国主权、安全、发展利益的行为，中华人民共和国有权采取相应反制和限制措施。

国务院及其部门制定必要的行政法规、部门规章，建立相应工作制度和机制，加强部门协同配合，确定和实施有关反制和限制措施。

依据本条第一款、第二款作出的决定为最终决定。

第三十四条　中华人民共和国在一个中国原则基础上，按照和平共处五项原则同世界各国建立和发展外交关系。

中华人民共和国根据缔结或者参加的条约和协定、国际法基本原则和国际关系基本准则，有权采取变更或者终止外交、领事关系等必要外交行动。

第三十五条　国家采取措施执行联合国安全理事会根据联合国宪章第七章作出的具有约束力的制裁决议和相关措施。

对前款所述制裁决议和措施的执行，由外交部发出通知并予公告。国家有关部门和省、自治区、直辖市人民政府在各自职权范围内采取措施予以执行。

在中国境内的组织和个人应当遵守外交部公告内容和各部门、各地区有关措施，不得从事违反上述制裁决议和措施的行为。

第三十六条　中华人民共和国依据有关法律和缔结或者参加的条约和协定，给予外国外交机构、外国国家官员、国际组织及其官员相应的特权与豁免。

中华人民共和国依据有关法律和缔结或者参加的条约和协定，给予外国国家及其财产豁免。

第三十七条　国家依法采取必要措施，保护中国公民和组织在海外的安全和正当权益，保护国家的海外利益不受威胁和侵害。

国家加强海外利益保护体系、工作机制和能力建设。

第三十八条　中华人民共和国依法保护在中国境内的外国人和外国组织的合法权利和利益。

国家有权准许或者拒绝外国人入境、停留居留，依法对外国组织在境内的活动进行管理。

在中国境内的外国人和外国组织应当遵守中国法律，不得危害中国国家安全、损害社会公共利益、破坏社会公共秩序。

第三十九条　中华人民共和国加强多边双边法治对话，推进对外法治交流合作。

中华人民共和国根据缔结或者参加的条约和协定，或者按照平等互惠原则，同外国、国际组织在执法、司法领域开展国际合作。

国家深化拓展对外执法合作工作机制，完善司法协助体制机制，推进执法、司法领域国际合作。国家加强打击跨国犯罪、反腐败等国际合作。

第五章　发展对外关系的保障

第四十条　国家健全对外工作综合保障体系，增强发展对外关系、维护国家利益的能力。

第四十一条　国家保障对外工作所需经费，建立与发展对外关系需求和国民经济发展水平相适应的经费保障机制。

第四十二条　国家加强对外工作人才队伍建设，采取措施推动做好人才培养、使用、管理、服务、保障等工作。

第四十三条　国家通过多种形式促进社会公众理解和支持对外工作。

第四十四条　国家推进国际传播能力建设，推动世界更好了解和认识中国，促进人类文明交流互鉴。

第六章　附　　则

第四十五条　本法自2023年7月1日起施行。

附　录　二

关于《中华人民共和国对外关系法（草案）》的说明[①]

——2022 年 10 月 27 日在第十三届全国人民代表大会常务委员会第三十七次会议上

全国人大常委会法制工作委员会副主任　武　增

委员长、各位副委员长、秘书长、各位委员：

我受委员长会议委托，作关于《中华人民共和国对外关系法（草案）》的说明。

一、制定对外关系法的必要性和重大意义

党的十八大以来，以习近平同志为核心的党中央统筹中华民族伟大复兴战略全局和世界百年未有之大变局，强调法治是国家核心竞争力的重要内容，明确提出坚持统筹推进国内法治和涉外法治，加强涉外领域立法，加快形成系统完备的涉外法律法规体系，为维护我国主权安全发展利益、推动构建人类命运共同体提供法治保障。改革开放以来，我国涉外法治建设不断加强，涉外法治体系不断健全，为对外开放提供了重

① 武增：《关于〈中华人民共和国对外关系法（草案）〉的说明》，载中国人大网，www.npc.gov.cn/c2/c30834/202306/t20230628_430334.html。

要法治保障。党的十八大以来,涉外领域立法广度和深度大幅拓展,相继制定修改一批重要涉外法律,为扩大对外开放,增进国际交往,维护国家主权、安全、发展利益发挥了重要作用。但是,同国内法治体系相比较,我国涉外法治体系建设还存在一些制度短板和发展弱项。当前,世界百年未有之大变局加速演变,改革发展稳定任务艰巨繁重,对外开放深入推进,必须更好发挥法治固根本、稳预期、利长远的保障作用,加快我国涉外法治体系建设,提高涉外工作法治化水平,有效应对风险挑战,以法律手段更好维护我国主权、安全、发展利益。因此,有必要制定一部基础性、综合性的涉外法律,对我国发展对外关系作出规定,集中阐述我国对外大政方针、立场主张,完善我国对外关系重要法律制度。

(一)制定对外关系法是贯彻落实习近平外交思想,加强党对对外工作集中统一领导的重大举措

习近平外交思想是习近平新时代中国特色社会主义思想的重要组成部分,是新时代我国对外工作的根本遵循和行动指南。制定对外关系法,明确发展对外关系的指导思想,以立法形式贯彻落实习近平外交思想的核心要义、精神实质、丰富内涵和实践要求,使党在对外工作领域的方针政策通过法定程序转化为国家意志,规范和指导对外工作,服务国内发展大局和对外工作全局。同时,制定对外关系法,明确党中央对对外工作的集中统一领导,规定党和国家机构改革后形成的外事工作领导体制机制,明确各方面职责任务,有利于形成在党中央集中统一领导下的对外交往大协同格局,为新时代对外工作提供坚实法治支撑。

(二)制定对外关系法是加强对外交往、深化对外开放的客观要求

党的十八大以来,以习近平同志为核心的党中央深刻把握新时代中

国和世界发展大势，积极顺应经济全球化大势，坚定不移地推动对外开放，积极融入世界，我国对外交往、对外开放的广度和深度得到全面拓展。制定对外关系法，有利于展示我国高举和平、发展、合作、共赢旗帜的负责任大国形象，为我国发展对外关系、促进国际合作提供更多法律遵循，为新时代中国特色大国外交提供更强法治保障。同时，在对外关系领域，以法律形式明确推动构建人类命运共同体，吸收中华文化和中国精神的时代精华，也有助于在涉外法治领域彰显中国风范、中国气派，在全球治理领域提供中国方案、传播中国经验。

(三)制定对外关系法是维护国家主权、安全、发展利益的迫切需要

当前，世界百年未有之大变局加速演变，和平与发展仍然是时代主题。与此同时，世界进入新的动荡变革期，大国地缘政治博弈、科技和产业制高点竞争、贸易保护主义抬头等挑战和不稳定不确定因素持续增加，国际格局深刻演变，国际规则深度调整，我国经济社会发展面临错综复杂的国际形势。当前形势下，统筹国内国际两个大局、发展安全两件大事，坚持国家利益为重、国内政治优先，结合对外工作实际和国内外立法实践，迫切需要制定对外关系法，针对外国对我干涉、制裁、打压、遏制、渗透、破坏等行径，明确反制、限制性法律规定，维护国家主权、安全、发展利益。

(四)制定对外关系法是加强宪法实施，提高涉外工作法治化水平，完善涉外法治体系的重要举措

宪法是国家的根本法，是治国安邦的总章程，是党和人民意志的集中体现。我国宪法规定了对外关系的基本原则，明确了有关国家机关处理对外关系的职权划分。通过完备的法律保证宪法确立的原则和制度

得到落实，是宪法实施的重要途径。制定对外关系法，将上述宪法规定在法律中进一步具体落实，有利于加强宪法涉外领域相关规定的实施。同时，制定对外关系法，将新中国成立以来我国对外工作长期坚持的大政方针、成熟稳定的理念实践以法律形式固定下来，明确对外关系领域的基本原则、基本理念、基本制度，对于进一步完善涉外法律法规体系，提升我国涉外法治建设水平，推动国家治理体系和治理能力的现代化，具有重要而深远的意义。

二、制定对外关系法的指导思想、遵循的原则和主要过程

制定对外关系法坚持以习近平新时代中国特色社会主义思想为指导，深入贯彻习近平外交思想和习近平法治思想，全面贯彻党的二十大精神，坚持统筹国内国际两个大局、发展安全两件大事，恪守维护世界和平、促进共同发展的外交政策宗旨，推动构建人类命运共同体，建设新型国际关系，更好体现我国对外大政方针和立场主张，坚持总体国家安全观，维护国家主权、安全、发展利益，完善涉外法治体系，提高对外工作法治化水平，为实现全面建成社会主义现代化强国的第二个百年奋斗目标、实现中华民族伟大复兴的中国梦营造良好外部环境，提供坚强法律支撑。

制定对外关系法遵循的原则是：一是坚持党的领导。坚持党总揽全局、协调各方的领导核心作用，贯彻落实党中央的决策部署，使党在对外工作领域的方针政策通过法定程序转化为国家意志，服务国内发展大局和对外工作全局。二是坚持把准定位。对外关系法作为对外工作基础性、综合性法律，重在明确我国对外工作具有指导意义、普遍意义的思想、方针、原则，为其他涉外法律提供授权和指引，做好配套衔接，留足接口。三是坚持问题导向。对涉外立法中一些根本性问题和亟待解决的问题作出规定，统筹把握合作与斗争、奖励与惩罚、反制与限制等关系，

坚持鼓励、支持、保护性规定同抵制、反制性规定并重。四是坚持立足当前,着眼长远。既要高质量高水平回应和解决当下涉外立法诉求,又要兼顾稳定性前瞻性,充分考虑所涉条款的延续性。五是坚持系统观念。坚持原则性与灵活性相统一,妥善把握国内与国际、政治与法治、外交与法律等辩证统一关系,发挥好法律的宣示作用和规范引导作用。

根据党中央决策部署,2021 年 10 月,中央外办牵头会同外交部、全国人大常委会法工委、中央依法治国办、最高人民法院、公安部、国家安全部、司法部、商务部等单位成立立法工作领导小组和工作专班,开展研究起草工作。一是深入学习领会习近平新时代中国特色社会主义思想特别是习近平外交思想、习近平法治思想,深入学习领会习近平总书记关于加强涉外领域立法的重要论述。二是深入调查研究。梳理党章和党中央有关文件、文献中关于对外工作的重要论述和要求,梳理宪法和我国专门涉外法律、有关法律中的涉外规定,进行深入研究。请有关学术机构和高等院校等梳理国外立法的情况。三是坚持民主立法。邀请有关专家学者参与起草工作,听取意见建议。加强与有关部门的沟通协商。在此基础上,形成对外关系法(草案)。根据党中央有关精神,9 月 9 日,中央外办致函全国人大常委会办公厅,将对外关系法草案及有关文件送来,建议由委员长会议提请全国人大常委会审议。据此,法制工作委员会起草了拟提请全国人大常委会审议的议案、法律草案和说明等文件稿。按照立法法的规定,经委员长会议审议,决定将对外关系法(草案)提请本次常委会会议审议。

三、对外关系法(草案)的主要内容

对外关系法(草案)共 6 章、44 条。主要内容有:

(一)关于总则

总则部分主要是纲领性、概括性规定。一是明确发展对外关系的指导思想。规定中华人民共和国坚持以马克思列宁主义、毛泽东思想、邓小平理论、“三个代表”重要思想、科学发展观、习近平新时代中国特色社会主义思想为指导,发展对外关系,促进友好交往。二是明确发展对外关系的基本原则。包括坚持独立自主的和平外交政策、坚持和平共处五项原则、坚持和平发展道路、坚持对外开放基本国策和互利共赢开放战略、推动建设新型国际关系、推动构建人类命运共同体、遵守联合国宪章宗旨和原则、维护世界和平与安全等原则。三是明确坚持党的领导。规定对外工作坚持中国共产党的集中统一领导,明确中央外事工作领导机构的职责。

(二)关于对外关系的职权

根据宪法及相关法律规定,对相关主体在对外关系中的职权作出规定。一是对国家机关开展对外工作的职权分别作出原则性规定。二是明确驻外外交机构的职责。三是明确省、自治区、直辖市在中央授权范围内开展对外交流合作。

(三)关于发展对外关系的目标任务

新中国成立以来,对外工作形成一系列富有中国特色的方针政策,特别是党的十八大以来,我国对外工作取得历史性、开创性成就,我国长期以来坚持的对外方针政策亟需以法律形式固定下来。一是明确我国发展对外关系的目标。包括坚持维护中国特色社会主义制度,维护国家主权、统一和领土完整,服务国家经济和社会发展。二是明确我国对外工作布局,推进大国协调与合作,发展同周边国家、发展中国家关系,参与全球治理体系改革和建设。三是明确我国维护以联合国为核心的国际体系,维护以国际法为基础的国际秩序,维护以联合国宪章宗旨和原则为基础的国际关系基本准则。四是明确我国坚持的全球安全观和发展观;明确尊重和保障人权,在平等和相互尊重的基础上开展人权领域交流与合作;弘扬全人类共同价值,尊重文明多样性。同时,草案还对我国参与全球环境气候治理、开展对外经济合作、开展对外援助等作了原则规定。

(四)关于对外关系的法律制度

贯彻党中央关于坚持统筹推进国内法治和涉外法治、加快形成系统完备的涉外法律法规体系的精神和要求。一是明确国家统筹推进国内法治和涉外法治,加强涉外领域立法,加强涉外法治体系建设。二是明确国家依照宪法和法律缔结或者参加条约和协定,善意履行有关条约和协定规定的义务。国家缔结或者参加的条约和协定不得同宪法相抵触。三是明确国家在遵守国际法基本原则和国际关系基本准则的基础上,加强涉外领域法律法规的实施和适用,并依法采取执法、司法、行政措施,维护国家主权、安全、发展利益,保护中国公民、组织合法权益。四是明确对于违反国际法和国际关系基本准则,危害我国主权、安全、发展利益的行为,我国有权依法采取必要反制和限制措施。五是明确国家采取措施执行联合国安理会制裁决议。六是明确我国依据有关法律法规和缔结或者参加的条约和协定给予外国国家、国际组织及官员和代表相应的特权与豁免。同时,草案对保护中国公民、组织在国外的安全和正当权益,保护国家的海外利益,保护在中国境内的外国人和组织的合法权利和利益,开展对外执法、司法合作等作了规定。

（五）关于发展对外关系的能力建设和保障

发展对外关系、开展对外工作需要相关综合保障体系建设，草案规定，国家保障对外工作所需经费，培养、使用、管理、保障对外工作专门人才，通过多种形式促进社会公众对对外工作的理解和支持，推进国际传播能力建设，推动世界更好了解和认识中国，促进人类文明交流互鉴。

对外关系法草案和以上说明是否妥当，请审议。

后　　记

2021 年 3 月 11 日，十三届全国人大四次会议表决通过的《全国人民代表大会常务委员会工作报告》提出："加快推进涉外领域立法，围绕反制裁、反干涉、反制长臂管辖等，充实应对挑战、防范风险的法律'工具箱'，推动形成系统完备的涉外法律法规体系。"2021 年 3 月 13 日，在中央依法治国办秘书局召开的有关专题会议上，针对中国涉外领域法律法规碎片化的现象，尤其是缺乏一部基础性、综合性、统领性的法律，来统筹协调推进涉外法治建设，我提出了研究制定中国的"对外关系法"建议。这一建议受到参加会议的中央依法治国办秘书局有关负责同志的重视，组织力量进行专题论证，期间多次联系我就制定该法的必要性、可行性等问题进一步研讨，并形成正式研究意见，按程序报批后，印发有关责任部门具体推进。

2021 年 12 月 9 日，我很荣幸收到北京大学转来的中央外办的邀请函，参与该法的起草咨询工作。《对外关系法》起草工作是由中央外办和外交部等组成专班负责，有不少专家学者参与咨询和论证工作。作为参与人，我提供了一些条文建议稿，参与了草案论证以及通过前评估等工作。

《对外关系法》出台后，起草专班的同志曾鼓励就《对外关系法》出版相关研究著作，我邀请一直协助我参与论证的范子豪博士一起撰写，历经3稿,终成此书,①是一本简易的导读与释义。在《对外关系法》起草过程中,我曾多次在多个学术会议、专家论证会等呼吁该法的出台,较有影响的应该是2022年6月19日在北大法学院毕业典礼上的演讲——《法治是处理对外关系的根基》,谨以此文代为后记吧!

法治是处理对外关系的根基②

亲爱的各位同学、尊敬的各位老师们:

大家好!又是一年送别季,先祝同学们毕业季快乐!

两年前,张平老师在毕业致辞上说:"万恶的新冠疫情阻碍了同学们的毕业规划";两年后,新冠疫情不仅仍在阻碍同学们的毕业规划,连老师们正常的工作与生活也受到干扰。疫情期间,有的老师蓄发明志,有的老师写出厚重之作,而我最大的渴望,就是"离家出走"。是的,世界那么大,很怀念到处走走的自由。

在座诸君,"读万卷书",相信你们从小就被家长和老师耳提面命。今天,你们毕业,我就结合"离家出走"的渴望谈一谈法律人的"行万里路",那就是,有时间来一场全球的法治之旅吧,我称之为"环球法旅"。

首先,来一趟人类法治的发展之旅。诸君可以去一趟普通法系的英国,追寻人类历史上第一部宪法《大宪章》的雏形和《权利法案》的由来;诸君也可以去一趟成文法系的法国,去探寻凡尔赛花园的《人权宣言》、协和广场的方尖碑,感悟孟德斯鸠的"法的精神"。当然,别忘了另一个成文法系国家——德国,看一看波茨坦郊外的老磨坊,读一读那个国王与磨坊主之间"民权、法治"的故事。每每于此,我相信你们或许能够忆

① 公众号"未名何畔"团队的同学们为此收集了大量的资料,他们是:杨潇、张心也、黄元亨、薛涵、张忱、周中辰、赵泽宇、徐懿腾。

② 原文可参见何其生:《法治是处理对外关系的根基》,载北京大学新闻网2022年6月20日,https://news.pku.edu.cn/xwzh/ed026a64ce9142d98cd2611ec20819df.htm。

起法学院老师们所传授的“法之精神”，也能更加真切地看清人类法治发展的足迹，感悟法治发展过程中的风风雨雨。

其次，来一趟国际法治之旅吧。我建议诸君去一趟德国的威斯特伐利亚，1648年（清顺治五年）《威斯特伐利亚和约》促成了“主权国家”的诞生。之后，以“主权国家”为主体的国际社会逐渐形成。“国家”是个逐利的群体，时任英国首相帕麦斯顿（Palmerston）曾说过：“我们没有永恒的盟友或持久的敌人，我们的利益才是永恒的、持久的，这是我们必须遵循的。”也正是他，在1839年公开宣称：“应当不仅使中国人见到大棒，而且还要让他们先尝到滋味……”于是，1840年鸦片战争爆发。自此，近代中国割地赔款，多年战乱。

战争不仅给中国人民带来了沉重的灾难，两次世界大战更是造成全世界1亿人死伤。1945年6月，旧金山，《联合国宪章》在经过两个月的磋商后通过。

“我联合国人民

同兹决心

欲免后世再遭今代人类两度身历惨不堪言之战祸，

重申基本人权……

创造适当环境，俾克维持正义……

促成大自由中之社会进步及较善之民生……”

以“惨不堪言”之经历所构建的以联合国为中心的国际体系，以国际法为基础的国际秩序，今天，我们没有理由不加以维护。

最后，来一场涉外法治之旅吧。诸君可能知道我是教国际私法的，因此，我特别建议各位去意大利看看，那里是早期国际私法“法则区别说”理论的发源地；在被称为欧洲“大学之母”的博洛尼亚大学，注释法学派成为法律域外适用研究之集大成者。博洛尼亚大学，起初有三个学院：医学院、神学院和法学院。医学治愈人的身体，神学安慰人的灵魂，法律规范人的行为。

而中国的涉外法学教育，则肇始于诸君求学的这方天地。1902 年 8 月，京师大学堂《钦定学堂章程》在政治科下分政治学、法律学二目。1904 年《奏定大学堂章程》又将法律学列为 10 种专门学之一。京师大学堂设法律学门，一则变法图强，二则对外交涉；所以当时之国际公法称为国事交涉，国际私法则称为民事交涉。因此，法学在中国，一开始除了“规范人的行为”，还有“变法图强”“对外交涉”的历史使命。晚清的屈辱，民国的战乱，都体现出：弱国是无外交的。

经历了改革开放之后的快速发展，中国逐渐走近世界舞台的中央。而时下之中国，依然时常能听到外国或单独或群起“打压”“制裁”“围追堵截”之声音。在近年来涉外斗争与合作中，统筹推进国内法治与涉外法治，是我们处理对外关系的根基。

回首前述的法治之旅，至少有三点启示：

一是人类法治发展的风风雨雨、国际社会曾经“惨不堪言”之经历、中国涉外法治的斗争与博弈，都说明尽管法治在曲折中前行，却是人类共同追求的目的。每每于此，我想对在座诸君说，时代更替，历史交接，追求法治的舞台终究是你们的。

二是在全球治理中，纷争本是国际社会的平常事，但行走在历史之间，就能够充分了解和平与发展的意义。时下疫情肆虐，全球气候变暖，贫穷、饥饿、战争与骚乱此起彼伏，全球治理需要国际法治。前天（2022 年 6 月 17 日），WTO 部长会议达成了关于渔业等几个方面的协议，受到了全球的普遍关注和欢迎。可见，“法治”不仅是全球治理的通行证，更是人类命运共同体的“共鸣器”。国际法治的舞台终究是你们的。每每于此，我想对在座诸君说，超越前浪，这是物竞天择，也是大势所趋。

三是从 1902 到 2022 年，一百二十年的历史昭示，崛起中的大国处理对外关系，离不开的依然是法治思维、法治方式和法治力量。当然，未来涉外法治的舞台也是你们的。

“得其人而不得其法,则事必不能行;得其法而不得其人,则法必不能济”。站在法治舞台的中央,希望“奋发有为”,成为你们的气质与标签。每每于此,我想对在座诸君说,“大学堂开,法律门启;安邦济世,正义恒立”,这是你我共同的座右铭,也是对我们共同的警醒。

时间飞逝,今天要与你们别离,作为教师代表,送上我们的祝愿或期盼,希望诸君在“法治之旅”中相互鼓励,砥砺前行:

一是建设好自己的小家。人生“不如意事常八九”,当你历经风雨感到疲倦时,相信诸君会深刻体会到,家才是最温暖、最舒服的地方。曾经一位北大的帆船手,独自漂流在大海上,后来,他说:“不管我在哪里航行,都知道终点在哪里,那就是家。航行在大海上,家就是心中的明灯,不这样,回不去。”因此,未来,建设好你自己的小家,在疲惫时有一个温暖的归宿。

二是勿忘法学院这个你曾经的家。不管人在何处,但未名湖常青,博雅塔依旧。看到网上这样一句话:“学生的毕业季,老师的失恋季……你远走高飞,我原路返回。”那么,有时间回来报一报平安,聊一聊你的经历吧。

三是热爱这个国家。以世界的眼光和人类历史发展的视角,回首中华文化,感受上下五千年的自然延续与博大精深,你会更加理解“文化自信”的价值与意义,也相信你会对这个国家、这个民族未来之发展,更添动力。

临别之时,恭祝诸君“风劲帆满破浪行,峥嵘岁月竞风流”!

谢谢大家!

2025 年 5 月 27 日

涉外法治文库

中国涉外民事诉讼通则　何其生　主编

外商投资法及实施条例释用　孔庆江　著

反外国制裁法释用　霍政欣　主编

• 对外关系法释用　何其生　范子豪　著

司法实践中的涉外法治　肖凯 等　著

外国国家豁免法释用　李庆明　著